DEDICATION

God, You are so merciful and kind to us. I bless You and praise Your holy name! Thank you John, Timothy, and Emily for supporting me, encouraging me, and giving me the time to work on this project. A special thank you to Bobbie Puckett who inspired me to write this, to my husband, John, for helping with editing, and my daughter, Emily Michael, who partnered with me to make the instruction videos. I would also like to thank all of my students for their patience with the constant editing and their words of encouragement along the way. And to my dear friend, Lisa Carper, thank you for always making me feel like I can do anything.
Gloria

LEVEL I

FOREWORD

I had a desire to learn the language of the Haitian children we are adopting, to speak to their hearts in the way their little minds think. I bought discs to learn, but the Haitians I would speak to would sometimes give me strange looks. Lo and behold, some words DON'T mean the same thing all over Haiti! That program took one dialect, and applied it to all.

So I began lessons with Gloria Board. Every week I am amazed at all that I learn. She teaches Creole lessons to others who minister in Haiti or who are adopting families. Because Gloria is fluent in both English and Creole, and has lived in both cultures, she is gifted at helping her students learn how to hear the heart of those they will be ministering to. Gloria compares and contrasts the two languages as she teaches it, giving it tangible meaning. She adds cultural relevance to what we learn and helps us understand the root of why it is spoken the way it is.

She is excellent at going inside the grammar in both languages so we can understand the conversational Creole. There are so many contractions in the language that hearing them takes practice. We verbally practice because she believes it vital that we can speak with a correct accent. We also listen to her speaking in Creole so we can interpret. To make sure we are learning relevant vernacular she has us write Creole sentences that pertain to our purpose for learning the language. Gloria is ALWAYS available through Facebook, text or email. In fact, I don't know how she gets anything else done as she is so quick to reply and post the tutorials. She is such a wonderful resource and loves the Lord and His people--an amazing gift as a teacher, too.

Learn Haitian Creole covers the lessons of her basic Creole class that she developed for missionaries, parents adopting Haitian children, and those doing work projects in Haiti. Gloria is motivated to share the language with others because of her own story and life work. She was born into a Haitian household in the Bahamas, then grew up in New York. She has travelled extensively to Haiti, where she and her husband began Haitians Helping Haitians (HHH). HHH developed organically through teaching English and conducting group marriage counseling, vacation Bible schools and soccer programs for kids.

Gloria originally began teaching Creole to help prepare one of those teams. Referrals then came through word of mouth from her students, many of whom had tried, but had no success with other Creole learning programs. She credits her teaching ability to her personal experience with her son and the classes she took in college. Her son, who is deaf, was told he would not speak or read. Gloria taught him to do both.

For Gloria, Creole is NOT a flat language or dictionary--it has soul and life and purpose behind the words.The classes are simple, interactive and fun! The hour goes by so quickly and I feel a little closer to my children and their heritage with each lesson. I find it invaluable, especially in trying to understand the minds of my future children--very, very different from the American mind. I pray that through learning Creole, I will allow them to think in their first language as long as they can and need to. I love that I am supporting her ministry in Haiti at the same time that I am learning a new and wonderful way to communicate with my children both in Haiti and at home.

For questions or to sign up, contact Gloria at haitiangloria@yahoo.com or look up Gloria Guignard Board on Facebook. Send her a request to join the private group "Learn Haitian Creole".

Charla Lenz with Charis Linebaugh

TABLE OF CONTENTS PAGE

The Learn Haitian Creole with Gloria Video Download Program provides the teachings and auditory exercises to help you complete this program. Email Gloria at haitiangloria@yahoo.com for current specials and check out the video intro at https://vimeo.com/ondemand/haitiangloria

PRAYER:

BONDYE, EDE 'M APRANN KREYÒL POU 'M KA...
God, help me learn creole so I can...

MISSIONARIES: Ede moun nan ayiti.
Help people in Haiti.

A HAITIAN IN FAMILY: Pale ak fanmi mwen.
Speak with my family.

USING YOUR INTERPRETER AS TEACHER:
It's important to eventually switch from your interpreter translating for you to becoming your teacher. This can begin by you confidently asking your translator key questions to help you carry on a conversation independently, or your interpreter will become your crutch. So, when you're having a conversation, it's good to say these phrases to your interpreter in creole:

Ki jan ou di nan kreyòl? How do you say in creole?
Mwen gen yon kesyon. I have a question.
Repete / Pale dousman. Repeat / Speak slowly.
Kijan ou di nan anglè? How do you say in English?
Kisa sa vle di? What does that mean?

ALPHABET:

A- AH
An- UN in the interjection UH-UH
B- BAT
Ch- SH in FISH
D- tongue hits roof of mouth
E- AY in DAY
È- E in EGG
En- EN in ENTER but keep the "n" nasal
F
G- G in GATE
I- I in SKI
J- SURE in TREASURE
K
L
M
N
O- O in OPEN
Ò- OUGHT
On- ON in OINK
Ou- OU in YOU (considered a special sound)
P
R- R in Rye but keep the tongue down and tighten its back muscles
S
T
V
W
Y
Z

The Haitian Creol
alphabet is phone
Every alphabet sou
makes one sound
matter what lette
precede or follow
Consonant sounds
similar to that of
English.

SPECIAL BLENDS:
AN, EN, ON, OU
Special Note: if AN/EN/ON are not separated by a consonant,
pronounce each letter separately.

Y-ENDING WORDS: drag the vowel/blend a little longer, as if hanging onto a long I
AY- I in ICE, EY- AY in DAY, etc.

*UI- is a special French blend used as WI special sound.

LESON EN - LESSON ONE

Pronouns

Mwen-	me, I, my
Li-	he, she, him, her, his, it, to read
Ou-	you, your (singular)
Nou-	you/your (plural), we, us, our
Yo-	they, them, their

Possession Rule
Possession before Possessor:
My mom.
Manman mwen (mother belonging to me).
His father.
Papa li.

GREETINGS
Ki jan ou ye? Kouman/Kòman ou ye?
- How are you?
Byen mèsi, e ou menm?
- Well, thanks, and yourself?
Trè byen, mèsi.
- Very well, thanks.
Pa twò byen.
- Not too well.
Pa pi mal.
- Not too bad (not more bad).
Ki jan/Kòman ou rele?
- How are you called?
Mwen rele...
- I am called...
Ki non ou? (INFORMAL)
- What's your name?
Non mwen se...
- My name is...
Ki kote ou sòti?
- Where do you come from?

Mwen sòti Kanada.
- I'm from Canada.
Ki kote ou rete?
- Where do you remain (live)?
Mwen rete Etazini.
- I live in the United States.
Mwen sonje 'w.
- I remember you (I miss you).
M kontan wè 'w.
- I'm pleased to see you.
M'ale. (Informal)
- I'm out (I go).
Orevwa. (Formal)
- Goodbye.
N'a wè pita.
- We'll see each other later.
Mèsi
- Thanks
Padekwa.
- You're welcome.
Dakò
- That's cool. All right. Ok.
Pa gen pwoblèm.
- No problem.
SAYING HELLO: "Bonjou" in the morning and "Bonswa" from noon on.
- Bonswa madam-
- Good afternoon/evening, Ma'am / Miss.
- Bonjou mesye-
- Good morning/day, Sir / Mr.
Eskize 'm
- Excuse me
Mwen regrèt sa.
- I'm sorry (I regret that).
Tanpri, souple, silvouplè
- Please (beginning or end of phrase only)

WE HAVE FEWER WORDS IN OUR DICTIONARY BECAUSE OF LACK OF REDUNDANCY

BÈL: PRETTY, BEAUTIFUL, AND CUTE.

*By writing down the vocabulary words on your own from the list in the back of the book it helps you to memorize the words better.

VOKABILÈ 1
Fanmi-
Fi-
Frè-
Gason-
Granpapa / granpè-
Grann / granmè-
Kouzen-
Kouzin-
Madanm-
Manman-
Mari-
Neve-
Nyès-
Papa-
Pitit-
Sè-
Tant/Matant-
Tonton/Monnonk-

Daughter:
Pitit fi/Ti fi + possessor- daughter
Pitit fi- daughter / ti fi mwen- my daughter

Son:
Pitit gason/Ti gason + possessor- son
Pitit gason - son / ti gason mwen- my son

Speech drills help your brain grasp a language and provide you with the ability to articulate well while finding your rate of speech. Each speech drill can be found on the Learn Haitian Creole Vimeo account: https://vimeo.com/ondemand/haitiangloria

LESON DE - LESSON TWO

Speech Drills:

I	O	E	A	O`	E`	OU
EN	AN	ON	AY	BI	MO	PE

"THE" CHART
A- vowel
An- an/en/on/ou
Nan- n/m
La- other consonants
Yo- plural

DEFINITE ARTICLE: THE
THE is placed after the noun or "noun phrase" (noun/adjective/the-cat/brown/the).

"La" expresses "the" when following words ending in all consonants except "n" and "m".
The aunt - Tant la

"Nan" expresses "the" when following words ending in "m" or "n." Note: no pause is needed between the word and "nan."
The wife - Madanm nan
The female cousin - Kouzin nan

"An" expresses "the" when following words ending in the special blends: an, en, on, and ou.
The mother - Manman an
The male cousin - Kouzen an
The uncle - Tonton an
The pumpkin - Joumou an

"A" expresses "the" when following words ending in a vowel. These two words should also flow with no breaks.

The nephew - Neve a
The father - Papa a
The girl - Fi a
The brother - Frè a
The word - Mo a
The body - Kò a

"Yo" following a noun/noun phrase makes it plural and also replaces other forms of "the." Yo also follows possession/possessor phrase.
"Sè yo" means both: The sisters and Sisters.
"Frè yo" means both: The brothers and Brothers.
Her sisters: Sè li yo.
Their sisters: Sè yo a.

INDEFINITE ARTICLE: A/AN
"Yon" is placed before the noun or noun phrase just like in English.
Yon sè. - A sister.

*PRACTICE DRILLS: GO TO THE FAMILY VOCABULARY IN LESSON ONE AND PRACTICE THE DIFFERENT FORMS OF "THE" WITH EACH WORD.
IE: The father - Papa a.
The mother - Manman an.

VOKABILÈ 2
Benyen-
Bwose-
Chita-
Danse-
Desann-
Dòmi-
Ekri-
Goute-
Jwe-
Kanpe-
Kite-
Kouche-
Kouri-
Lave-
Leve-
Monte-
Pake-
Pase-
Pati-
Penyen-
Priye-
Resevwa-
Retire-
Reveye-
Ri-
Rive-
Santi-
Seche-
Sote-
Touche-
Vann-
Vire-
Wè-

SANTI - FEEL LIKE / SMELL
THE PRONOUN HAS TO COME AFTER THE VERB
IE: I FEEL TIRED*.
-MWEN SANTI FATIGE-
I SMELL TIRED.
-MWEN SANTI MWEN FATIGE-
I FEEL LIKE I'M TIRED.

DEVWA LESON 2 - HOMEWORK

1. The mom sits and bathes her daughter.

2. His uncle jumps and laughs.

3. The wife wakes up and her husband sleeps.

4. Our son gets up.

5. How are you?

LESON TWA - LESSON THREE

Speech Drills

TA	BÒ	PÈ	FOU	MEN	BAN	FON
BAY	TANN	TAN	JENN	JEN	BONN	BON

*ABBREVIATION RULE:
We rarely USE AN ABBREVIATED WORD AT THE END OF THE SENTENCE.
*YOU CAN CONTRACT WITH A PRONOUN AT THE END OF A SENTENCE; WE LEARN THAT LATER.
IE: PITI can be abbreviated to TI - LITTLE, SMALL
She's small/little. LI PITI is correct. But never LI TI.

VOKABILÈ 3
Achte-
Ale/Al-
Bale-
Bezwen-
Di-
Ede-
Fè-
Fini/Fin-
Fòk/Fò-
Gade/Gad-
Genyen-
Genyen/Gen-
Grangou-
Jwèn-
Konn-
Konnen/Konn-
Koupe-
Koute-
Mache-
Mande-
Manje-

FÒK-
-WE DON'T SAY, I MUST DO THAT-
MWEN FÒK FÈ SA
-WE SAY, IT IS NECESSARY FOR ME TO DO THAT-
FÒK MWEN FÈ SA.

JWÈN- TO GET
-Did you get the message? is correct.

-But not "Go get the box".

Mare-
Mennen-
Mete/Met-
Montre-
Pale/Pal-
Pare-
Pote/Pot-
Pran-
Rale-
Rete/Ret-
Sispann-
Souri-
Swaf-
Tande-
Tann-
Tonbe-
Vini/Vin-
Vle-

*RETE/RET- to stay, to stop, remain/left (referring to an object)
Is there any food left (remaining)?
Ki kote ou rete - Where do you stay (live)?

SISPANN- to stop (referring to an action)
Sispann manje - Stop eating

* RETE VS. SISPANN
YOU CAN RETE (STOP) A VEHICLE (OBJECT) OR YOU CAN SISPANN (STOP) DRIVING (ACTION)

TO BE: SE
The verb "to be" is SE (IS, AM, ARE) and is taken literally. We do not use SE for attribute, state of being, or preposition.

You can say "Lisa is a doctor", therefore you can use "se" in that sentence. But, you can't say "Lisa is pretty" because beauty is an attribute. In creole, it's the equivalent of saying, "Lisa is beauty." You can say a mouse IS an animal, but you can't say the mouse IS gray because the mouse is not "grayness." However if the noun follows the descriptor you can use SE: She IS a beautiful WOMAN - Li se yon bèl fanm. Li nan kay la - He is in the house. No SE, because we can't exchange IN THE HOUSE with the subject- In The House is here!

YE is used at the end of a question for "is", "am", and "are" in a question usually when there is no other verb.
Ki jan ou ye? - How are you? (How you be?)
Ki kote ou prale? - Where are you going?
(TO GO is a verb so you don't need YE)

EGZÈSIS 3

1. Al benyen.

2. Pran li.

3. Gade tant nou.

4. Stand up and dance, Mom.

5. Show them it. (Show it to them).

DEVWA 3

1. I have him.

2. You need to remove it.

3. How is your brother doing? (Ignore doing: not the action verb)

4. Where is your father from?

5. How is their sister?

LESON KAT - LESSON FOUR

SPEECH DRILLS

BAGAY	LAKAY	TRAVAY	MIRAY
ANYEN	LARÈN	BONJAN	LONTAN

NIMEWO - NUMBERS 1-20
One (EN) is never an indefinite article in creole.
We use YON - A/AN instead.
I have one child - Mwen gen YON pitit is correct.
Mwen gen EN pitit is incorrect.

1-10	11-20
en	onz
de	douz
twa	trèz
kat	katòz
senk	kenz
sis	sèz
sèt	disèt
uit/wit	dizuit/dizwit
nèf	diznèf
dis	ven

THE VERB TO BE: SE
-SE is also used as "it is." It's my child - Se pitit mwen.
It BE my child.
-SE TE: it was.
Se te pitit mwen - It was my child.

ANPIL
-MANY/MUCH/A LOT: before nouns
anpil timoun - many children

-VERY: after adjectives
li bèl anpil - she's very beautiful

- A LOT: after verbs
li manje anpil - he eats a lot

VOKABILÈ 4
Anpil-
Anyen-
Bagay-
Bay Manje-
Bebe-
Dousman-
Kapab/ka-
Kase-
La-
Menm-
Nan-
Non-
Pa-
Pa kapab/Paka-
Paske-
Piti/ti-
Poko-
Pou-
Prèske-
Sa-
Timoun-
Wi-

IMPORTANT VOCABULARY NOTES
Pou- FOR
I go to church TO pray - Mwen ale legliz POU (FOR this reason) priye.
I go in the house SO I can eat - Mwen ale nan kay la POU (FOR this reason) mwen ka manje.

POU can also replace FÒK - MUST.
Se pou ou al dòmi - It's necessary for you to go to sleep / You must go to sleep.

*Pa VS. Poko
Pa: He doesn't want to eat - Li pa vle manje.
Poko: He doesn't want to eat yet - Li poko vle manje (he "not yet" wants to eat)

*Anyen used as a double negative:
I don't want anything - Mwen pa vle anyen. (I don't want nothing).

*Sa comes after noun or noun phrase when it is used as an article like THE.
NOUN: I don't like that - Mwen pa renmen sa.
DEFINITE ARTICLE: I don't like that boy - Mwen pa renmen gason sa.

GRAMMAR RULE
The adjective follows the noun unless it's
-Quantity Modifiers: many, 12, a lot of, enough, etc. *No need for quantity modifier, YO, when these are present.
-Size
-Other exceptions: the 3 B's- bèl (beautiful), bo (handsome), and bon (good), also vye (old) and menm (same). There are other exceptions but for the sake of this program we will focus on these exceptions only.

Ti fi.	Bagay wouj.
Little (size before noun) girl.	Red thing (color- not exception).

NOUN PHRASE-
The definite article THE follows the noun + adjective phrase.
Bagay wouj la - The red thing.

POSSESSION PHRASE-
Pitit gason li yo - Her sons.
Twa valiz mawon li yo - Her three brown bags

CONJUGATING TO GIVE - BAY
Bay becomes "ba" before the pronouns li, ou, yo.
Bay becomes "ban" before the pronouns mwen and nou (note that the letter "n" is in those).
-bay bebe a - give the baby
-ba li bebe a - give her the baby
-ban mwen bebe a - give me the baby

"TO GIVE" CHART
* Bay- no pronoun
* Ba- li, ou, yo
* Ban- with n's (mweN, Nou)

EGZÈSIS 4

1. Give the mother the baby, please.

2. He gives her 15 things.

3. How is your grandpa doing (ignore "doing")?

4. I can run.

5. Don't jump yet.

DEVWA 4

1. The girl is small.

2. Yes, they are in the same thing.

3. No, because I don't want that.

4. I can't do anything for them!

5. Don't give him anything yet.

LESON SENK

Speech Drills

TI	TO	TE	TA	TÈ	TÒ
TRI	TWO	TRE	TRA	TRÈ	TWÒ
RI	WO	RE	RA	RÈ	WÒ

TELLING AGE:

KI LAJ OU? (Informal) - What's your age?

KONBYEN ANE OU GENYEN? (Formal) - How many years have you?

Mwen gen en nan - I have one year (I'm one year old)

1-10 years	11-20 years
en nan	onzan
dezan	douzan
twazan	trèzan
katran	katòzan
senkan	kenzan
sizan	sèzan
setan	disetan
uitan/witan	dizuitan/dizwitan
nevan	diznevan
dizan	ventan

*In lesson 19, you will learn the bigger numbers that you can adjust to tell age.

*Cultural Note:

Voice inflection is very important in the creole language. Practicing the songs on our Learn Haitian Creole Facebook group page will help you with this.

VOKABILÈ 5
Ankò-
Aprann-
Avèk/ak-
Bèl-
Bo-
Bon-
Bonjan-
Demwazèl-
Dènye-
Dezyèm-
Engra-
Entelijan-
Fache-
Fatige/Bouke-
Fou-
Gra-
Gran-
Gwo-
Kay-
Kèk-
Kontan-
Kout-
Lèd-
Malad-
Malèt-
Malnouri-
Mèg-
Men-
Move-

Bonjan - Good Ways/Good manners/well mannered
Move jan - Bad Ways/Bad manners/ill mannered
Li bonjan - He good ways is incorrect.
Li GEN bonjan/move jan - He HAS good/bad ways is correct.

AVÈK/AK - WITH

-Instead of talk "to", we say talk "with". Pale avèk li - Talk with him.
-Instead of tired "of" something, we say tired "with". Mwen fatige avèk li - I'm tired of it.
-Instead of angry "at" someone, we say angry "with". Mwen fache avèk nou - I'm angry at you.
-Pairing nouns: Sister and brother - Sè ak frè.

Move jan-
Parese-
Pòv-
Premye-
Rich-
Sachè -
Savon-
Sòt-
Travay-
Tris-
Twazyèm-
Valiz-
Vit-
Vye-
Wo-
Zanmi-

*Cultural Note
Instead of saying "he upsets me" we say:
Li fè mwen fache - He makes me angry
Sa fè mwen tris - That makes me sad
Also...
Don't do that to me - Pa fè mwen sa.
He did that to me - Li fè mwen sa.

EGZÈSIS 5

1. He breaks the big ugly suitcases.

2. Her child is well mannered.

3. We need to learn creole.

4. Come with us, please.

5. The beautiful baby wants to sleep.

DEVWA 5

1. But, the young lady is tired.

2. The baby bathes with soap.

3. I am angry with you!

4. Help me do this.

5. The third one can't dance. (ignore "one")

6. They can buy soap for us.

7. We don't know that handsome boy.

8. Go in the house and take the suitcase.

9. My job makes me crazy!

10. My wife is beautiful.

*Note: Implied Plural-
Because one may assume you are talking about both shoes, eyes, or anything else that comes in pairs, you don't need to use plural modifier, YO, at the end of such phrases:
My eyes...
My shoes...
My socks...

1. Please tell my beautiful daughter hello for me.
   Tanpri di bèl pitit fi mwen bonjou pou mwen.
2. You are a good boy.
   Ou se yon bon ti gason.
3. I miss the children very much.
   Mwen sonje timoun yo anpil.
4. How is their family doing?
   Kòman fanmi yo ye?
5. I'm very happy to be here with you.
   Mwen kontan anpil pou mwen la avèk ou. ("to be here" translates "for me to be")
6. Do you want something to eat?
   Ou vle kèk bagay pou ou manje? ("for you to eat" needs to be reflected)
7. I can't tell you how happy I am to see you.
   Mwen paka di ou kòman mwen kontan wè ou.
8. She takes a lot of bath soap for her family to bathe.
   Li pran anpil savon pou fanmi li ka benyen. ("family to be able to bathe")
9. It's sad.
   Sa tris. ("it's" is changed to "that" to become the subject instead of just the verb SE)
10. She gave me an old bag.
    Li ban mwen yon vye valiz.
11. His brother is tall.
    Frè li wo.
12. I teach the young ladies English.
    Mwen aprann demwazèl pale anglè. (we say "to speak" English)
13. Things are not good.
    Bagay yo pa bon.
14. The children go out with their mom.
    Timoun yo sòti ak manman yo.
15. Don't tell them that yet.
    Poko di yo sa.
16. I'm not ready to go yet.
    Mwen poko pare pou mwen ale. ("for me" to go)
17. Can you take the little baby?
    Ou kapab pran ti bebe a?
18. It's broken.
    Li kase.
19. I need to speak to that little boy's family.
    Mwen bezwen pale avèk fanmi ti gason sa.
20. We don't know how she feels.
    Nou pa konnen kijan li santi li.
21. Stop that!
    Sispann fè sa! (stop doing that)
22. Take the child to her dad.
    Mennen pitit la jwèn papa li. (get to/join)
23. Feed him.
    Ba li manje. (give him food)
24. I need help.
    Mwen bezwen èd.
25. My uncle is twenty years old.
    Tonton mwen gen ventan.

LESON SIS

SPEECH DRILLS

MARI	RIRA	LARI	SERE	MORA
RARA	SARA	SIRE	RELE	RAPE

VOKABILÈ 6
Anba-
Anlè-

QUESTION FORMS:
Usage of TO DO - FÈ is not honored in question forms:
How does- Kijan
Why did- Poukisa
What do- Kisa

Ki- (not subject) who, which, what, that (non-subject, not article)
Ki kote- where (what place)
Kote/Kot- place, where
Ki bò- what/which area, where
Ki jan/Kijan- how
Ki jou- what day, which day
Ki kalite- what kind, what type
Ki lè- when (what time)
Lè- when (not "what time"), time
Ki moun ki- who (followed by verb/adjective)
Ki moun- who (subject)
Kilès- which, who (subject: person or thing)
Kilès ki- which, who (followed by verb/adjective)
Kilès nan- which of, who of
Kisa (start question)/Sa (start question & statement)- what (subject)
Konbyen- how much, how many
Konbyen fwa- how many times
Konbyen nan- how much of, how many of
Konbyen tan- how much time
Poukisa (Pou kisa)- why

Ansanm-
Ase-
Blese-
Bliye-
Cheri-
Doktè-
Dwe-
Jwèt-
Kesyon-
Kòmanse-
Kondwi-
Konprann-
Kounye a-
Lajan/Kòb-
Lakay-
Legliz-
Lekòl-
Machin-
Moso-
Moun-
Mouri-
Panse-
Pastè-
Pataje-
Pwofesè-
Ranje-
Renmen-
Sòti-
Sou-
Talè-
Toujou-
Tout-
Tout bagay-
Tout moun-
Vole-
Vòlè-
Yon moun-
Zouti-

CONTRACTED PRONOUNS: We sometimes contract words with pronouns. Mwen, ou, and li are contracted most frequently.
We make only the consonant sounds for the pronouns below:
Mwen - M
Ou- W (blend the ou sound with the word)
Li- L
Nou- N
Yo- Y

Like the contraction, "I'm" in English, the word that is being contracted with the pronoun should retain it's original number of syllables after combining:
I (one syllable) I am - I'm (one syllable even after being contracted).
Because of this it is usually possible to contract pronouns with words to the left ending in vowels or special sounds (an, en, on, ou) or to the right beginning with those sounds. The pronouns, nou and yo contract more easily with words to the right beginning in vowels and special blends.

Kouzen (two syllables) kouzen mwen - kouzen 'm (two syllables)
Kouzin ends in a consonant so we can't contract it with a pronoun
(two syllables) kouzin mwen - kouzin 'm (three syllables) WRONG
Achte (two syllables) mwen achte - m' achte (two syllables)

Mwen, and sometimes nou, can usually be contracted at the beginning and even the middle of a sentence whether it is followed by a word beginning in a consonant or not.
M' vle - I want. M' rele - I call. M' di - I say.
* Note that the apostrophe comes between the words being contracted. Frequently, apostrophes are completely omitted and the two words combine to form one word. This makes for difficult reading.

SPECIAL CONTRACTION:
WITH can be contracted with mwen, ou, and li. You will sometimes see the contracted form without the spaces: Avèm, Avèw, Avèl.
Avè 'm - with me
Avè 'w - with you
Avè 'l - with him, with her, or with it

EGZÈSIS 6

1. What time does he start his job?
2. I want a piece of that.
3. My children love to play together.
4. Share the toys with them.
5. You drive my car well.
6. Ki kote ou vle manje kounye a?
7. Ki lè 'l ye?
8. Poukisa ou pale avè 'l?
9. Ki moun sa?
10. Kisa ou di mwen?

DEVWA 6

1 You have enough games.

2. She steals my things.

3. It's under my house.

4. I need to buy some handbags.

5. You ought to do that for her.

6. Sòti la!

7. Konbyen lajan ou genyen?

8. Al lakay ou!

9. Ou toujou panse sa.

10. Ou konn ki lè ou ka ranje bagay la?

THE is used instead of THIS:
This morning - Maten an
This afternoon - Aprèmidi a
This evening - Aswè a

NWIT VS. SWA
Nwit is not used when specifying "night":
Last night - Yè SWA
Tomorrow night - Demen SWA
Monday night - Lendi SWA

LESON SÈT

Speech Drills:

DEN	DAN	DON	DE	DA	DO	DÒ
FEN	FAN	FON	FE	FA	FO	FÒ

"TO GIVE" WITH CONTRACTIONS

Ban Mwen	-ban 'm	- give me
Ba Li	-ba 'l	- give him, give her, give it
Ba Ou	-ba 'w	- give you

VOKABILÈ 7

Aprèmidi-
Aprèmidi a-
Aprèdemen-
Aswè-
Aswè a-
Avanyè-
Chak-
Cho-
Demen-
Demen maten-
Demen swa-
Fre-
Frèt-
Jodi a-
Jou-
La jounen-
Lannwuit/Lannwit-
Lapli-
Maten-
Maten an-
Nèj-
Nuit/Nwit-
Semèn-

Yè maten-
Yè swa-
Yè-

JOU YO - DAYS
Dimanch-
Lendi-
Madi-
Mèkredi-
Jedi-
Vandredi
Samdi-

MWA YO - MONTHS
Janvye-
Fevriye-
Mas-
Avril-
Me-
Jen-
Jiyè-
Out-
Septanm
Oktob-
Novanm-
Desanm-

PAST TENSE MODIFIER
Place TE directly before the verb to make it past tense:
1- M te danse avè l - I danced with her.
2- Mari te manje maten an - Mary ate this morning.
3- Li te vini ak zanmi li- She came with her friend.
4- Nou te al wè yo - We went to see them.
5- Mwen konnen sa l tè di w - I know what he told you.

EGZÈSIS 7

1. Give Mary the thing tomorrow.

2. I sit with my husband.

3. In July, I feel hot.

4. Take your cousin (male) to church Friday night.

5. Where do you like to go?

6. Ki jou li ye?

7. Mwen vle ale pòtoprens (Port au Prince) nan janvye.

8. Granmè toujou frèt nan fevriye.

9. Ou gen de pitit kounye a.

10. Maten an nou manje anpil!

DEVWA 7

1. My cousin (female) and my niece go out every Saturday.
2. My aunt is very beautiful.
3. I don't like that.
4. Please don't touch that.
5. Sit down and listen.
6. Chak jou mwen priye pou nou.
7. Ou konn kilè yo manje chak dimanch swa?
8. Demen se mèkredi.
9. Ou bezwen ale lakay ou.
10. Poukisa ou vin wè m'?

LESON UIT/WIT

Speech Drills:

DENN	DANN	DONN	DÈ	DE	DO	DÒ
FENN	FANN	FONN	FÈ	FE	FO	FÒ

EMPHASIZING POSSESSION
-To belong to/to own: SE POU + POSSESSOR
Se pou li - it belongs to her/she owns it (it's hers)
-Insert "PA" before the pronoun to emphasize possession. Mwen, ou, and li can also be contracted with PA:

Pa mwen	-Pa 'm	- mine
Pa ou	-Pa 'w	- yours
Pa li	-Pa 'l	- his, hers, its
Pa nou		- ours, yours (plural)
Pa yo		- theirs

VOKABILÈ 8

BÈT YO - ANIMALS
Arenyen-
Bèf-
Bourik-
Chat-
Chwal-
Chen-
Foumi-
Kabrit-
Kochon-
Kòk-
Koulèv-
Krapo-
Lapen-
Makak-

Milèt-
Moustik/Marengwen-
Mouton-
Poul-
Rat-
Ravèt-
Sourit-
Ti chat-
Ti chen-
Towo-
Zandolit-
Zwazo-

KOULÈ YO - COLORS
Blan-
Ble-
Gri-
Jòn-
Mawon-
Mov/Violèt-
Nwa-
Vèt-
Wouj-
Woz-
Zoranj-

FUTURE TENSE MODIFIER: WILL/GOING TO
Place PRAL directly before the verb to make it future tense:
1- Mwen pral kouche kounye a - I will lie down now.
2- Yo pral tann mwen la - They will wait for me here.
3- Li pral fini talè - He will finish soon.
4- Nou pral benyen aswè a - We will take a bath tonight.
5- Mwen konnen sa l pral di - I know what he's going to say.

* PRALE- PRAL contradicted with ALE: WILL GO

EGZÈSIS 8

1. The lizard is mine.
2. The house is for her.
3. John is a pastor.
4. We are very tired today.
5. They don't give me anything.
6. Se pou mwen.
7. Se chen pam.
8. Ou ka pran zwazo yo men ban m kochon an.
9. Ou wè kijan kay mwen bèl?
10. Mari (Mary) gen twa chwal mawon e Jòj (George) mande pou sèt gwo kabrit.

DEVWA 8

1. I have eleven big white sheep.

2. They can give me two spiders and one green snake.

3. He takes the tools to fix the car so we can go.

4. We don't want you to do that right now.

5. Park the car here because it doesn't smell good.

6. Kouzen 'm al lakay li.

7. Lè 'm wè yon koulèv mwen kouri vit!

8. Tann mwen la.

9. M' pa konnen pou kisa timoun yo jwe nan kay la.

10. Yo prèske fè 'm fache maten an.

LESON NÈF

SPEECH DRILLS

ZÒTÈY	PENY	ZÒRÈY	VYE	ZYE
PYE	DWE	SITWON	PWA	VYANN

VOKABILÈ 9

MANJE - FOOD
Anana-
Bwè-
Chadèk-
Dife-
Diri-
Dlo-
Fig-
Fri-
Fwi-
Ji-
Kafe-
Legim-
Lèt-
Manba-
Pen-
Pen ak manba-
Piman-
Pòm-
Pòmdetè-
Pwa-
Pwason-
Pwav-
Rezen-
Sèl-
Sik-
Sitwon-
Sosis-
Te-
Vyann-
Ze-
Zonyon-

KÒ A - THE BODY
Anbabra-
Bouch-
Bra-
Cheve-
Dan-
Do-
Dwèt-
Fè mal-
Figi-
Fwon-
Janm-
Jenou-
Kè-
Kò-
Kou-
Kwis-
Lang-
Lestomak-
Manton-

Men-
Nen-
Pa janm-
Pran nan men-
Pye-
Sousi-
Tèt-
Vant-
Zepòl-
Zong-
Zong dwèt-
Zong pye-
Zòrèy-
Zòtèy-
Zye-

PRESENT CONTINUOUS TENSE MODIFIER: "ING" VERBS
FUTURE PROGRESSIVE TENSE MODIFIER: "WILL BE" + "ING" VERBS
Place AP directly before the verb to make it "ING" verb:
AP is always contracted with all pronouns:

MAP - I'm + "ING" verb
LAP - He's/She's/It's + "ING" verb
NAP - We're/Y'all are + "ING" verb
WAP - You're + "ING" verb
YAP - They're + "ING" verb

1- Map tonbe - I'm falling down.
2- Mari ap rale cheve l - Mary is pulling her hair.
3- Lap fè travay li byen - He will do his work well.
4- Wap bwè anpil - You're drinking a lot.
5- Yap dòmi aswè a - They will be sleeping tonight.

EGZÈSIS 9

1. Her children want to eat a peanut butter sandwich.

2. Go buy coffee and sugar please.

3. His tummy is small.

4. Why don't you want to eat meat and drink lemon juice?

5. You need to listen to me when I talk to you.

6. Mwen gen yon dan fè mal.

7. Di granpè 'w bonswa pou mwen.

8. Pastè a di nou bezwen mennen 'w legliz demen.

9. M' gen yon pwoblèm.

10. Ki lè ou konn penyen cheve 'l?

DEVWA 9

1. Ki lè 'l pale avè 'w?

2. Yon bagay 'm pa konprann se pou kisa yo pa manje diri.

3. Mwen di 'w pitit la gwo!

4. Mete tout sa ou achte nan kay la.

5. Chak lè 'm pal avè 'l li fache!

6. Nou pa gen ase lajan pou ede moun nan Ayiti.

7. M' renmen travay ak timoun yo nan lekòl la.

8. Chak semèn timoun yo danse nan legliz la.

9. Mwen kontan wè 'w anpil, Jan (John).

10. Di 'm ki lè pou 'm ale.

LESON DIS

SPECIAL TENSES

FUTURE TENSE: WILL/GOING TO
VA is used in regions of Haiti where French-creole is spoken. However, the contraction of VA with pronouns is used all over Haiti:

W'a- You will
N'a- We / Y'all (you plural) will
M'a- I will
Y'a- They will
L'a- He will / She will/ It will

EGZÈSIS
1. You are going to be thirsty.

2. He will stop doing that.

DEVWA:
1. Jakòb will take the job.

2. Who will carry the luggage?

3. Their teacher will show them.

NEGATIVE WITH TENSES:
PA (negative) + TE (past tense) -> NEVER SAY PA TE
PAT - wasn't / was not, weren't / were not, didn't / did not, haven't / have not

PA (negative) + PRAL (future tense) ->
PAP or PA PRAL - will not / won't, NOT GOING TO

PA (negative) + AP (continuous ongoing tense) -> NEVER SAY PA AP
PAP - am not, isn't / is not, aren't / are not

EGZÈSIS:
3. Sara didn't sweep.

4. David won't talk.

DEVWA:
4. Li pap rive la demen.

5. Layla will not dry her hair.

6. Jak didn't quit his job.

GEN - THERE IS/THERE ARE WITH TENSES & NEGATIVE:
TE GEN - there was / there were
AP GEN - there is / are going to be
PRAL GEN - there will be
PA GEN- there isn't / there aren't
PAP GEN- there won't be / there isn't going to be
PAT GEN- there weren't / wasn't

WOULD - TA
Place TA PRAL before the verb for WAS GOING TO/WERE GOING TO/ WOULD HAVE.
Place PA TA before the verb for WOULD NOT, WOULD NOT HAVE
Place PA TAP before the verb for WAS NOT/WERE NOT GOING TO

EGZÈSIS:
5. She was going to prepare the food.

6. They said you wouldn't do that.

DEVWA:
7. I was going to ask the same question.

8. He wouldn't have needed two bags.

9. Were you going to dance?

POKO - NOT YET
Place POKO AP before the verb for NOT YET + PRESENT PROGRESSIVE
Place POKO PRAL before the verb for NOT YET + FUTURE TENSE
Place POKO TE/POTKO before the verb for NOT YET + PAST TENSE

EGZÈSIS:
7. I am not walking home yet.

8. Bella won't have the stuff yet.

> IMPLIED PAST TENSE:
> Kisa w di mwen - What did you tell me?
> Because the action occurred recently, we don't use TE unless the action occurred earlier in the day or before that.
>
> Kisa w fè? - What did you do?

DEVWA:
10. Katya didn't feed the rabbit yet.

11. Makennsòn isn't trying yet.

12. I know Frank won't pray for him yet.

EVER - JANM
Place TE JANM before the verb for DID EVER
Place PRAL JANM before the verb for WILL EVER
Place PAT JANM before the verb for DIDN'T EVER/WASN'T EVER/ WEREN'T EVER
Place PAP JANM before the verb for WILL NEVER, WON'T EVER/WILL NOT EVER, AM/IS/ARE NEVER, ISN'T/AREN'T EVER

EGZÈSIS:
9. Did you ever help her?

10. Will they ever be friends again?

DEVWA:
13. I didn't ever ask you for that.

14. He won't ever be able to finish.

15. We will never be hungry again.

PAST PROGRESSIVE: WAS GOING TO/WERE GOING TO + VERB
TE (past tense) + AP (continuous-ongoing) -> Never say TE AP
TAP - WAS / WERE + "ING" VERB (was eating, were talking)

EGZÈSIS
11. Cheri was running.

12. Michèl was laughing.

DEVWA:
16. Mwen t'ap (TAP/T' AP) goute manje a.

17. They were talking to somebody.

18. She was doing something.

SPECIAL VOCABULARY WORD FOCUS
*SO has several meanings in English and because creole vocabulary is so literal we don't have one meaning for SO, but several:
SO - DONK, SI TÈLMAN/TÈLMAN, SA FÈ, POU

1. So, I went to see them - DONK, m te al wè yo.
2. I was SO VERY tired yesterday - Mwen te SI TÈLMAN fatige yè swa.
3. I was SO tired yesterday - Mwen te TÈLMAN fatige yè swa.
4. I was hungry; so I ate - Mwen te grangou SA FÈ mwen te manje.
5. She bought toys so we could play - Li te achte jwèt POU nou ka jwe.

LESON ONZ

DRILL: Read the creole exercise sentences from lesson 6 on and listen to the videos that go with them on the Vimeo account to get use to hearing and translating creole. You can BUY (download all video teachings) or RENT (stream for up to a year). Email Gloria for a discount at haitiangloria@yahoo.com.

VOKABILÈ 11
Anrejistre-
Bèlfi-
Bèlmè-
Bèlsè-
Bòpè-
Bofis-
Bòfrè-
Bwat-
Deside-
Dèyè-
Èske-

ÈSKE is used in question forms when not using: who, what, when, where, why, how, and which.
You don't need to use ÈSKE because your voice inflection can show that you're asking a question; however, it can be used to indicate questions beginning with:
Did, Will, Are, Have, Do, Does, Was, Is, etc.
-Are you going out?
Ou pral sòti? - You going out?
Èske ou pral sòti? - ARE you going out?

-Did he eat?
Li te manje? - He ate?
Èske l te manje? - DID he eat?

Fanm-
Fasil-
Fèk-
Fèt-
Flè-
Granmoun-
Jaden-
Jèn-
Lwen-
Magazen-
Malgre-
Mesye-

Mo-
Mòn-
Nonm-
Okipe-
Ou/Oubyen-
Panye-
Petèt-
Pi pito-
Pito-
Plant-
Pye bwa-
Repons-
Sèlman-
Tikè-
Tou-
Tounen-
Twò-
Twòp-
Vakans-

OKIPE also means to be mentally preoccupied with, bothered by, or worried by something.

Pa okipe w - Don't worry yourself.
Pa okipe l - Don't be bothered by (pay attention to) her.

PI PITO - FAVORITE
My favorite is lemon juice.
M pi pito ji sitwon

TOO, TOO MUCH, TOO MANY, ALSO, AS WELL...
TWÒP is placed before a noun or after a verb as too much or too many:
TWÒP manje - too much food / Travay TWÒP - works too much

TWÒ is used when referring to adjectives as being too much:
TWÒ gwo - too big TWÒ piti - too little

TOU is used when referring to "also" and "as well."
M vle ale avèk yo tou - I want to go with them too/also/as well.

CULTURAL NOTE

-At the end of positive phrases we sometimes add the word, WI - YES, for emphasis or the word, NON - NO, for negative phrases.

-We sometimes place BYEN before an adjective to give it emphasis:
BYEN BÈL - REALLY/VERY PRETTY

EGZÈSIS 11

1. He just arrived.

2. Maybe we can go see my mother-in-law tomorrow.

3. How will we take your brother-in-law there?

4. Did his daughter-in-law take a lot of flowers from the garden?

5. I'm the only one who danced there. (Me only who...)

6. Na monte mòn nan vandredi.

7. M se yon granmoun!

8. Èske w te bay pitit la yon bagay pou 'l manje?

9. Poukisa fanm nan te fè sa?

10. Malgre sa m pap fache avè l.

DEVWA 11

1. I didn't want to talk to her but it was easy.

2. He will not be angry with his wife.

3. They were dancing in the store and we laughed.

4. I'm not going with her.

5. I prefer to eat right now.

6. Èske w vle ale nan magazen an avèm? (contraction + pronoun)

7. Èske w jwèn bagay ou te bezwen an?

8. Èske Mari (Mary) renmen manje pwason oubyen kabrit?

9. Èske l te deside sa l vle fè ak yo demen?

10. Èske l gen ase sitwon nan panye l?

LESON DOUZ

VOKABILÈ 12

RAD - CLOTHING

Abiye-
Chanday-
Chapo-
Chemiz-
Chemiz dennwit/Pijama-
Chosèt-
Jip-
Kalson-
Kilòt-
Kòsaj-
Kostim-
Mayo-
Pantalon-
Pantouf-
Sandal-
Sapat-
Sentiwon-
Soulye-
Soutyen-
Wòb-

TWALÈT - BATHROOM

Bwòs cheve-
Bwòs dan-
Chanpou-
Dezodoran-
Kitèks-
Krèm pou bab-
Losyon/krèm-
Makiyaj-
Pat-
Peny-
Poud-
Razwa-
Sèvyèt-

EGZÈSIS 12

1. She's too young to wear makeup!
2. How do you feel this afternoon?
3. We were drying his pants.
4. That comb is not good for her hair!
5. The young lady washed her clothes with shampoo!
6. Ou renmen bwose dan w twòp.
7. Ti fi a ap retire wòb li.
8. Yo tap mete krèm pou bab sou figi yo men m te fè yo sispann.
9. Se te chosèt Mari n (nou contracted) te pran.
10. M pral achte yon sèvyèt lè m ale nan magazen an ak zanmi m.

DEVWA 12

1. My daughter will wear a beautiful skirt to school today.
2. We didn't have toothpaste.
3. Did she buy you a bra because you're a young lady now?
4. Look behind the big red thing.
5. My shoes are too big for you.
6. Pou kisa yo kite pitit fi yo mete makiyaj?
7. Se sè ti gason an.
8. Pitit sa pa tande lè moun ap pale avèl (contract avèk + pronoun).
9. Konbyen fwa m bezwen di w bwose dan w?
10. Gade kijan mari m bo nan kostim li!

LESON TRÈZ

GIVING MEDICATION
Pran sa (#) fwa pa jou - Take this (# of times) per day
Pran sa chak (#) tan pou doulè - Take this every (number of hours between) hours for pain

*These instructions are very important since most people are used to receiving antibiotics and taking all the medicine until the bottle is empty...not exactly the proper directions for pain medication, etc.

VOKABILÈ 13
Aksidan-
Dekonpoze-
Dan fè mal-
Doulè-
Enfimyè-
Famasi-
Fè...pè-
Fè tansyon-
Fè sik-
Grenn-
Gripe-
Klinik-
Konsiltasyon-
Laboratwa-
Lafyèv-
Lopital-
Maladi-
Malozye-
Medikaman-
Nemoni-
Pè-
Piki-
Remèd-

Repoze-
Revini-
Sentòm-
Si-
Siye-
Ta-
Tèt fè mal-
Tèt vire-
Tous-
Touse-
Vant fè mal-
Vètij-

CONDITIONAL:
Ta ka- could
Ta dwe- should
Te dwe- should have, ought to have
Te ka- could have
PA DWE - shouldn't, ought not
PAT DWE - shouldn't have, ought not to have
PAT KA/PAT KAPAB - couldn't
PAP KA/PAP KAPAB - won't be able to

1. Li pat dwe pran remed la - He shouldn't have taken the medicine.
2. Yo pat ka desann tansyon li - They couldn't lower her pressure.
3. Ou te ka fè m pè - You could have frightened me.
4. Nou te ka fè travay - We could have done the work.
5. Timote pap ka wè enfimyè a - Timothy won't be able to see the nurse.

EGZÈSIS 13

1. She said she does not feel well because she has pain in her leg.
2. What are your symptoms this evening?
3. The doctor said when he doesn't feel well, he should rest.
4. I'm tired of him because he always says he's sick.
5. If you have a tummy ache you shouldn't eat.
6. M ta ede l si l te gen bonjan.
7. M ta dwe wè doktè a, paske mwen santi m malad.
8. Èske m pat di w madanm nan paka pal avèw kounye a?
9. Ou te dwe ba l manje.
10. Se papa w.

DEVWA 13

1. I'm afraid of shots (with needle).

2. He can't come to work because he's sick.

3. What sickness does she have now?

4. You should brush your teeth.

5. I wouldn't drink that if I were you.

6. Pa okipe w! Fanm sa toujou malad!

7. Yo te ka ede m si yo te vle!

8. Li bezwen koute m lè map pal avèl.

9. M panse se lafyèv la l genyen.

10. M te ka fè sa, men m pat vle.

LESON KATÒZ

VOKABILÈ 14
Chèk-
Elèv-
Ete-
Fè Makèt-
Fèy-
Fim-
Ivè-
Janti-
Jounal-
Kado-
Kaye-
Klas-
Konsa-
Kreyon-
Lavil-
Liv-
Machann-
Mal-
Mouye-
Otòn-
Papye-
Plim-
Prentan-
Rayi-
Restoran-
Sèch-
Sinema-
Tan-
Tcheke-
Voye-

TELLING WEATHER:

Fè bon- it's nice
Fè cho - it's hot
Fè fre - it's cool
Fè frèt - it's cold
Lap fè lapli / Lapli ap tonbe - it's raining / rain is falling
Lap fè nèj - it's snowing
Tan an bèl - the weather is lovely
Tan an kalm - the weather is calm
Tan an move - the weather is terrible

EGZÈSIS 14

1. The weather is always beautiful in Haiti.

2. I went to the hospital because I had a headache.

3. Yesterday it rained and it was cold.

4. My shoes got wet in the rain this afternoon.

5. Why did you go out if it was raining?

6. Fim mwen te wè avanyè nan sinema a te trè bon.

7. Èske ou te resevwa chèk m te voye pou ou a? (a- the)

8. Elèv la pral pote valiz li sou do l.

9. Nou te ale nan klas maten an.

10. M pral fè makèt jodi a.

DEVWA 14

1. I'm the only one who came to see you.
2. His house is ugly.
3. It's too much work for my grandfather.
4. Please ask his wife to do it because I'm too busy.
5. I feel like I know and understand a lot of creole now.
6. M di w m rayi lè ou fè m sa e w fè l toujou!
7. Rad yo sèch; al pran yo.
8. Èske l ka ban m diri a?
9. Ti gason an manje tout pwason an; pa genyen ki rete pou mwen.
10. Yon lè pwofesè m te vin lakay mwen.

LESON KENZ

VOKABILÈ 15
Ale retou-
Devan-
Fèmen-
Konfimasyon-
Kouchèt-
Li gou / Li gen bon gou-
Li menm-
Lib-
Lòt-
Mwen menm-
Nou menm-
Ou menm-
Ouvri-
Plas-
Prefere-
Rezèvasyon-
Sanble-
Vomi-
Yo menm-
Yon lòt-

PLAS- space / room / seat

Pa gen ase plas - There's not enough space / room

Ou pran plas mwen - You took my seat

FORMS OF SOME
KÈK NAN - some of (some of quantifiable objects)
Kèk nan pòm yo - Some (some of the) apples

YON MÒSO - a piece of (some of a single item)
Banm yon mòso pen - Give me some (a piece of) bread.

YON PATI - a part (some of a general area of something)
Yon pati nan wòb la - Some (a part) of the dress

YON TI - a little (some of a large body of something like water, rice; etc)
M vle yon ti dlo - I want some (a little) water

NOUNS WITH "SOME"
When the subject directly follows SOME we say: GEN DE - there are some
GEN DE MOUN - some people...
GEN DE BAGAY - some things...
GEN DE FWA / LÈ - sometimes...
GEN DE KOTE - some places...

CULTURAL NOTE:
One's home is an intimate thing for Haitians and this is reflected in our language. HOUSE as object - KAY. HOUSE as dwelling - LAKAY
I'm going home. - Mwen prale lakay mwen. (Possessor is included)

EGZÈSIS 15
1. This is the last night I'm going to their house.

2. My hair got wet in the rain last night.

3. Go in front of me.

4. Some people never learn.

5. Can I please have some rice, please?

6. Yo pito bwè yon ti ji chadèk, mèsi.

7. Manman, Charles di l vle yon mòso nan fig la.

8. Gen de fwa m santi tèt mwen ap vire.

9. M di w mwen pa renmen ti fi a!

10. M wè w pap janm fè bagay m te mande w fè pou mwen an.

DEVWA 15

1. I don't know what he sold you but it doesn't taste good.

2. I'm starving (very hungry).

3. The last person I saw at the hospital died.

4. I'm finished with my homework now.

5. I went to the pharmacy the other day to buy the medicine.

6. Liv mwen te vle a pat nan magazen an.

7. Gen de moun ki renmen fè m fache.

8. M kontan anpil jodi a paske m pral wè sè m.

9. Ou pa pito tounen lakay ou?

10. Nou pral legliz pou priye.

LESON SÈZ

John 3:16 - Jan twa vèsè sèz

Paske, Bondye sitèlman renmen lèzòm li bay sèl Pitit li a pou yo. Tout moun ki va mete konfyans yo nan li pa'p pèdi lavi yo. Okontrè y'a gen lavi ki pa'p janm fini an.

VOKABILÈ 16

Anndan-
Aparèy-
Avyon-
Bati-
Bato-
Bisiklèt-
Chè-
Deyò-
Elikoptè-
Etèn-
File-
Fon-
Frape-
Itil-
Kamyon-
Kawoutchou-
Konstriksyon-
Kriye-
Kwen-
Kwense-
Lejè-
Lou-
Manchèt-
Mato-
Mont-
Moto-
Òfelen-

Òfelina-
Oto-
Otobis-
Pikòp-
Radyo-
Repare-
Revèy-
Sa fè-
Sere-
Sèvi-
Sèvi avèk / Sèvi ak-
Siman-
Televizyon-
Twou-
Vid-

CULTURAL NOTE:
We tend to say the article, THE, immediately after the word it follows. It sounds odd to pause between the two words.

For example: manman an - AN should be said as though it is a part of the word manman to keep a natural flow. This should give the impression that manman an is a three syllable word. This is the same for all forms of the.

SCRIPTURE VERSE

The purpose of the verses are for those who would like to memorize key scriptures to use as a ministry tool. When reciting or reading creole keep the forms of THE quickly after the word it follows (as stated above) and be careful with the nasal blends: an, en, on. Speed is never more important than correct articulation. Feel free to post a video of yourself reciting scripture verses to encourage others on the Learn Haitian Creole group page on Facebook.

EGZÈSIS 16

1. Turn the radio off.

2. We like to go to Haiti to work with the orphans.

3. Some of my friends go to Port au Prince (pòtoprens) to build houses for people.

4. I didn't like when he sharpened his machete in front of me.

5. They put her in the corner to play the game.

6. M te vle achte jip la men l te twò chè.

7. Lè m fè cheve m mwen pa janm sèvi ak yon bwòs.

8. Mesye a te di yo te pote siman an la.

9. Èske w pito sèvi ak yon plim oubyen yon kreyon?

10. Timoun yo renmen al mache chak maten.

DEVWA 16

1. I have never seen a helicopter in the United States.

2. They're doing construction work at the orphanage for the orphans.

3. The tires are no good so we can't use the car.

4. Some people live on boats but I don't like that.

5. He hit me and made me cry.

6. M pa vle tounen lakay mwen paske m vle al nan sinema.

7. Yo di m bagay la lejè men l lou anpil.

8. Pantalon an twò sere fòk li met yon lòt.

9. M pat vle di w sa men bouch chen an santi!

10. Si w pa al benyen m pap kite w gade yon fim.

LESON DIZSÈT

James 1:27 / Jak en vèsè vennsèt
Men jan pou nou sèvi Bondye Papa a, si nou vle sèvi l yon jan ki dakò ak volonte Bondye, yon jan ki bon tout bon devan l: Se pote sekou bay timoun ki san papa. Se bay vèv yo lasistans lè yo nan lafliksyon. Se pa mele nan move bagay k'ap fèt sou latè pou nou pa pèdi kondisyon nou.

VOKABILÈ 17
A lè-
Afè-
Ane pase-
Ane pwochèn-
Ane sa-
Aprè-
Avan-
Bonè-
Chèche-
Demare-
Depi-
Dwat-
Fiti-
Fòt-
Goch-
Mwa pase-
Mwa pwochèn-
Mwa sa-
Nèf-
Pandan-
Peyi-
Pi bonè-
Pi ta-
Prè-

Sa a-
Sa yo-
Semèn pase-
Semèn pwochèn-
Semèn sa-
Ta-
Tan-zan-tan-
Tè-
Yon sèl-

SPECIAL VOCABULARY FOCUS: NEW
NEW vs. BRAND NEW?

-NÈF - brand new
Machin mwen nèf - My car is new
This indicates that this is a brand new, unused, vehicle.
-NOUVO - new
Mwen gen yon nouvo machin - I have a new car
This vehicle may be a new addition as in property but already used.

EGZÈSIS 17

1. While we were out, the thieves came into the house.

2. Last week, we found this puppy in front of the store.

3. Do you want to go to church with us next week?

4. I just told him not to call me anymore.

5. We haven't learned anything in creole yet.

6. Èske revèy la gen bon lè sou li?

7. Fòk li al wè doktè a bonè.

8. M pral wè madanm pastè a pi ta.

9. Ou konn yon bagay?

10. Aprè nou fin danse la nou ka al achte rad.

DEVWA 17

1. Every once in a while, I go to the outdoor market.

2. Can you please come earlier tomorrow morning?

3. We're close.

4. My daughter always makes me happy.

5. I love my husband very much.

6. Demare bagay la pou mwen.

7. Se pa fòt mwen si l twò ta pou n ale.

8. Demwazèl la ap vann anpil chapo.

9. Pou kisa w vin nan peyi a?

10. Map kite Ayiti nan de mwa.

LESON DIZUIT/DIZWIT

Romans 8:28 / Women uit vèsè venntuit
Tansèlman, nou konn sa byen: nan tout bagay, Bondye ap travay pou byen tout moun ki renmen l, pou byen tout moun li te fè lide rele.

SI TÈLMAN KE - So much that
Because si tèlman means so/so much
(as an overabundance of quantity) it can be separated from ke - that:
Mwen si tèlman renmen w ke / Mwen renmen w si tèlman ke
I so love you that / I love you so much that

* Note that KE is used for THAT in a comparison.

VOKABILÈ 18
Asyèt-
Atè-
Basen-
Bifèt-
Biwo-
Boutèy-
Chanm-
Chèz-
Chodyè-
Ditou-
Douch-
Dra-
Fenèt-
Fou/Recho-
Fouchèt-
Frijidè-
Gode-
Kabann-
Kafetyè-
Kiyè-

Kizin-
Kouto-
Lanp-
Lavabo-
Lenn, kouvèti-
Limyè-
Malerèzman-
Matla-
Mwens/Mwen-
Òdinatè/Kompitè-
Pi/Plis-
Pi move-
Pòt-
Rapid-
Rido-
Sal a manje-
Sal deben-
Salon-
Si tèlman-
Tab-
Tas-
Vè-
Youn-
Zòrye-

SUPERLATIVES

Place PI - "more" before the adjective for:
PI bon - better
Travay li pi bon - His job is better.

Place PI before the adjective and PASE - "than" after the adjective for:
Travay li pi bon pase travay nou - His job is better than our job.

Place PI before the adjective and PASE TOUT - "than all" after the adjective for:
Travay li pi bon pase tout - His job is the best.

EGZÈSIS 18

1. I told you her child dances better than my child.

2. Robert's son is the biggest.

3. Can you give me more?

4. He gave me less food than everyone.

5. I love you so much that I always come to see you in Haiti.

6. M travay pi byen pase l.

7. Te gen yon moun madanm nan te vle wè jodi a.

8. Lap di tout moun li pa vle pal avèm ditou!

9. Se pi move bagay ou ka fè m.

10. Pa gen yon bagay Bondye poko fè pou mwen!

DEVWA 18

1. Their pillow is big.
2. Wash the dishes in the sink.
3. I'm busy with something.
4. The computer doesn't work well.
5. Turn off the television.
6. Èske w te lave dra yo?
7. Li twò piti pou manje ak yon fouchèt fò l sevi ak yon kiyè.
8. M pral fè yon ti kouche sou kabann nan.
9. Fè l bwè boutèy dlo a pou tèt fè mal la ka kite l.
10. Timoun yo bezwen vin lave asyèt yo.

LESON DIZNÈF

Philippians 4:13 / Filipyen kat vèsè trèz
Nenpòt sitirasyon ki parèt devan mwen, m'ap degaje m, gremesi Kris la ki ban mwen fòs kouray.

NIMEWO - NUMBERS

1-10	11-20	21-30
en	onz	ventenyen
de	douz	vennde
twa	trèz	venntwa
kat	katòz	vennkat
senk	kenz	vennsenk
sis	sèz	vennsis
sèt	disèt	vennsèt
wit	dizuit/dizwit	venntuit/venntwit
nèf	disnèf	venntnèf
dis	ven	trant

HELPFUL TOOL: USE COLUMNS TO COUNT

30- Trant- Count out 30's in the 3rd column by omitting venn
trantenyen trantde trantwa trantkat trantsenk
trantsis trantsèt trantuit/trantwit trantnèf

40- Karant- Count out 40's in the 3rd column by omitting venn
karantenyen karannde karantwa karantkat karantsenk
karantsis karantsèt karantuit/karantwit karantnèf

50- Senkant- Count out 50's in the 3rd column by omitting venn
senkantenyen senkannde senkantwa senkantkat
senkantsenk senkantsis senkantsèt senkantuit/senkantwit
senkantnèf

60- Swasant- Count out 60's in the 3rd column by omitting venn
swasanntenyen swasanntde swasanntwa swasanntkat
swasanntsenk swasanntsis swasanntsèt swasanntuit/swasanntwit
swasantnèf

70- Swasanndis- (note: swansan + dis - 60+10+70)
So, now you need to go to middle column for: 60+11, 60+12, etc
swasannonz swasanndouz swasanntrèz swasannkatòz
swasannkenz swasannsèz swasanndisèt
swasanndizuit/swasanndiswit swasanndisnèf

80- Katreven (note: KAT XS VEN - 4x20=80)
You already have "ven" at the end and not "dis" so go to the left column to add the "ones"
katrevenen katrevende katreventwa katrevenkat
katrevensenk katrevensis katrevensèt
katrevenuit/katrevenwit katrevennèf

90- Katrevendis (note KAT xs VEN + DIS 4X20+10= 90)
So, now you need to go to middle column for: 80+11, 80+12, etc
katrevenonz katrevendouz katreventrèz katrevenkatòz
katrevenkenz katrevensèz katrevendisèt
katrevendizuit/katrevendiswit katrevendiznèf

San- 100 (SAN means both "one hundred" and "hundred")
Desan- 200

Mil- 1000 (MIL means both "one thousand" and "thousand")
De mil- 2000

We do not say: 1500 - kenz san (fifteen hundred)
We say - mil senk san (one thousand, five hundred)

TELLING TIME:

A inè -	at 1:00 (at one "hour")
Li de z'è -	it's 2:00
twa z'è -	3:00
katr è -	4:00
senk è -	5:00
si z'è -	6:00
sèt è -	7:00
uit/wit è -	8:00
nev è -	9:00
diz è -	10:00
onz è -	11:00
midi -	at noon
minui/minwi -	at midnight
mwen ka -	minus a quarter (senk è mwen ka - 4:45)
edmi -	thirty after / and a half (inè edmi - 1:30)

Example:
2:15 - de zè kenz (no need for apostrophe)

EGZÈSIS 19

1. We need a round trip ticket to the United States.

2. They have thirty cats in their house.

3. You didn't come to see me at seven-thirty.

4. Can you give me my coffee in a mug?

5. That is (that's) the same girl we saw the other day.

6. M pa konprann bagay sa ditou!

7. Èske w te tande kijan pitit la te pal ak manman l?

8. Lè papa w di w al dòmi fò w al dòmi.

9. Mwen si tèlman fatige ke m bezwen dòmi kounye a.

10. M prèske fini ak klas sa.

DEVWA CHALLENGE

Make up ten sentences pertaining to your area of interest in Haiti and post on the Learn Haitian Creole Facebook group page for others to translate.

LESON VEN

Sinner's/Repenter's Prayer:
Some folks have printed and laminated this to distribute to team members traveling to Haiti, churches, and individuals giving their lives to the Lord. You have permission to do so!

Bondye m konnen ou renmen m
God, I know You love me.

E ou te voye pitit gason ou pou mouri pou mwen
And You sent Your son to die for me.

Jezi ou te mouri pou peche m yo
Jesus, You died for my sins.

Mèsi Jezi! Mwen ba ou tout kè m
Thank You, Jesus! I give You all my heart.

Mwen vle pou ou viv nan kè m
I want for You to live in my heart.

Ede m Jezi pou m ka sèvi w
Help me, Jesus, to be able to serve You.

E fè tout sa w vle
And do all that You desire.

Aprann mwen kijan pou m renmen ou
Teach me how to love You.

Mèsi Jezi! Amen.
Thank You, Jesus. Amen.

1. Why are you in such a rush?
   Poukisa ou prese konsa?
2. I'm going to Haiti to see my child.
   M pral ayiti pou m wè pitit mwen.
3. We brought you a few gifts.
   Nou pote kèk kado pou ou.
4. Will I have a bicycle when I'm in the U.S?
   Èske map gen yon bisiklèt lè m etazini?
5. Today is Joseph's birthday.
   Jodia se fèt Jozèf.
6. The guy wore a sharp/nice looking hat. ("on his head" not needed in English)
   Mesye a mete yon bèl ti chapo sou tèt li.
7. She died in a motorcycle accident.
   Nan yon aksidan moto li mouri.
8. Who's leading / Who's in the lead?
   Ki moun kap (ki ap) mennen?
9. He's in the shower.
   Li nan douch la.
10. I came to pick up a package.
    Yon bwat m vin chèche la.
11. Look how upset he got.
    Gade kijan li vin fache.
12. The people didn't send slippers for us.
    Moun yo pat voye pantouf pou nou.
13. The child is coughing so much.
    Pitit la si tèlman ap touse.
14. I'm going to write the letter to give you.
    Ma ekri lèt la ba ou.
15. The baby threw up on the pastor's bed.
    Bebe a vomi sou kabann pastè a.
16. They're going to repair the car soon.
    Yap repare machin nan talè.
17. Don't let the children stand on the chairs.
    Pa kite timoun yo kanpe sou chèz yo.
18. Put the knife in the sink.
    Mete kouto a nan lavabo a.
19. Explain to me how that happened (that came to be).
    Esplike m pou kisa sa vin rive.
20. Put all the dishes on the table.
    Mete tout asyèt yo sou tab la.
21. Please close the window.
    Tanpri, fenmen fenèt la.
22. The lady is fixing the bed for us.
    Madanm nan ap ranje kabann nan pou nou.
23. Can we give them cc. C cc some money?
    Èske nou ka ba yo yon ti lajan?
24. This suitcase is light.
    Malèt sa lejè.
25. These two sisters look alike.
    De sè sa yo sanble.

COMMON EXPRESSIONS:

1. Mwen prese.
   I'm in a hurry.
2. M remesi w.
   I thank you.
3. Pou tèt mwen / Pou kont mwen
   All alone / By myself
4. Twò fò
   Too hard / Too loud
5. Gen lontan
   It's been a while.
6. Esplike m 'on (yon abbreviated) bagay.
   Explain something to me.
7. Rele anmwey
   Throw a fit / Tantrum
8. Mezanmi!
   Oh my goodness / Oh my gosh
9. Kabicha
   Nap
10. M' an reta.
    I'm running late.
11. Ann ale.
    Let's go. (Ann manje - let's eat, etc.)
12. An pàn
    Broke down (machine or device)
13. Gen rezon
    To be right (ou gen rezon - you're right)
14. Vin fache
    To become upset
15. Fè vit
    Hurry up
16. Gen pasyans
    To be patient
17. Ou mèt fè sa
    You may do that (li mèt manje - she may eat, etc)

18. Men li
    Here it is (men mwen - here I am, etc)
19. Kisa k rive?
    What happened?
20. Kisa w genyen?
    What's up with you / What's wrong with you?

EXTRA VOCABULARY

Annwiye-

Antre-

Bondye-

Chak tan / Chak fwa-

Chanson-

Chante-

Epi-

Fè desen-

Gentan / Deja-

Janti-

Jezi-

Jis-

Jiska-

Kache-

Kale-

Kenbe-

Lakou-

Lari-

Lòt bo a-

Manke-

Marye-

Netwaye-

Prete-

Pwomèt-

Raz-

Sentespri-

Senyè-

Swete-

Twòp bri-

EXAM: Post exam on the Facebook group and you're ready for Level 2!

1. You need to clean your room before you go out.
2. If you finish your homework early, I promise we'll go out.
3. Where were they playing after you told them to stop?
4. I think she's right.
5. Hold her hand when you walk with her outside.
6. Just do what I told you.
7. I hope they get married.
8. He went to look for it over there.
9. Don't annoy your brother.
10. If you hit her again, I'll spank you.
11. M renmen chita sou lakou a tou prè lari a.
12. Depi ou te di m sa, m te pale avèl.
13. Epi l vin fache avè m.
14. Lapli te tonbe nan vil la.
15. M bezwen fè yon ti pale avèw.
16. Mwen bay fanm nan chodye a men l poko kwit anyen pou nou.
17. Èskew konn Senyè a?
18. Pa gen anyen m ka fè pou ou kounye a.
19. Ti fi madanm nan gen bon jan men ti gason an fè move bagay.
20. Kounye a m fin ak leson m.

ADOPTING FROM HAITI SURVIVAL CREOLE

SURVIVAL LANGUAGE FOR TRAVELING IN HAITI:
1. Konbyen tan l ap pran pou n rive nan èpòt la/òfelina a?
--->How long is it going to take for us to arrive at (get to) the airport/ orphanage?

2. Nou bezwen fè yon ti rete la pou achte dlo.
--->We need to make a quick stop here to buy water.

3. Nou bezwen ale nan twalèt.
--->We need to use the bathroom.

4. Nou pa bezwen ed ak valiz nou.
--->We don't need help with our luggage.

5. Map tann valiz mwen.
--->I'm waiting on/for my luggage.

6. M paka tann fè konesans / wè...
--->I can't wait to meet / see...

7. Kilè wap vin chèche m?
--->What time/When are you coming to pick me up (to get me)?

8. Ou la?
--->You here/there?

9. Plan pou jodi a se pou n al wè òfelen yo.
--->The plan/schedule for today is for us to go see the orphans.

10. Ou bezwen vin chèche nou a (time in lesson 19).
--->You need to come pick us up (get us) at (time).

11. Nou gen anpil bagay pou fè jodi a.
--->We have a lot of things/stuff to do today.

12. Nou pap manje la aswè a.
--->We're not eating here tonight/this evening.

13. Twalèt nan chanm nou a gen yon pwoblèm.
--->The toilet in our room has a problem.

14. Èske w ka fè plis kafe?
--->Can you make more coffee?

15. Konbyen sa ap koute m.
--->How much is this costing me?

16. Kilè n prale?
--->When (What time) will we/you (plural) go?

17. Lè m al ayiti m renmen jwe foutbòl ak timoun yo.
--->When I go to Haiti, I love to play soccer with the children.

18. Tanpri, lave rad nou.
--->Please, wash our clothes.

19. M vle pataje pawòl Bondye ak pèp ayisyen an.
--->I want to share God's word with the Haitian people.

20. Èske w ta renmen jwe yon jwèt?
--->Would you like to play a game?

EXPLAINING THE PROCESS:
Do you understand what adoption means?
Ou konprann sa mo adopsyon an vle di?

Adoption takes a lot of time.
Adopsyon pran anpil tan.

My adopting you means one day you'll be my child.
Pou m adopte w vle di yon jou wa pitit mwen.

But many things have to take place before this.
Men gen anpil bagay ki gen pou rive avan sa.

There are rules for me to obey.
Gen anpil lwa pou m obeyi.

That's why I can't stay and can't visit frequently.
Se pou rezon sa m paka rete la avèw e m paka vini pi souvan.

I don't like to leave you.
Mwen pa renmen kite w.

I'm coming back.
Map tounen.

I'm learning creole so I can talk with you.
Map aprann kreyòl pou m ka pale avèw.

I'm going to miss you, Sweetie.
M pral sonje w, Chouchou.

SHARING FAMILY PICTURES:
Ti Cheri, se mwen ki manman w e sa se papa w.
Sweetie, I'm your mom and this is your father.

Ou wè frè ou ak sè w?
You see your brother and sister?

Nou renmen w anpil!
We love you very much!

Chen sa ap pi bon zanmi w yon jou.
One day this dog will be your best friend.

Chat sa se pou nou tou.
This cat is also ours.

THE FIRST WEEK HOME
Sa fè lontan map tann ou vin rete ak nou.
I've waited a long time for you to come be with us.

Lè m te konn kitè w Ayiti sa te konn fèm mal anpil.
It hurt me so much when I had to leave you in Haiti.

Kounye a tout fanmi nou ansanm!
Now our whole family is together!

Jodi a nou gen anpil bagay pou n fè.
We have a lot to do today.

Tout zanmi nou yo vle fè konesans avèk ou.
All of our friends want to meet you.

Avan nou sòti nou bezwen benyen.
Before we go out we need to take a bath.

Epi, nou pral bwose dan nou.
Then, we will brush our teeth.

Mwen pral fè cheve w bèl anpil.
I'm going to make your hair look very beautiful.

Na chita nan kwizin nan pou n manje.
We will sit in the kitchen to eat.

Kounye a nou ka sòti!
Now we can go out!

AT HOME IMPORTANT PHRASES
This is your room.
Sa se chanm ou.

Be careful! That is hot!
Atansyon! Sa cho!

I'll never stop loving you.
Mwen pap janm sispann renmen ou.

Don't go into the street.
Pa mache nan lari a.

What are you thinking about?
Ak kisa wap panse?

Stay close to mommy/daddy.
Rete prè Manman/Papa.

Don't worry. I'm right here.
Ou pa bezwen pè. Mwen la!

We are going to church together.
Nou pral legliz ansanm.

This is our church.
Sa se legliz nou.

Let's pray.
Ann priye.

Let's read the Bible together.
Ann li Bib nou ansanm.

God/Jesus loves you.
Bondye/Jezi renmen w.

We don't hit in our home.
Nou pa frape youn lòt lakay nou.

We speak nicely to each other.
Nou pale janti ak youn lòt.

We don't throw things in our home.
Nou pa voye bagay jete lakay nou.

It is ok to cry, I know you must feel scared/sad/worried.
Ou gendwa kriye paske m konprann ou ka santi w pè.

THE CHILD'S PERSONAL NEW FAMILY BOOK
Mwen rele...
My name is...

Mwen rete nan Ayiti.
I live in Haiti.

Bondye ban m yon nouvo fanmi.
God gave me a new family.

Fanmi m rele...
My family's name is...

Fanmi m rete nan Etazini/Kanada.
My family lives in the United States / Canada.

Mwen gen...frè.
I have (number quantity) brothers.

Mwen gen...sè.
I have (number quantity) sisters.

Sa se sè mwen.
This is my sister.

Li rele...
Her name is...

Li gen (age).
She is (age) years old.

Sa se frè mwen.
This is my brother.

His name is...
Li rele...

He is (age).
Li gen...(age).

Sa se kay fanmi m.
This is where my family lives.

Mwen pral rete nan bèl kay sa ak fanmi m.
I will live in this beautiful house with my family.

Mwen pral monte yon avyon pou m ale Etazini/Kànada pou rete ak fanmi m.
I will go on an airplane to go to the U.S./Canada to live with my family.

Kèm kontan anpil, anpil!
This makes me so excited! / My heart is very, very glad!

Mwen renmen fanmi m e fanmi m renmen m anpil!
I love my family and my family loves me very much.

Poetry for Adopting Families:

PASKE - BECAUSE

I Want You
Mwen Vle W

Because...
Paske...
You are beautiful to me
Ou sitèlman bèl pou mwen

Because...
Paske...
Without you my life is not the same
San ou lavi mwen pa menm jan an

Because...
Paske...
God put you in my heart
Bondye mete w nan kè mwen

Because...
Paske...
I understand your precious heart
Mwen konprann kè w byen

Because...
Paske...
I can't stop loving you
Mwen paka sispann renmen w

I Want You
Mwen Vle W

--Gloria Guignard Board

KNOW - KONNEN

Menm Si Mwen Pa La
Even Though I'm Not There

Menm Si Mwen Pa La
Konnen...
Even Though I'm Not There
Know...
M renmen w ak tout kè m
M sonje w plis ke ou ka imajine
I love you with all my heart
I miss you more than you can imagine

Menm Si Mwen Pa La
Konnen...
Even Though I'm Not There
Know...
Nou pale de ou chak jou
Nou panse avèk ou chak jou
We talk about you everyday
We think of you everyday

Menm Si Mwen Pa La
Konnen...
Even Though I'm Not There
Know...
Ou fè kè m kontan
Ou fè m santi m vivan
You make my heart content
You make me feel alive

Menm Si Mwen Pa La
Konnen...

Even Though I'm Not There
Know...
Si m te kapab m ta vwayaje vin wè w
Si m te kapab m ta vin anbrase w
If I could, I would come and see you
If I could, I would come and hug you

Menm Si Mwen Pa La
Konnen...
Even Though I'm Not There
Know...
Ou pap janm pou kont ou
Ou se Ti Cheri mwen
You will never be alone
You are my little sweetheart

Menm Si Mwen Pa La
Konnen...
Even Though I'm Not There
Know...
Nou priye chak jou pou ou
Nou konnen Bondye ap pran swen ou
We pray for you each night
We know that God is taking care of you

Menm Si Mwen Pa La
Konnen...
Even Though I'm Not There
Know...
Mwen renmen w ak tout kè m
Mwen pap janm lage w
I love you with all my heart
I will never let you go

Menm si mwen pa la
Even though I'm not there

--Gloria Guignard Board

REPONS YO - THE ANSWERS

DEVWA 2
1. Manman an chita e benyen tifi li.
2. Tonton li sote e ri.
3. Madanm nan reveye e mari li dòmi.
4. Pitit gason nou leve.
5. Kijan ou ye?

EGZÈSIS 3
1. Go take a bath.
2. Take him/it/her.
3. Look at our aunt.
4. Kanpe e danse, Manman. (We don't acknowledge "UP").
5. Montre yo li. We can't say Montre li yo because it means, "Show him/her/it them."

DEVWA 3
1. Mwen gen li.
2. Ou bezwen retire li.
3. Ki jan frè ou ye?
4. Ki kote papa ou sòti?
5. Ki jan sè yo ye?

EGZÈSIS 4
1. Bay manman an bebe a, tanpri.
2. Li ba li kenz bagay.
3. Kijan granpè ou ye?
4. Mwen ka kouri.
5. Poko sote.

DEVWA 4
1. Fi a piti.
2. Wi, yo nan menm bagay la.
3. Non, paske mwen pa vle sa.
4. Mwen paka fè anyen pou yo!
5. Poko ba li anyen.

EGZÈSIS 5
1. Li kase gwo (size before noun) malèt lèd yo.
2. Pitit li gen bonjan.
3. Nou bezwen aprann kreyòl.
4. Vin ak nou, tanpri.
5. Bèl bebe a vle dòmi.

DEVWA 5
1. Men, demwazèl la fatige.
2. Bebe a benyen ak savon.
3. Mwen fache avèk ou!
4. Ede mwen fè sa.
5. Twazyèm nan paka danse.
6. Yo kapab achte savon pou nou.
7. Nou pa konnen bo gason sa.
8. Ale nan kay la e pran malèt la.
9. Travay mwen fè mwen fou!
10. Madanm mwen bèl.

EGZÈSIS 6

1. Kilè li kòmanse travay li?
2. M vle yon mòso nan sa.
3. Pitit mwen yo renmen jwe ansanm.
4. Pataje jwet yo ak yo.
5. Ou kondwi machin mwen byen.
6. Where do you want to eat now?
7. What time is it?
8. Why do you talk with her/him?
9. Who's that?
10. What did you say to (tell) me? (Past tense is implied).

DEVWA 6

1. Ou gen ase jwet.
2. Li vòlè bagay mwen yo.
3. Li anba kay mwen.
4. M bezwen achte kèk valiz.
5. Ou dwe fè sa pou li.
6. Get out of here.
7. How much money do you have?
8. Go home (Go to your home).
9. You always think that.
10. You know when you can fix the thing?

EGZÈSIS 7

1. Bay Mari bagay la demen.
2. Mwen chita ak mari 'm.
3. Nan Jiyè mwen santi 'm cho. (pronoun follows "feel like")
4. Mennen kouzen 'w legliz vandredi swa.
5. Ki kote ou renmen ale?
6. What day is it?
7. I want to go to Port Au Prince in January.
8. Grandma is always cold in February.
9. You have two children now.
10. This morning, we ate (tense implied) a lot.

DEVWA 7

1. Kouzin mwen ak nyès mwen sòti chak samdi.
2. Tant mwen bèl anpil (or trè bèl).
3. M pa renmen sa.
4. Tanpri, pa touche sa.
5. Chita e koute. (ignore "down")
6. Everyday I pray for you.
7. You know what time they eat every Sunday night?
8. Tomorrow is Wednesday.
9. You need to go home (to your home).
10. Why do/did (tense implied) you come see me?

EGZÈSIS 8

1. Zandolit la se pa 'm.
2. Kay la se pou li. (we don't contract with POU at end of sentence)
3. Jan se yon pastè.
4. Nou trè fatige jodi a. (Nou fatige anpil jodi a)
5. Yo pa ban 'm anyen.
6. It's for me.
7. It's my dog.
8. You can take the birds, but give me the pig.
9. You see how beautiful my house is? (how my house is beautiful)
10. Mary has three brown horses and George asks for seven big goats.

DEVWA 8

1. Mwen gen onz gwo mouton blan.
2. Yo ka ban mwen de arenyen ak yon koulèv vèt.
3. Li pran zouti yo pou ranje machin nan pou nou ka ale.
4. Nou pa vle w fè sa kounye a.
5. Kanpe machin nan la paske li pa santi bon.
6. My cousin went (tense implied) home.
7. When I see a snake, I run quickly/fast.
8. Wait for me here/there.
9. I don't know why the kids (their kids) play in the house.
10. They almost made me mad (upset me) this morning.

EGZÈSIS 9

1. Timoun li yo vle manje pen ak manba.
2. Al achte kafe ak sik souple.
3. Vant li piti.
4. Pou kisa w pa vle manje vyann e bwè ji sitwon.
5. Ou bezwen koute 'm lè m pale avè 'w.
6. I have a toothache.
7. Tell your grandpa good night/good evening for me.
8. The pastor said we need to take you to church tomorrow.
9. I have a problem.
10. What time (or when) do you usually do/her hair?

DEVWA 9

1. When does/did (tense implied) he speak with you?
2. The one thing I don't get/understand is why they don't eat rice.
3. I told/tell (tense implied) you the child is big!
4. Put everything you buy in the house.
5. Every time I talk to her, she is angry (gets upset).
6. We don't have enough money to help people in Haiti.
7. I love to work with the children in the school.
8. Every week, the children dance in the church.
9. I'm very happy to see you, John.
10. Tell me when (or what time) for me to (I must) go.

EGZÈSIS 10

1. W'a swaf.
2. L'a sispann fè sa.
3. Li ta pral prepare manje a.
4. Yo te di ou pa ta fè sa.
5. M poko ap mache lakay mwen.
6. Bella poko pral gen bagay yo.
7. Ou te janm ede l?
8. Yo pral janm zanmi ankò?
9. Sara pat bale.
10. David pap pale.
11. Cheri tap kouri.
12. Michèl tap ri.

DEVWA 10

1. Jakòb va pran travay la.
2. Ki moun ki va pote malèt yo?
3. Pwofesè yo va montre yo.
4. M ta pral mande menm kesyon an.
5. Li pa tap bezwen de valiz.
6. Ou ta pral danse?
7. Katya potko bay lapen an manje.
8. Makennsòn poko ap eseye.
9. Mwen konnen Frank poko pral priye pou li.
10. Mwen pat janm mande w pou sa.
11. Li pap janm ka fini.
12. Nou pap janm grangou ankò.
13. He won't arrive there tomorrow.
14. Layla pap seche cheve l.
15. Jak pat kite travay li.
16. I was tasting the food.
17. Yo tap pale ak yon moun.
18. Li tap fè yon bagay.

EGZÈSIS 11

1. Li fèk rive.
2. Petèt nou ka al wè bèlmè m demen.
3. Kijan nou pral mennen bòfrè w la?
4. Èske bèlfi l te pran anpil flè nan jaden an?
5. Mwen sèlman ki te danse la.
6. We will climb the mountain Friday.
7. I'm an adult!
8. Did you give the child something (for him) to eat?
9. Why did the woman do that?
10. In spite of (Despite) that, I won't be upset/angry with her.

DEVWA 11

1. M pat vle pal avèl men l te fasil.
2. Li pap (pa pral) fache ak madanm Li.
3. Yo tap danse nan magazen an e n (nou contracted) te ri.
4. M pap ale avèl (the contraction avèk + pronoun can be combined).
5. M pito manje kounye a.
6. Do you want to go to the store with me?
7. Did you find the thing you needed?
8. Does Mary like to eat fish or goat?
9. Did she decide what she wants to do with them tomorrow?
10. Does she have enough lemon/limes in her basket?

EGZÈSIS 12

1. Li twò jèn pou mete (to put on/wear) makiyaj!
2. Kijan w santi w aprèmidi a?
3. Nou tap seche pantalon l.
4. Peny sa pa bon pou cheve l!
5. Demwazèl la te lave rad li ak shanpou.
6. You like to brush your teeth too much (too often).
7. The little girl is taking off her dress.
8. They were putting shaving cream on their faces, but I made them stop.
9. It was Mary's sock that we took.
10. I will buy a towel when I go to the store with my friend.

DEVWA 12

1. Ti fi m pral mete yon bèl jip pou lekòl jodi a.
2. Nou pat gen pat.
3. Èske l te achte yon soutyen pou ou paske w se yon demwazèl kounye a?
4. Gade dèyè gwo bagay wouj la.
5. Soulye m twò gwo pou ou.
6. Why do they let (allow) their little girl wear (put on) makeup?
7. It's the little boy's sister.
8. This child doesn't hear when people are talking to him.
9. How many times do I have (need) to tell you to brush your teeth.
10. Look how handsome my husband is in his suit!

EGZÈSIS 13

1. Li di l pa santi l byen paske l gen doulè nan janm li.
2. Ki sentòm ou aswè a?
3. Doktè a te di lè l pa santi l byen li ta dwe repoze!
4. Mwen fatige avèl paske l toujou di l malad.
5. Si ou gen vant fè mal ou pa ta dwe manje.
6. I would help her if she had good manners.
7. I should see the doctor because I feel sick.
8. Didn't I tell you the lady can't talk to you now?
9. You should have (ought to have) given him food.
10. It's your dad.

DEVWA 13

1. M pè piki.
2. Li paka vin travay paske l malad.
3. Ki maladi l genyen kounye a?
4. Ou ta dwe bwose dan w.
5. M pa ta bwè sa si m te ou.
6. Don't trouble/worry yourself; that woman is always sick!
7. They could have helped me if they wanted to!
8. He needs to listen to me when I am talking/speaking with him.
9. I think she has the fever (whatever current fever is spreading).
10. I could have done that, but I didn't want to.

EGZÈSIS 14

1. Tan an toujou bèl nan Ayiti.
2. M te ale nan lopital la paskè m te gen yon tèt fè mal.
3. Yè li te fè lapli (lapli te tonbe) e l te fè frèt.
4. Soulye m te (got - past tense) mouye nan lapli a aprèmidi a.
5. Poukisa w te sòti si lapli tap tonbe (tap fè lapli)?
6. The movie I saw day before yesterday at the theater is very good.
7. Did you receive the check I sent for you?
8. The student will carry his bag on his back.
9. We went to class this morning.
10. I will do the groceries today.

DEVWA 14

1. Mwen sèlman ki te vin wè w.
2. Kay li lèd.
3. Se twòp travay pou granpè m.
4. Tanpri mande madanm li fè l paske m twò okipe.
5. M santi m konnen e konprann anpil kreyòl kounye a.
6. I tell you I hate when you do that to me, and you still do it.
7. The clothes are dry; go get them.
8. Can she give me the rice?
9. The little boy eats all the fish; there's none left for me.
10. One time my teacher came to my home.

EGZÈSIS 15

1. Sa se dènye nwit map ale lakay yo a.
2. Cheve m te mouye nan lapli a yè swa.
3. Ale devan mwen.
4. Gen de moun ki pa janm aprann.
5. Èske m ka gen (jwèn) yon ti diri, silvouplè.
6. They prefer to drink some grapefruit juice, thanks.
7. Mom, Charles says he wants some of the banana.
8. Sometimes I feel dizzy.
9. I tell you I don't like the girl!
10. I see you'll never do the thing I asked you to do for me.

DEVWA 15

1. M pa konn sa l te vann ou men l pa gen bon gou.
2. M grangou anpil (trè grangou).
3. Dènye moun nan m te wè nan lopital la mouri.
4. M fini ak devwa m kounye a.
5. M te al nan famasi a lòt jou a pou achte remèd la.
6. The book I wanted wasn't in the store.
7. Some people like to make me angry/mad (upset me).
8. I am very happy today because I'm going to see my sister.
9. You don't prefer to return to your home?
10. We're/You're (plural) going to church to pray.

EGZÈSIS 16

1. Etèn radyo a.
2. Nou renmen al Ayiti pou travay ak òfelen yo.
3. Kèk nan zanmi m yo al pòtoprens pou bati kay pou moun.
4. M pat renmen lè l te file manchèt li devan m.
5. Yo mete l nan kwen an pou jwe jwèt la.
6. I wanted to buy the skirt, but it was too expensive.
7. When I do my hair, I never use a brush.
8. The guy said they carried (brought) the cement here.
9. Do you prefer to use a pen or a pencil?
10. The children love going for walks (to go walk) every morning.

DEVWA 16

1. M pa janm wè yon elikoptè nan etazini.
2. Yap fè travay konstriksyon sou òfelina a pou òfelen yo.
3. Kawoutchou yo pa bon sa fè nou paka sèvi ak machin nan /oto a.
4. Gen de moun ki rete sou bato men m pa renmen sa.
5. Li frape m e fè m kriye.
6. I don't want to return home because I want to go to the movies.
7. They tell me the thing is light, but it's very heavy.
8. The pants are too tight; he must wear another one.
9. I didn't want to tell you this, but the dog's mouth (breath) smells!
10. If you don't bathe (go take a bath), I won't let you watch a movie.

EGZÈSIS 17

1. Pandan nou te sòti vòlè yo te vin nan kay la.
2. Semèn pase nou te jwèn ti chen sa a devan magazen an.
3. Èske w vle al legliz avèk nou semèn pwochèn?
4. M fèk (just- tense marker here) di l pa rele m ankò.
5. Nou poko aprann anyen nan kreyòl.
6. Does the clock have the right/correct time?
7. He must go see the doctor early.
8. I'm going to see the pastor's wife later.
9. You know something?
10. After we're done dancing here, we can go shopping (buy clothes).

DEVWA 17

1. Tan-zan-tan m al nan mache a.
2. Tanpri, èske ou ka vin pi bonè demen maten?
3. Nou prè.
4. Pitit fi m toujou fè m kontan.
5. Mwen renmen mari m anpil.
6. Untie the thing for me.
7. It's not my fault if it's too late for us to go.
8. The young lady is selling a lot of hats.
9. Why do you come to the country? (Haiti)
10. I'm leaving Haiti in two months.

EGZÈSIS 18

1. M te di w pitit li danse pi byen pase pitit mwen.
2. Pitit gason Robert pi gwo pase tout.
3. Èske ou ka ban m plis?
4. Li te ban m mwens manje pase tout moun.
5. Mwen si tèlman renmen w ke m toujou vin wè w nan Ayiti.
6. I work better than her. (better than she does)
7. There was someone the lady wanted to see today.
8. He's telling everyone he doesn't want to talk to me at all!
9. It's the worse thing you can do to me.
10. There is nothing God hasn't done for me yet.

DEVWA 18

1. Zòrye yo gwo.
2. Lave asyèt yo nan lavabo a.
3. M okipe ak yon bagay.
4. Kompitè a pa travay byen.
5. Etèn televizyon an.
6. Did you wash the sheets?
7. She's too small to eat with a fork; she must use a spoon.
8. I'm going to take a little nap (lay) on the bed.
9. Make him drink the bottle of water so his headache can go.
10. The kids (or their kid) need to come wash their dishes.

EGZÈSIS 19

1. Nou bezwen yon tikè ale retou pou etazini.
2. Yo gen trant chat nan kay yo.
3. Ou pat vin wè m a sèt è edmi.
4. Èske ou ka ban m kafe m nan yon tas?
5. Sa se menm fi a nou te wè lot jou a.
6. I don't understand this stuff at all! (I just don't get it!)
7. Did you hear how the child talked to her mother?
8. When your father tells you to go to sleep, you must go to sleep.
9. I'm so tired that I need to sleep now.
10. I'm almost done with this class.

LEVEL II ENCOURAGEMENT

If you're still on the fence about whether or not to buy Gloria's Vimeo program here's my two cents in regards to the Level Two program: I'm well beyond beginner at least in terms of reading skills – I've read the entire Bible and some full length novels in Creole with high comprehension and have even written and delivered my own sermons but when it comes to listening comprehension I'm horrible and it's crazy hard to find good resources to help me work on that when I'm not in Haiti. I figured her beginners stuff would be too basic for me but decided to buy it so I could give Level Two a try – I'm LOVING it!! Nice chunks of audio (~2-5min each) in Creole with listening comprehension questions (also in Creole) at the end. And she has an English translation video with answers. The talking in the videos is neither crazy fast nor absurdly slow – a great pace for someone trying to train their ears. I'll probably peruse the beginner stuff at some point as well just because there seems to be some good solid instruction there but if you're already beyond that phase then you should definitely still consider it for the Level 2 program if you're looking for good listening comprehension practice.

David Way
-Colorado

LEVEL TWO VOCABULARY:

A dwat- to the right

A goch- to the left

Abandone- to abandon

Abitan- resident

Abite- dwell

Abitid- habit

Abiye- to dress

Achtè- customer, shopper

Adopsyon- adoption

Ak kisa- with what

Ak tout mari l- along with her husband

Akayè- an actual town on west coast of Haiti (Archaie)

Aksepte- accept

Aksidan- accident

Aktivite fizik- exercise

Aktyèlman- actually

Al fè wout ou- get out of here, be on your way

An kontak ak- in contact with

Al pantan- surprised by/to happen upon

Ameriken- American

Amizman- fun

Anbwa- (made) of wood

Anfas- facing

Anfransè- in French

Anka- in case (just in case)

Annwiye- annoyed/bored

Anpeche kwasans- impede growth

Anpenpan- elegant, fashionable, in style

Anplis- in addition (also, furthermore)

Anplwaye- employee

Ansante- healthy

Anseye- instruct, teach

Ant- between

Antoure- surrounds

Antre- enter

Ap tonbe- bursting out (doing something suddenly with vigor)

Apa: alas (interjection when something contradicting happens)

Apèl- call (n)

Avanse- advance

Avantaj- advantage

Avni lemond- future of the world

Ay- woo!

Ayè- yesterday

Ayfòn- iPhone

Bakteri- bacteria

Balans- scale

Banann- plantain

Banda- cultural dance

Bann- bunch

Bay flè- give flowers

Bay moun fòs- gives people strength

Bay payèt- strut (v)

Bay pri- haggle

Bay randevou- organized / set up a meeting

Benyen- culturally used for "to swim"

Bèt domestik- pet

Bèt kat pat- four legged animals

Betiz- fowl language/curse (n)

Biyè- dollar bill

Biznis- business

Blan- foreigner, blonde

Blayi- scattered

Blokis- traffic

Bò dlo- water's edge

Bò figi- cheek

Bò zòn- in the area of/ around

Bòkò- male voodoo priest (witch doctor)

Bòkote- next to, beside

Bon bagay- nice thing, good thing

Bondye ki gen tout pouvwa- almighty God

Boujwa- snob

Boujonnen- thrive

Bouk- town

Boukannen- grilled

Boul- ball

Boul je- eyeball

Boulvèse- troubled

Bounda- butt (extremely informal and can be inappropriate)

Bwason- drink (n)

Bwè w- take advantage of you

Byen kalkile- figured out well

Byen long- extremely long

Byen pouse- growing well (a plant)

Byen sezi- extremely shocked

Byen vit- really quick

Chanje lide- change mind

Chanjman- change (n)

Chans- luck

Chans pou ou- you're lucky, it's just your luck

Chapo ba- hats off

Chèche figi- look to speak to

Dam misyonè- deaconess (ladies in charge of hospitality)

Dapré- according to

Dat nesans- birthdate

De- about, of

De dwèt nan yon men- two peas in a pod

Degaje yo tap degaje tèt yo- barely managing

Deklare- declare

Demonstre- show, demonstrate

Devan je yo- right before their eyes

Depi- once (instance)

Depi lè sa- since then

Deplase- depart

Derape- to take off/head out

Devan je Bondye- before God

Dezole- deeply sorry

Di- hard, firm, tight

Diferans- difference

Diskisyon pete- argument erupted

Disponib- available

Djare : diarrhea

Djòlè- big mouth (in reference to verbal attitude)

Dòmi nan zye- sleepy (sleep is in my eyes)

Douvanjou- bright and early

Èd- help (noun)

Egzanp- example

Ekip- team, group

Ekonomi- economy

Ekskiz- excuse

Emisfè- hemisphere

Enposib- impossible

Enstriman- instrument

Envite- guest

Epidemi Grip- flu

Epitou- and also

Epoutan- yet, nevertheless

Eslip- men's briefs

Espesyal- special

Estaf travayè- staff worker

Epoutan- yet, nevertheless

Etone- to surprise

Etranje- stranger

Fason- way/fashion

Fè anpil atansyon- pay better attention

Fè bagay- have sex

Fè bezwen- relieve oneself (bodily functions)

Fè Dezòd- unruly, rambunctious

Fè l mal- hurt him

Fè tèt cho- make heads spin

Fen- finish (n), thin

Fènwa- darkness

Fèt manman- Mother's Day

Fèy- leaf, green leafy vegetables

Fèmen- enclose

Fil fè- barbed wire

Fimen- to smoke

Fin mouri ak grangou- starve

Fistre- frustrated

Fiyèl- godchild

Fiyèt lalo- voodoo god (boogey man)

Flite- to spray

Founiti- supplies, furniture

Foutbòl- soccer

Fouye- dig (with hand)

Fraz- phrase, sentence

Frekan- sassy, rude, fresh

Fridòdòy- fried foods

Fwape pye- stomp

Gade byen- look closely

Gen bon konprann- sharp/bright/smart

Gen chans- lucky

Gen pou- need to

Gòj- throat

Goumen- fight

Gouvènman- government

Gran- elder, great (describing something of importance)

Gran- famous, grand, great

Grès- fat (from food)

Gran Vid- an actual town in Haiti

Gwo- grand, great, extraordinary

Gwo madanm- great women

Gwosè- size

Gwoup- group, team

Idòl- idol

Imajine- imagine

Imid- humid

Istwa- story, history

Itilize- to use

Jansiv- gums

Jenou- knee

Jere tèt- to manage (to handle, to carry) oneself well

Jès- gesture

Jiskaske- until

Jou maten- morning

Jou Samdi- Saturdays

Jouk- until

Joure- to insult

Jwenti pye/cheviy- ankle

Kache kò- hide oneself

Kado- gift (n)

Kafou- cul de sac (small part of a community)

Kale kò- tightly fit

Kalkile- calculate, to figure out

Kaliko- proper name of a hotel in Haiti

Kalite- kinds, types, variety

Kanmarad- classmate

Kanmenm- nevertheless

Kanta pou- as for

Kapwon- scaredy cat

Kè l kontan- excited

Kenbe- hold on

Kenèp- a type of Caribbean fruit

Kenèp- a type of Caribbean fruit

Kidonk- therefore

Klowòks- bleach, chlorine

Kòd- cord, leash, rope

Kòdase- to cluck, cackle

Kòk chante- chief (community leader type)

Kòkòdok- hen's cackle

Kokoriko- cockadoodle doo

Kokoye- coconut

Komès- merchandise

Kòmsi- like (adverb)

Kondisyon- condition

Konn rann- usually does

Konpayi- company

Konpè- a man grafted into the family through god-parentage

Konpòtman- behavior

Konpoze- to compose (dial)

Konsa- in the same way

Konseye- advised

Kou- hit, smack (n)

Koupe dwèt ou- finger licking good

Kouve- to hatch

Kòz- caused

Koze- to cause

Kretyen- Christian

Kreye- create

Kritik- critical

Kwayans- faith, belief

Kwè- believe

Labalen- whale

Lafen- starvation

Lage tèt- throw oneself into

Lajwa- joy

Lakòz- cause

Lalin- moon

Lanmè- sea, ocean

Lanmò- dead

Lanmou- love (n)

Lapè- peace

Lapoula- natcom

Lasirèn- mermaid

Lavi- life

Lè lè a- when the time

Lè m di ou sa- let me tell ya somethin'

Lè m di w- let me tell ya'

Lèfini- furthermore

Leta- lawmakers

Lèv/po bouch- lip

Levanjil Kris la- Gospel of Christ

Leve fanmi- raise family

Linèt- glasses

Liy- line (n)

Lonbrik- belly button

Lonje men ba l kou- reached/stretched out and smacked her

Lòt bagay ankò- another thing

Lougaou- ghost (lesser voodoo god)

Machandiz- merchandise

Machann- merchant

Machwè- jaw

Maji- witchcraft, spell, magic (n)

Mal- bad, badly

Malchans- bad luck

Malerèz- unfortunate person, "poor thing"

Malfwa- oftentimes sadly

Maltrete- mistreat, abuse, tease

Manadjè- manager

Mango- mango

Manm kò- body parts

Manman poul- hen

Mare lonbrit nou- join together (expression)

Marenn- godmother

Maryaj- marriage

Matyè- subject (school)

Mayami- Miami

Medam- ladies

Men gwosè- "this big"

Menm- even, same, at all

Menm ke- even though

Menm lè- even when, same time

Menm vwa manman l- even his mother's voice

Mèt- master, owner

Met lòd- put order, straighten out

Mete anpil atansyon- put a lot of attention/effort

Mete baton sou- put a beating on

Mete yon bon baton sou- put a beating on

Mezanmi- oh my gosh! Wow!

Mezi- size, measurement

Misyonè- missionary

Mizè- misery, hardship

Mizik- music

Mòde- to bite

Moman- moment

Monchè- dude/buddy

Monnen- change (coins, from a payment)

Monte kabann- go to bed

Monwi- an actual town on west coast of Haiti (Montrouis)

Moso twal- rag, cloth

Motè sosyete Ayisyèn nan- the motor of Haitian society

Mouch- fly (n)

Mwayen- means, effort

Naje- to swim

Nan demen- the next day

Nan mitan- in the middle of

Nanm- soul

Nenpòt- any, either, or

Nesesè- necessary, needed

Nèt- completely

Nèt ale- totally

Nèt- totally, completely

Nich- nest (n)

O, o- Uh-oh!

Oblije- obligated

Ofisye Deta Sivil- Civil State Office

Okap- an actual town in northern Haiti (Cap Haitien)

Okèn- any (in a negative phrase)

Olala- woo hoo!

Omwen- at least

Pa egzanp- per/for example

Pa jou- per day

Pa manke anyen- not missing out on anything

Pa nan rans- don't play around

Pa pase yon jou- doesn't go a day

Pakèt- bunch

Pale sou li- talk about it

Pandansetan- meanwhile

Pansman- bandage

Papiyon- butterfly

Pappadap- digicel

Paran- parent

Parenn- godfather

Parèt- appear, pop up

Parye- to bet

Pase m nan betiz- messing/ fooling with me

Pasyans- patience

Pat dantifris- toothpaste

Patat- sweet potato

Patwon- boss (term of respect for someone in authority)

Pawòl Bondye a- Word of God

Pedi nwit- lose sleep

Pèdi paran- loss of parent

Penmèt- to allow, permit

Pèpè- 2nd hand foreign goods

Pèsekite- persecute

Peyi etranje- foreign country

Pi fò- majority

Pi grannèg- big shot

Pi gwo bagay- the greatest thing

Pi piti- smaller

Pinga- better not

Pisin- pool (swim)

Pitimil- Milet, sorghum

Pitit poul- chick

Piyanpan- chirp

Piyay- bargain

Pla pye- sole

Plaj- beach

Plan- plan

Plen- loaded with, full of

Plenyen- complain

Plezi gaye- all around fun

Plim je- eyelashes

Plizyè- several, many

Po je- eyelid

Podyab- poor devil

Polo- bread fruit

Ponpe- to pounce

Ponyèt- fist, forearm

Posib- possible

Pòtab- portable

Pòtay- gate

Poulaye- chicken coop

Poutèt- because

Poze- to relax

Pran levanjil- accept the Gospel

Pran nesans- established

Pran plezi- have a great time (take pleasure)

Pran swen- care for

Pran tout koulè- colorful

Prezante- present (v)

Pri- price

Pwatrin- rib, chest

Pwoche- come up to

Pwodwi- product

Pwomennen- walk to and from

Pwoteje- to protect

Pwovizyon- provision

Rakoche- hang up (phone)

Rakonte- recount (to tell someone)/to explain

Ranch- hip

Rantre- enter

Rape- snatch

Rasanble- gather

Rèd- tough/difficult (situation)

Refize- to refuse

Regilye- regularly

Regilyèman- regularly

Rejim- diet

Reken- shark

Rekòmande- recommended

Rekreyasyon- recess

Rele- yell, to call, scream, cry out

Rès blan- 2nd hand foreign goods

Respekte- respect (v)

Responsab- responsible

Revoke- fired

Reyalize- to realize

Reyini- to meet (meeting)

Rezevasyon- reservation

Rive sove- came to be saved

Sa ki fè- that's why

Sa k pi bèl la- even better

Sa pa fè anyen- it's no big deal

Sa rive- that happened

Se sa ki fè- that's why

San- without

San parèt- without appearing/showing up

Sanba- singer

Sanble- looks like, to assemble, to gather

Sans- sense

Sans yo- the senses

Se konsa- that's how

Se pou sa- that's why

Se poutèt sa- it's for that reason, that's why

Se sak fè- that's why

Se te yon fwa- one time

Sekretè- secretary

Sèman- oath, swear

Separe- to separate

Sèvi lwa- serve false gods

Sèvi tout kominotè a- serve the entire community

Sèvis manman- mom's help

Si mwa aprè- six months later

Sijere- suggest

Sirèt- candy

Sitou- especially

Sitou lè- especially when

Sitiye- situated

Solèy- sun

Sòn- stethoscope

Sonnen- to ring

Sosyete- public, society

Sòt- just (recently)

Sòt de bagay- kinds of stuff

Soude youn ak lot- get along with one another (to mesh well)

Soufrans- suffering (n)

Soufri- to suffer (v)

Sousi- eyebrow

Sware- evenings

Swiv- to follow

Talon- heel

Tan pase tan vini- time went by

Tan pou yo- rather than for them to

Tankou- like/as

Tansyon- blTe konn- used to

Tcheke- to check

Te gen yon fwa- once upon a time, one time

Te kite- left

Te rann- rendered/did for

Te rive- arrived, happened

Tèks- text, reading (n)

Tenten- foolishness

Tèt chaje- overwhelming, issue, problem (expression)

Tèt kay- roof

Tèt yo- themselves

Tete- breast

Ti gout- little drop (n)

Ti gout/ti kras/ti kal- a little bit

Ti kwen- little nook, little corner

Ti rès- little leftovers

Tichanm- little room

Tikont- small quarrel

Timedam- young ladies

Timesye- young men

Tipa- pitter patter (sounds of little feet)

Tipitit- little kid

Tipoul- chick

Tit- title

Tizafè- small stuff (expression)

Tizanmi- pal, buddy

To- money exchange rate.

Tòchon- dish rag

Tomat- tomato

Tonbe ap fè sèlfi- broke out (suddenly with a lot of energy) taking selfies

Tonbe nan bwa- fell into bush

Tonbe rele- started yelling/ crying

Tou ba- really low/quietly/ very low

Toulede- both of the mood pressure

Toupatou- all over

Tout lè- whole time

Touye- kill

Traka- issues, trouble/ drama, problems

Transfòmasyon- transformation

Transpò piblik- public transportation

Tripotay: gossip

Twopikal- tropical

Vale- to swallow

Vanse- move forward

Vaz- bedpan

Vil- town, village

Vin konn- came to know

Vin renmen- came to love

Vin tounen- became

Vin zanmi- became friends

Visye- greedy

Viv- life/lifestyle/to live

Vodouyizan- person who practices voodoo

Voye ban mwen- send to me

Voye ze- "give a look"

Vre- true

Vrèman- really, truly

Vwazen- neighbor

W lage m- you dropped me, you abandoned me, you forgot me

Wol- role

Wololoy- amazing, awesome (exclamation)

Wont- embarrassed

Yam- yam

Yo tou vini- they then became

Yo vin- they become

Yon jou- someday

Yon ti gout- a little bit/drop

Zepòl- shoulder

Zo- bone

Zòn- zone, area

NAN AYOPÒ A

Etranje: Eskize'm. Vini m pale w. Mwen pèdi marèn mwen nan ayopò a.

Ayisyen : Ak kisa li sanble?

Etranje: Li blan ak zye ble. Li mete linèt. L ap vini ak yon ekip pou travay nan òfelina nou an.

Ayisyen: Dakò. Tann la. Ma wè si'm ka chèche li pou ou. Petèt ti malerèz la pèdi.

Etranje: Mezanmi! Mèsi anpil. Voye ze w pou mwen.

Ayisyen : Koman li rele? Nan ki vòl l'ap vini? Ki gwosè ekip li a?

Etranje: Non li se Mary. Li nan American Airlines. Gen kenz jèn k'ap vini avè'l. Komsi m ta di w mwen fè tout sa m kapab pou m ka jwèn li.

Ayisyen : Ki dat fèt li? Ki kote li fèt? Konbyen tan l ap pase (fè) isit nan Ayiti ?

Etranje: Li fèt prèmye jen milnèfsankatreventrèz nan Chicago. Li pral pase (fè) twa semèn nan monwi.

Ayisyen: Oke! Mwen jwenn zanmi'w lan.

Etranje: Mèsi anpil. Mwen pa bezwen di w, m apresye èd ou.

PWOGRAM VBS

Etranje: De kisa pastè a tap pale maten an?

Tradiktè: Li te di n bezwen al chèche founiti pou pwogram timoun yo.

Etranje: Pinga w bliye mande timoun yo kote yo fèt ak dat nesans yo, non.

Tradiktè: Dakò. Apa m tande Tijòj te gen yon tikont ak Beika? Pa fè konnen m di w sa, non. Sa ap fè yo wont.

Etranje: Èske y'ap disponib pou pwogram lòt mwa a?

Tradiktè: Wi, yo p'ap fè anyen. Men, fò yo konnen ki kote n'ap reyini.

Etranje: Di yo n'ap reyini nan legliz la bò senkè konsa.

Tradiktè: Kisa pou yo fè?

Etranje: Di yo vin byen abiye, e pou yo pote bib yo, ak yon kreyon, ak yon kaye.

Tradiktè: Wi, sa se yon bèl lide, menm si yo plenyen! M pral fè yo konnen.

Etranje: Podyab. Èske w ka vin ede pandan pwogram nan?

Tradiktè: Non konpè, mwen pap gen ase tan. Mwen gen yon match foutbòl pandan tan sa. Sa bon?

Etranje: Woy, sa rèd! Pa gen tankou w, men w pa bezwen pè, sa pap fè anyen. Dòmi nan zye m. Kite m al monte kabann mwen.

CLUB INDIGO

Klèk: Èske'm ka ede w?

Envite: M'ta renmen fè yon rezèvasyon pou twa sware.

Klèk: Konbyen moun ki pral rete avè w? Konbyen chanm ou bezwen?

Envite: Selman fanmi'm. Se nou twa. Mwen bezwen yon chanm kote moun paka fimen, ki gen yon vi sou lanmè.

Klèk- Kite m 'tcheke avèk manadjè a pou wè si sa ka fèt.

Envite- Mwen kwè sa posib. Mwen konn vin isit la.

Klèk- O! Konbyen fwa nan ane a ou konn vini Ayiti?

Envite- Twa fwa pa ane. Nan ki chanm ou sijere pou'n rete?

Klèk- Mwen rekòmande chanm ki bò pisin lan paske li vrèman bèl.

Envite- Sa pa yon bon lide paske mwen fè alèji ak klowòks e chanm sa yo bòkote restoran an. Map fè yon rejim alimantè. Mwen fè sik.

Klèk- Ebyen ou bezwen pran swen sante ou e fè atansyon ak sik ak grès. M swete ou va pase yon bon tan nan ayiti.

Envite- Dakò. Mwen toujou fè sa, e ou te ede'm anpil. Èske map gen ase tan pou'm chanje rad? Epi èske mwen ka kòmande bwason'm nan bò pisin lan?

Klèk- Nenpòt sa ou vle, ou se envite a. Epi, pandansetan manadje a gen poul vin wè w nan yon moman. Lap tounen kèk bagay bay sekretè li.

Envite- Mwen parye w lap gade foutbòl! M te tande brezil ap pèdi match la.

Mwen Revokè 'W

Patwon- Ou revoke!

Anplwaye- Poukisa wap revoke'm? Mwen te di'w se pa fòt mwen.

Patwon- Kisa? Ou anreta chak jou. Mwen te di'w sa, ou bezwen kòmanse vini nan lè regilye.

Anplwaye - Ou mande'm pou yon bagay ki enposib. Blokis isit la tèrib.

Patwon- Nou bezwen respekte youn lòt nan biznis sa e ou menm ou pa fè sa kidonk mwen dwe voye'w lakay ou.

Anplwaye - De kisa w'ap pale la?

Patwon- M'ap pale de pèfòmans ou nan travay la.

Anplwaye- Mwen konn vin ta kèk fwa men mwen fè yon bon travay lè'm la.

Patwon– M'ap pale avè'w epi telefòn ou ap sònen?!

Anplwaye- Mwen dezole patwon. Se madanm mwen, li ka konpoze nimewo a pa aksidan.

Patwon - Di'l pou'l rele aprè! Kèk nan estaf travayè a panse ou te vòlè telefòn sa. Pa egzanp ayfòn sa, ki kote'w jwenn li?

Anplwaye - Mwen te prete'l nan men'w.

Patwon – Èske wap ranse avè'm ? Ki sa ki fè'w panse ke li bon pou'w vòlè yon telefòn ki sòti nan konpayi a? Èske gen yon siy sou biwo m ki di "Ou mèt vòlè?" Èske'w pa't gen okenn plan pou'w te pote'l tounen?

Anplwaye – Wi. Men, mwen ta pral mande'w pou'w prete'm li men mwen te chanje lide paske'm konnen mwen t'ap pote'l tounen jodi a.

Patwon - Sa sèlman ou gen pou di m?!!

Anplwaye – Kisa m dwe fè pou'm kenbe travay mwen? Èske m pa kapab ede'w nan anyen?

Patwon – Non, jis ale.

Anplwaye - Kèk nan anplwaye'w yo rayi travay nan jou konje men pou mwen sa p'ap deranje'm.

Patwon - Tande, sa p'ap mache. Retire w la!

TRIPOTAY

Lè dimanch se jou tout moun nan zòn Jakmèl mache legliz.

Kite m di w sak rive m! Bon, avanyè, dimanch, m'al legliz. pitit, ou konnen, m abiye anpenpan.

Lè m rive legliz madanm pastè a vin kanpe bò kote m pou ban m pawòl la.

Li di tigason an sitèlman pran nan bagay lan, se pa jwèt. Madanm li fin kite'l.

Kôman yo gason ki mache legliz depi li ti bebe fè kouri dèyè yon jenn tifi kon sa?

E pa ti sezi m sezi, papa! Woy! M panse gen lè se paske li pa li bib li, ou konprann?

Oubyen tou se paske li komanse vin fè anpil lajan e sa vin tounen tèt li.

Zen sa a siltèlman fè kè m mal, mwen pa fouti di w!!! Priye pou li wi!

Piga w chita tande sa map di w lan pou w pa veye kò w paske Bondye pa nan jwèt.

Kounyea, timoun sa yo ap leve san papa. Epi tifi an wont nèt. Dam legliz la pral ede'l ak timoun yo.

Pa kite fanm vire tèt ou konsa, tande pitit gason m nan.

KESYON SOU TÈKS

1- Ki jou moun Jakmèl yo konn mache legliz?

2- Kisa mo tripotay la vle di?

3- Esplike m poukisa tifi a mete mari'l deyò.

4- Kijan tifi a santi l?

5- Ki plan legliz lan genyen pou ede fanmiy lan?

M TONBE MALAD

M fèk sòt lopital. M pat santi m byen menm, menm, menm.

A, m leve maten an ak yon tèt fè mal, menm kanpe m te gen difikilte pou m fè sa.

Bon, sa m fè: M leve, bay timoun yo manje. M kite Asefi benyen timoun yo, mete rad sou yo, epi l mennen yo lekòl pou mwen.

Se lè sa m santi tèt mwen ap vire. M tonbe boup! Lè m ouvri zye m, m gade wè se Asefi k'ap ede m leve atè a.

Asefi oblije ede m abiye m. Aprè sa m monte yon taptap pou m ale.

Yo kenbe m nan lopital la pou twa jou. Chak tan doktè mete sòn nan sou lestomak mwen, li souke tèt li.

Mwen monte balans lan, yo di m pèdi pwa. Enfimyè yo mete yon pansman kote m te boule a lè m tap fè manje yè swa.

Aprè sa m tonbe gen djare. Yo kite yon vaz sou kabann nan pou mwen.

Doktè a di m yo pa tap janm kite m tounen lakay mwen si se pat pou tansyon m ki te desann nan.

Jiska kounyea m pa konnen sa m te genyen an.

KESYON SOU TÈKS

1- Ki maladi madanm nan genyen?

2- Konman madanm nan te santi l lè'l te leve nan maten?

3- Kimoun ki te ede pitit li pou l al lekòl?

4- Ki transpò madanm nan te pran pou ale lopital?

5- Di m tout egzamen doktè a ak enfimye a te fè sou li.

Magi Jwenn Piyay

Manman Magi voye li kay Wilio pou chanje yon kòb.

Magi lonje men l bay Wilio, "Mesye Wilio, pa ban m move to, non."

"Manman m di ou toujou gen bon to, men kòm se timoun mwen ye mwen pè pou w ban m move to pou biyè san dola sa a."

"Epi manman m di pou w ban m monnen ladan'l pou m ka pran yon moto pou m tounen ale lakay."

Wilio fè Magi konnen se bon pri sèlman li konn bay. Li rele yon machann telefòn pou bay li monnen pou tifi a.

Machann telefòn nan di li pa nan bay monnen sèl si tifi an pap mete minit oubyen ap achte yon telefòn nan men l.

Wilio tonbe rele sou madanm nan: "Gad 'on tenten! Pitit la vin pou chanje kòb. Se pa telefòn li vin achte, tande! Djòlè!"

"Machann èske se pappadap oubyen lapoula? Paske sanble wap vann pou piyay, tèlman pri yo bon."

Machann nan bay Magi yon bon pri. Aprè sa Wilio chanje lajan an pou li.

Lè Magi al jwenn manman l, manman li sezi:

"Ebyen pitit mwen se ou menm ki pou al nan mache a pou mwen?"

"Apa w tounen vin jwenn mwen ak bon monnen epi ou mete anpil minit sou telefòn mwen? Ou byen fè!"

KESYON SOU TÈKS

1- Poukisa Magi te ale kay Wilio?

2- Kisa Wilio te bezwen nan men machann telefòn nan?

3- Poukisa manman Magi te kontan avè'l?

4- Kisa Magi te achte nan men machann telefòn lan?

5- Konbyen kòb Magi te bezwen pou Wilio chanje pou li?

ANREJISTRE POU LEKÒL

Lekòl pap kòmanse ni nan Out, ni an Septanm. Ane sa se nan Oktob l'ap kòmanse.

Timote pral wè direktè a jodi a pou l anrejistre. L'ap koute l sankatreven dola.

Men pwoblèm lan se ke sankatreven dola a se pou lekòl sèlman, aprè sa fò yo al wè machann twal pou inifòm.

Papa Timote peye vennsenk dola pou materyal la e pou l bay yon moun koud inifòm nan pou pitit gason l lan.

Ou panse yo fini? Men non, pandansetan, manman Timote te al achte liv pou Timote aprann, epitou kaye pou l ka ekri ak kreyon.

Aprè sa tout fanmi an rankontre nan mitan mache a pou chèche chosèt blan ak soulye nwa pou tigason an ka al lekòl.

Tout moun fatige. Yo al dòmi aprè yo manje yon ti diri ak sòs pwa.

Nan mitan nwit lan Timote leve rele: "Nou bliye achte valiz lekòl mwen, wi!"

Papa Timote sote! Manman Timote rele anmwe! Nan maten yo kouri ale nan mache a epi yo jwenn yo bèl ti valiz.

Kè yo fin kontan. Yo fini. Pa gen anyen pou fè ankò eksèpte peye pou egzamen leta...men lè a poko rive pou sa.

KESYON SOU TÈKS

1- Nan ki mwa lekòl pral kòmanse an Ayiti ane sa?

2- Kisa papa Timote achte pou li pou lekòl?

3- Kisa fanmi an te bliye achte?

4- Kisa manman Timote te achte pou li?

5- Konbyen kòb pou lekòl lan?

PLAJ ANN AYITI

Yon moun paka di li ale Ayiti san li pa ale sou plaj. Mezanmi a la bèl sa bèl!

Mwa pase m gen yon tifrè ki vin wè m, li rete miyami. Sa fè dizan l pa vini Ayiti.

Lè l vin Okay, li al wè tout kouzen nou yo. Li al manje kay pastè nou.

Li al danse banda ak ti kouzin nou yo aprè l pase jounen an ap jwe foutbòl kay yon zanmi l.

Nan demen fò l tounen miyami. M di mesye, li paka tounen etazini san'l pa ale sou plaj.

Mesye di m, O, nan miyami gen lanmè. Makak, ki afè de lanmè sa a? Ayiti map pale w, wi!

M fè l mete yon ti bout pantalon m sou li epi m fè tout fanmi an ak zanmi nou yo ale sou plaj.

Li sezi! Li di, "Woy! Plaj Ayiti se pa plaj miyami non!"

Nou fè pwason boukannen ak yon seri de fridoydoy. Nou jwe foutbòl epi nou danse.

Aprè nou fin pran plezi nou, m mennen mesye lakay la. Li tonbe dòmi sitèlman li fatige.

Kounyea li vin tounen Ayiti chak ane!

KESYON SOU TÈKS

1- Poukisa frè a ale Ayiti chak ane kounye a?

2- Ak ki moun frè a al jwe foutbòl?

3- Kisa frè a te fè ak kouzin li yo?

4- Ki kote gran frè te mennen tifrè li avan jou pou l te kite Ayiti a?

5- Poukisa ti frè a te panse li pat bezwen ale sou plaj?

Mache nan Okap

Gwoup misyonè yo desann machin yo. Nan mache a yo vini.

Tout Ayisyen sezi. Apa Blan yo vin achte? Ebyen nap vann jodi a!

Nou vann chapo paske nou di etranje yo, chalè sa pa jwèt non! Fò yo achte chapo pou yo pa boule figi yo!

Nou vann diri paske nou di, O, ou paka bay bon nouvèl la lè vant moun yo vid paske yo pap konprann yo tèlman grangou.

Jenn yo konnen byen pwòp sa yo vle. Se fwi! Yo achte mango, zaboka, kowosòl, kenèp, kachiman...bon, pa menm rete yon ti anana nan panye m pou m vann.

Genyen timoun k'ap mande pou paran yo achte sirèt pou yo ak bonbon ak bannann pou yo fè bannann peze lè yo rive lakay yo.

Youn nan tigason yo mande pou yon kalite soulye m pat menm konnen si gen machann ki vann soulye sa yo, men l jwenn!

Tout machann kontan pou wè Blan yo ap mache byen alèz nan mache a. Genyen menm ki monte pi wo menm pou achte vyann.

Mwen tande yon sèl rèl ki pete nan zòrèy mwen, se yon madanm ki wè yon tèt kabrit.

Madanm nan lage yon bèl kreyòl sou mwen, li di m nan etazini pa gen bagay konsa, vann tèt bèt nan yon mache deyò.

De twa Blan mande si yo ka pran foto. Nou di, men wi, O, m pa pè etranje.

Men moun sa yo m paka rele yo Blan. A, non, se Bon Blan oubyen Blan Ayisyen pou m rele yo.

Moun yo renmen Ayisyen. Yo renmen peyi a tou epi yo aprann pou yo pale kreyòl byen.

Menm lè machann pwason an fè ti frekan li ak moun yo sa pa fè yo anyen. Yo achte de gwo pwason nan men yon mesye.

Mezanmi, moun sa yo pral manje byen aswè a. Kè m kontan pou yo. Yap byen dòmi!

KESYON SOU TÈKS

1- Pou ki rezon misyonè yo te ale Okap?

2- Kisa timoun yo te renmen nan mache a?

3- Kisa jenn yo te achte yo menm?

4- Kisa tigason an tap chèche nan mache a?

5- Kisa k te fè youn nan Blan yo rele anmwe?

Pi Bon Jan Pou Ede Moun nan Ayiti

Kretyen yo vini pou bay levanjil. Nou bezwen sa, se vre.

Men, lè yo fin pale a epi yo tounen al lakay yo se pa chita nap chita vant vid ak de men plen?

Men wi, m vle tande pawòl Bondye. Epi tou mwen vle etidye Bib lan pou m ka konprann pi byen.

Men, aprann mwen tou kijan pou m bay pitit mwen manje pou l manje poum pa chita pou m wè l'ap manje anba grangou.

Omwen aprann mwen yon metye pou m ka travay pou m voye pitit mwen lekòl.

Se pa tout Ayisyen ki mete timoun yo nan òfelina. Se pa tout Ayisyen k'ap chèche Blan pou peye lekòl pitit yo.

Pi fò nan nou vle travay pou nou ede fanmi nou e se sa ki va ede peyi a avanse nèt!

Pa ban m pwason sèlman pou m fè manje pou fanmi m, men aprann mwen kijan pou m peche pi byen pou m ka jwenn gwo pwason pou m vann e pou m ka mete manje sou tab mwen.

Nou se yon pèp ki gen anpil fòs ak anpil kouraj. Ban nou yon men pou nou ka wè vi nou vin chanje pi byen.

Mèsi byenneme.

KESYON SOU TÈKS

1- Kisa kretyen yo konn fè lè yo vini Ayiti?

2- Poukisa yo di se pa sèlman pou bay pwason pou manje?

3- Poukisa yo vle aprann yon metye?

4- Kisa ki pral ede peyi a avanse?

5- Èske tout Ayisyen panse l se yon bon bagay pou mete timoun yo bay òfelina?

CHALLENGE 1

1. De tipitit mwen yo pa manke anyen paske papa yo se grannèg nan kafou an.

2. Epitou m ka di w manman yo bèl kou lalin ak solèy.

3. Yo gen yon pakèt bèl wòb ak tout kalite jwèt ou ka imajine.

4. Epoutan te gen yon lè se degaje yo tap degaje tèt yo e sa te boulvèse yo anpil.

5. Bondye fè yo anpil kado pou yo pa nan mizè ankò.

6. Wa byen sezi wè kouman Bondye bay fanmi sa a èd.

7. Menm nan move jou sa yo, yo te konn ap chante pou Bondye.

8. Mwen panse ke si nou tout ta mare lonbrit nou ansanm nou ta ka viv pi byen, wi.

9. Nou pa dwe pase yon jou san pale de jan Bondye nou bon.

10. Se konsa m vin zanmi ak plizyè moun nan Okap.

CHALLENGE 2

1. Pandansetan timoun yo tonbe goumen youn ak lòt jiskaske yo wè yon mesye ap mache ak yon manchèt byen file.

2. Fiyèl, banm kòd ki byen long lan poum ka rale bourik la.

3. Chans pou ou m s'on moun ki gen pasyans; al fè wout ou!

4. Manman Magi lonje men bal kou. Magi kouri vit vit.

5. M gen yon lòt bagay ankò pou m pal avè w.

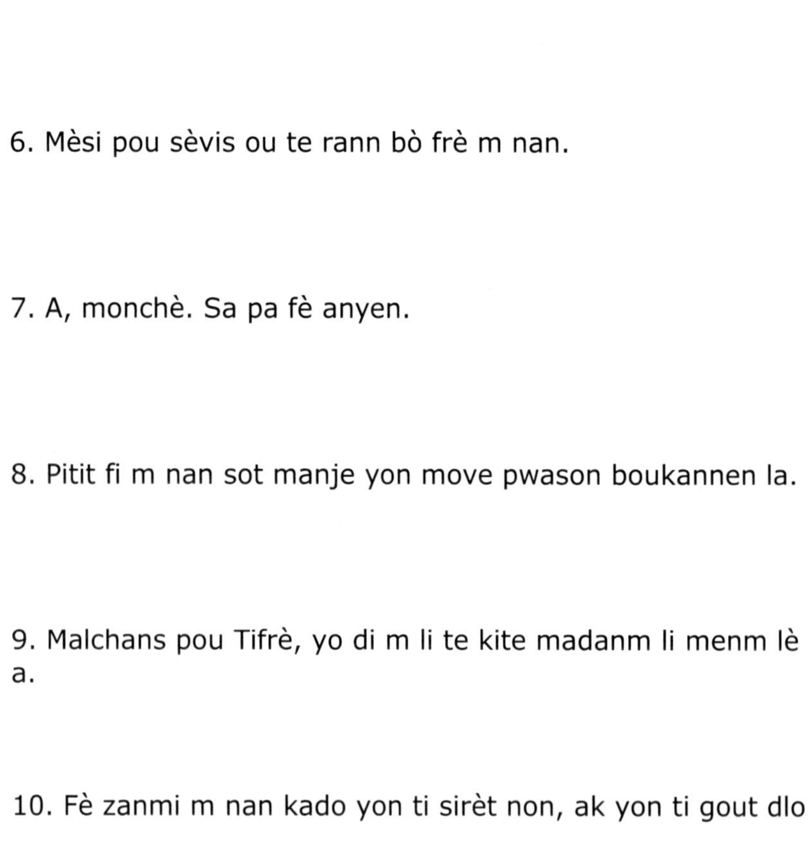

6. Mèsi pou sèvis ou te rann bò frè m nan.

7. A, monchè. Sa pa fè anyen.

8. Pitit fi m nan sot manje yon move pwason boukannen la.

9. Malchans pou Tifrè, yo di m li te kite madanm li menm lè a.

10. Fè zanmi m nan kado yon ti sirèt non, ak yon ti gout dlo.

CHALLENGE 3

1. Aprè l te fin vale boul lan m pa t ka fè anyen pou tibebe Andre a.

2. Lèfini yo rakonte m sa k te pase ak rat la, pat gen moun ki te sezi tankou m.

3. Nan demen Pòl mete yon bon baton sou bourik li paske l di "bèt bezwen kite frekan."

4. Menm lè avèk ayè e nan menm jan an wa ede Madan Chals.

5. Menm lè yo rele non l byen fò pitit sa pa okipe moun, se rele byen fò, fwape pye, kriye.

6. Nan aswè tifi Miriyam tap pase l nan tenten paske l pat vle dòmi.

7. Fanm nan te fè sèman li tap touye koulèv la si l tounen vin lakay li pou fè l pè ankò.

8. Poukisa w fè l wont konsa?

9. Papa Jak vin bonè lakay li pou met lòd ak timoun dezòd li yo.

10. Pa refize èd zanmi w yo lè lòt elèv yo maltrete w.

CHALLENGE 4

1. Ki moun ki marenn ak parenn kanmarad ou an?

2. M vin wè si se vre ke Michlin gen yon jaden tomat kap byen pouse la a.

3. Gen yon bann marengwen lakay nou, e sa ki fè nap flite a!

4. Mesye a pran yon dènye chans li mande ti kouzin mwen si l renmen l.

5. M wè w lage m nèt! M.

6. Ou tande kijan Matyè pase m nan betiz?

7. Gade kòman tigason an visye!

8. Granpe m gen zòrèy fen; li tande tout pawòl kap sòti nan bouch nou.

9. Tibebe a paka dòmi nan fènwa.

10. Zwazo se bèt kap vole tou ba, lap chache rat ak papiyon.

CHALLENGE 5

1- Marengwen se bèt ki bay anpil traka lè yo mòde w se poutèt sa blan toujou pale sou li.

2- Bèf la manje tout sa l jwèn li tèlman visye se sak fè diskisyon pete ant li menm ak lòt bèf yo.

3- Neve m pa kite moun pwoche twò prè l paskè l kapwon, menm vwa manman l konn fè l sote.

4- Zwazo a fè yon nich men gwosè, li sou tèt kay moun yo.

5- Se te yon fwa yon mesye te vin chèche figi papa m.

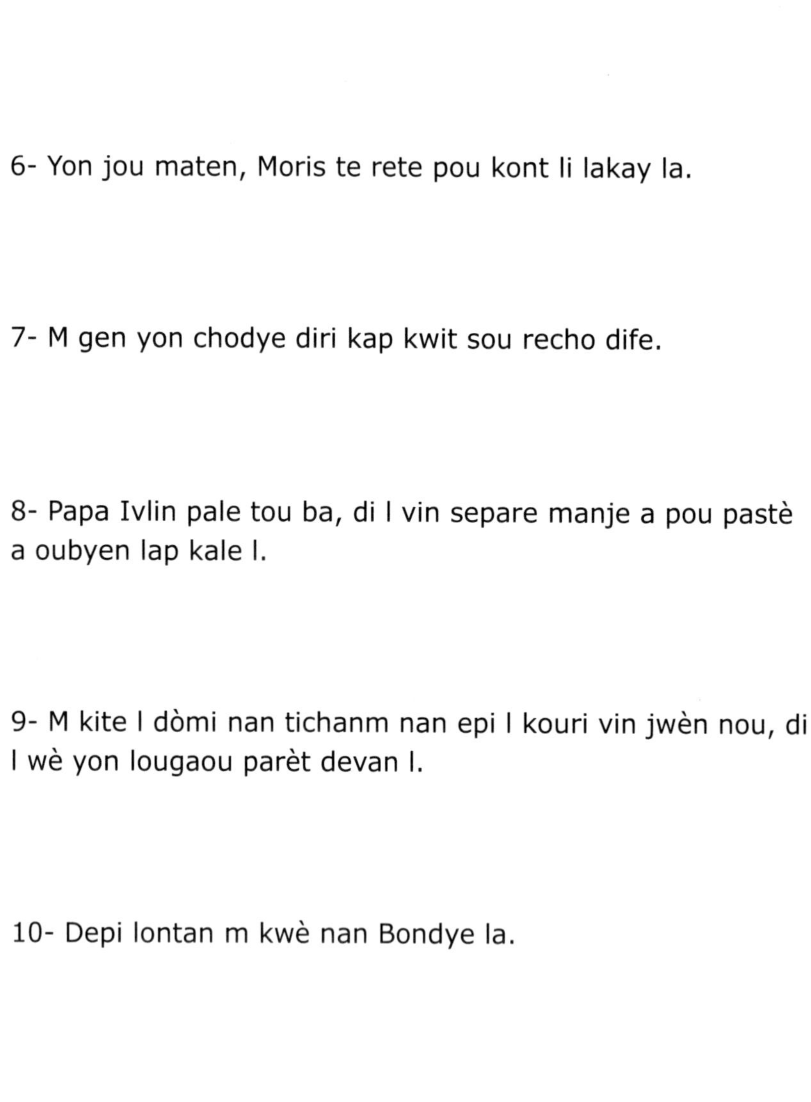

6- Yon jou maten, Moris te rete pou kont li lakay la.

7- M gen yon chodye diri kap kwit sou recho dife.

8- Papa Ivlin pale tou ba, di l vin separe manje a pou pastè a oubyen lap kale l.

9- M kite l dòmi nan tichanm nan epi l kouri vin jwèn nou, di l wè yon lougaou parèt devan l.

10- Depi lontan m kwè nan Bondye la.

CHALLENGE 6

1. Koulèv pa tèlman pè moun, e yo manje zandolit.

2. Fò w bay flè pou fèt manman, di mèsi pou sèvis manman konn rann pou timoun li yo.

3. Vyann bèf se manje ki bay moun fòs e l sitèlman gen bon gou, ou ka koupe dwèt ou.

4. Map kalkile yon bagay la.

5. Lè m fouye men m nan bwat la sa penmèt mwen jwèn bèl kado ou voye ban mwen an.

6. Pi fò nan nou te deja manje ti rès ki te rete a.

7. Se pou sa tou m te fè semèn nan san parèt lakay ou!

8. Konsa, m te prèske fin mouri ak grangou.

9. N tap gade yon gwo rat ki rantre fon nan twou an.

10. Depi m byen kalkile nou pa ta dwe gen okèn pwoblèm ak moun yo.

AT THE AIRPORT

Foreigner: Excuse me. Come so I can talk to you. I lost my godmother in the airport.

Haitian: What does she look like?

Foreigner: She's blond with blue eyes. She wears glasses. She's coming with a group to work at our orphanage.

Haitian: Sure. Wait here. I'll see if I can get her for you. Maybe the poor thing is lost.

Foreigner: Oh, wow! Thanks ever so much. Have a look around for me.

Haitian: What's her name? What flight is she coming on? How big is her group?

Foreigner: Her name is Mary. She's on American Airlines. There are 15 young people coming with her. All I can say is I did everything I could to find her.

Haitian: When was she born? Where was she born? How much time is she spending here in Haiti?

Foreigner: She was born June first 1993 in Chicago. She's going to spend three weeks in Montrouis.

Haitian: Okay! I found your friend.

Foreigner: Thanks so much. I don't need to tell you how I appreciate your help.

VBS PROGRAM

Foreigner: What was the pastor talking about this morning?

Interpreter: He said we need to get supplies for the children's program.

Foreigner: You better not forget to ask the kids their birthplace and birthdates, alright.

Interpreter: Cool. Gee, I heard Little George had a dispute with Becca? Don't make it known that I told you this, ok. That would embarrass them.

Foreigner: Will they be available for next month's program?

Interpreter: Yes, they're not doing a thing. But, they need to know where we're meeting.

Foreigner: Tell them we're meeting at the church around five o'clock or so.

Interpreter: What do they need to do?

Foreigner: Tell them to come well dressed, and to bring their bible, a pencil, and a notebook.

Foreigner: Yes, that's a great idea, even if they complain! I'll let them know.

Foreigner: Poor dears. Can you come help during the program?

Interpreter: No buddy, I won't have enough time. I have a soccer game at that time. Is that ok?

Foreigner: Wow, that sucks! There's no one like you, but don't worry, it's no big deal. I'm sleepy. Let me get to bed.

CLUB INDIGO

Clerk: Can I help you?

Guest: I would like to make a reservation for three nights.

Clerk: How many people are staying with you? How many rooms do you need?

Guest: Just my family. It's us three. I need a smoke free room, with an ocean view.

Clerk: Let me check with the manager to see if that can happen.

Guest: I think that's possible. I usually come here.

Clerk: Oh! How many times a year do you come to Haiti?

Guest: Three times per year. In what room do you suggest we stay?

Clerk: I recommend the room near the pool because it's really beautiful.

Guest: That's not a good idea because I'm allergic to chlorine and that room is next to the restaurant. I'm on a diet. I'm diabetic.

Clerk: Well then you need to take care of your health and watch your sugar and fat intake. I hope you have a good time in Haiti.

Guest: Sure. I always do, and you really helped me. Will I have enough time to change clothes? And can I order my drinks by the pool?

Clerk: Anything you want, you're the guest. Meanwhile the manager will be coming to see you in a moment. He's returning a few things to his secretary.

Guest: I betcha he's watching soccer! I heard that Brazil lost the game.

You're Fired!

Boss: You're fired!

Employee: Why are you firing me? I told you it wasn't my fault.

Boss: What? You're late everyday. I told you that you need to start coming on time, regularly.

Employee: You asked me for something that's impossible. The traffic here is terrible.

Boss: We need to respect one another in this business and you don't do that therefore I need to send you home.

Employee: What are you talking about?

Boss: I'm talking about your job performance.

Employee: I come late sometimes but I always do a good job when I'm here.

Boss: I'm speaking to you and your phone is ringing?!

Employee: I'm so sorry, Boss. It's my wife, she probably dialed the number by accident.

Boss: Tell her to call you afterwards! Some of the staff thinks that you stole that iPhone. Matter of fact (for example) that iPhone, where did you get it?

Employee: I borrowed it from you.

Boss: Are you kidding me? What makes you think it's a good idea to steal a telephone from the company? Is there a sign on my desk saying "You're allowed to steal?" Did you have any plans to return it?

Employee: Yes. But, I was going to ask you to lend it to me but I changed my mind because I knew I was going to return it today.

Boss: That's all you have to tell me?!!

Employee: What should I do to keep my job? Can't I help you with anything?

Boss: No, just go.

Employee: Some of your staff hate to work on holidays but that doesn't bother me.

Boss: Listen, that won't work out. Get outta here!

GOSSIP

Sunday, is the day that everyone in Jacmel goes to church.

Let me tell you what happened to me, Sunday, I attended church. Child, you know I was all decked out.

When I got to church; the pastor wife’s came to me to give me the news.

She said the guy was so caught up in the thing/situation, it's no joke. His wife walked out on him.

How is it that a man who went to church since he was a baby ended up running after a young girl like that?

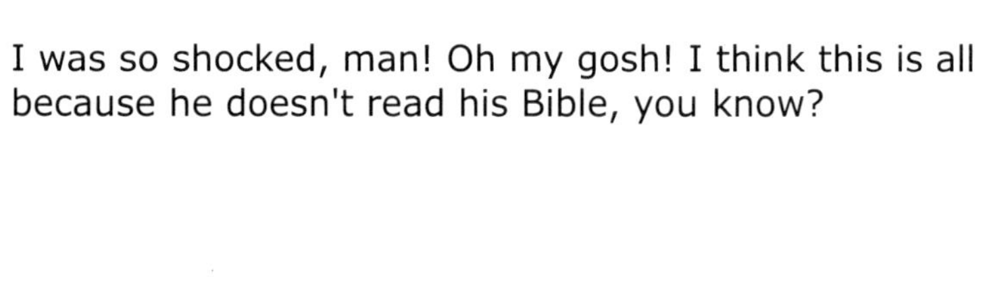

I was so shocked, man! Oh my gosh! I think this is all because he doesn't read his Bible, you know?

Or also it's because he started making a lot of money and that got to his head.

This hurts my heart so badly, I can hardly tell you! Pray for him, alright!

You better not sit here and listen to what I am telling you, and not watch out for yourself, God doesn't play around.

Now, these kids are growing up fatherless. And the girl is completely embarrassed. The women at the church will help her with the children.

Don’t let girls mess with your head, my son.

COMPREHENSION QUESTIONS

1- Which day do people from Jacmel go to church ?

2- What does the word "tripotay" mean?

3- Tell me why the girl kicked her husband out?

4- How does the girl feel?

5 What is the church's plan to help the family?

I SUDDENLY GOT SICK

I just got back from the hospital. I did not feeling well at all.

I woke up this morning with a bad headache, I could barely stand.

Well, what I did was, I fed the kids. I let Asefi give the children baths, dress them, and then she took them to school for me.

That's when I began to feel dizzy. I fell smack down on the floor! When I opened my eyes, I noticed that Asefi was helping me up off the ground.

Asefi had to help me get dressed. After that, I get on a taptap to go.

They kept me in the hospital for three days. Each time the doctor put the stethoscope on my chest, he shook his head.

I got on the scale, they said I lost weight. The nurses put a bandage where I got burned when I was cooking last night.

After that I got severe diarrhea. They left a bedpan for me.

The doctor said they would have never let me return to my house if it were not for my blood pressure which was down.

Even now I do not know what was wrong with me.

COMPREHENSION QUESTIONS

1- What diseases the wife has?

2-How wife felt when awoke in the morning?

3- Who helped his kids to go to school?

4- What transportation the woman took to hospital?

5- Tell me all the tests the doctor and nurse did on her?

MAGGIE GETS A BARGAIN

Maggie’s mother sent her to Wilio's house to exchange some money.

Maggie handed it to Wilio, "Mr. Wilio do not give me a bad exchange rate, ok."

"My mother said you always have good rates, but as I am a child and I'm afraid that you'll give me bad rate for this hundred dollar bill."

"And my mother said for you to give me coins so I can take a moto to head back home."

Wilio let Maggie know that he only gives good prices. He called a phone vendor to provide him with coins for the girl.

The phone vendor said she doesn't go around giving change unless the girl is putting minutes or buying a phone from her.

Wilio yelled at the lady: "What nonsense! The girl came to change money. She didn't come to buy a phone, you hear! Big mouth!"

"Vendor, are these pappadap or lapoula? Because it looks like they're selling for bargain, the prices are good."

The seller gave Maggie a good price. Then Wilio changed the money for her.

When Maggie went to her mother, her mother wondered:

"Well my daughter, you're the one who needs to go to the market for me?"

"Look how you've come back to me with good change and you put a lot of minutes on my phone? Good job!"

COMPREHENSION QUESTIONS

1-Why Maggie go to Wilio's house?

2- What did Wilio need from the phone salesperson?

3- Why was Maggie's mother happy with her?

4- What did Maggie buy from the phone merchant?

5-How much money did Maggie need Wilio to change for her?

REGISTERING FOR SCHOOL

School won't start neither in August or September. This year it will begin in October.

Timothy will see the director today to register. It will cost him one hundred eighty dollars.

But the problem is that one hundred eighty dollars is for school only, after they need to see textile merchants for uniforms.

Timothy's father paid twenty five dollars for the material and to give the uniform to someone to sew for his son.

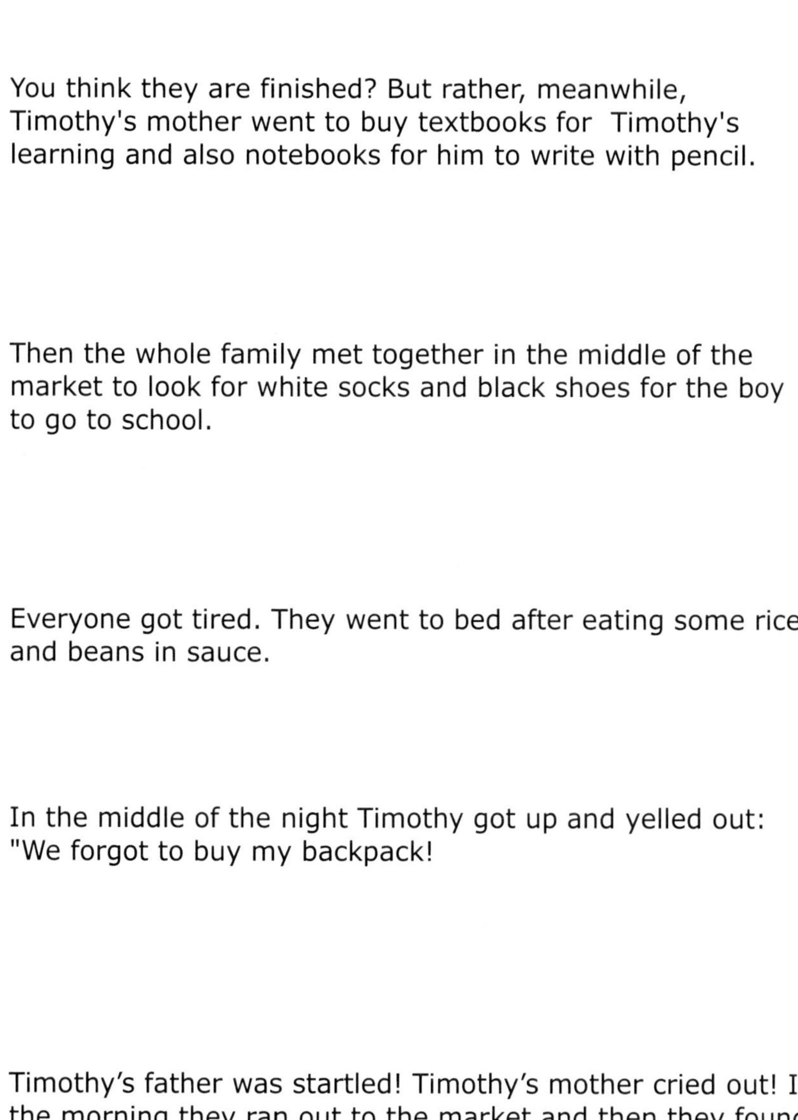

You think they are finished? But rather, meanwhile, Timothy's mother went to buy textbooks for Timothy's learning and also notebooks for him to write with pencil.

Then the whole family met together in the middle of the market to look for white socks and black shoes for the boy to go to school.

Everyone got tired. They went to bed after eating some rice and beans in sauce.

In the middle of the night Timothy got up and yelled out: "We forgot to buy my backpack!

Timothy’s father was startled! Timothy’s mother cried out! In the morning they ran out to the market and then they found a cute little bag.

They were exceedingly happy. They were done. There was nothing left to do anymore except to pay for state exams...but there's still time yet.

COMPREHENSION QUESTIONS

1-In what month will school start in Haiti this year?

2- What did Timothy's father buy for him for school?

3- What did the family forgot to buy?

4- What did Timothy's mother buy for him?

5- How much money was for the school?

THE BEACH IN HAITI

Someone can't say he went to Haiti without him going to the beach. Man, it's beautiful!

Last month a younger brother of mine came to see me, he lives in Miami. It's been ten years since he came to Haiti.

When he came to Les Cayes he went to see all of our cousins. He went to eat at our pastor's house.

He went Banda dancing with our little cousins after he spent the day playing football at a friend's house.

The next day he had to go back to Miami. I told him, he can't go back to the states without going to the beach.

Dude told me, no, Miami has ocean/beaches. You monkey, what are you talking about with oceans? I am talking to you about Haiti!

I had him wear my shorts and then I made the entire family and all our friends go to the beach.

He was surprised! He said, "Hey! The beach in Haiti is not the beach in Miami. What!"

We barbecued fish with a bunch of fried vegetables. We played football and we danced.

After all the fun, I took him home. He fell sound asleep from being so tired.

Currently, he comes to Haiti every year.

COMPREHENSION QUESTIONS

1- Why does the brother go to Haiti every year now?

2- With whom did the brother go to play football?

3- What did the brother do with his cousins?

4- Where did the older brother take his younger brother prior to the day he left Haiti?

5- Why did the younger brother think he did not need to go to the beach?

THE MARKET AT CAP HAITIEN

The group of missionaries got out of their vehicles. They went to the market.

All the Haitians were surprised. Hey, the foreigners came to shop? Well then, we will be making sales today.

We sold hats because we told the foreigners that this heat is no joke! They need buy hats so they don't get their faces sunburned!

We sold rice because we said, Oh, you can't share the Gospel when the people's stomachs are empty because they will not understand, due to their hunger.

The youth know quite well what they want. It's fruits! They buy mangoes, avocados, soursop, kenep, custard apple...In fact not even a little pineapple remained in my basket to sell.

Some children their parents to buy candy for them along with cookies and plantains to make fried plantains when they arrive home.

One of the boys asked for a kind of shoe that I did not even know if there are vendors who sell that kind, but he got them!

All the merchants are happy to see the foreigners walking around comfortably at the market. Some even went further up to buy meat.

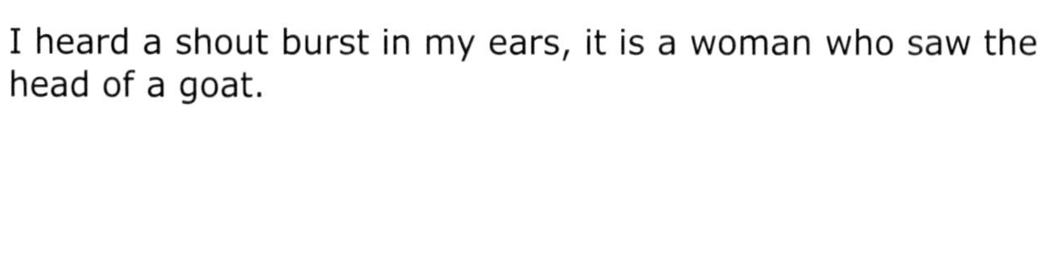

I heard a shout burst in my ears, it is a woman who saw the head of a goat.

The lady dropped a beautiful Creole on me and she told me that in the United States they don't have stuff like that, selling animal's heads at an outdoor market.

A few of the foreigners asked if they could take pictures. We say, of course, Oh, I'm not afraid of strangers.

But these folks I am unable to call them foreigners. Oh no, I have to call them Good Foreigners or White Haitian.

The people love Haitians. They also love the country and learned to speak Creole well.

Even when the fish vendor got a little rude with the people this did not bother them. They bought two large fish from the gentleman.

Wow, these people will eat well tonight. I glad for them. They will sleep really well.

COMPREHENSION QUESTIONS

1- For that reason did the missionaries go to Cap Haitien?

2- What did the kids like at the market?

3- What did the young people buy?

4- What was the young boy looking for at the market?

5- What made one of the foreigners exclaim?

THE BEST WAY TO HELP PEOPLE IN HAITI

Christians come to share the Gospel. We truly need this.

But after they're done speaking and return to their homes, are we not sitting around with empty stomachs and empty hands?

Of course, I want to hear the Word of God. And also, I want to study the Bible so I can better understand.

But also teach me how to give my children food to eat so I don't sit around watching them him starve.

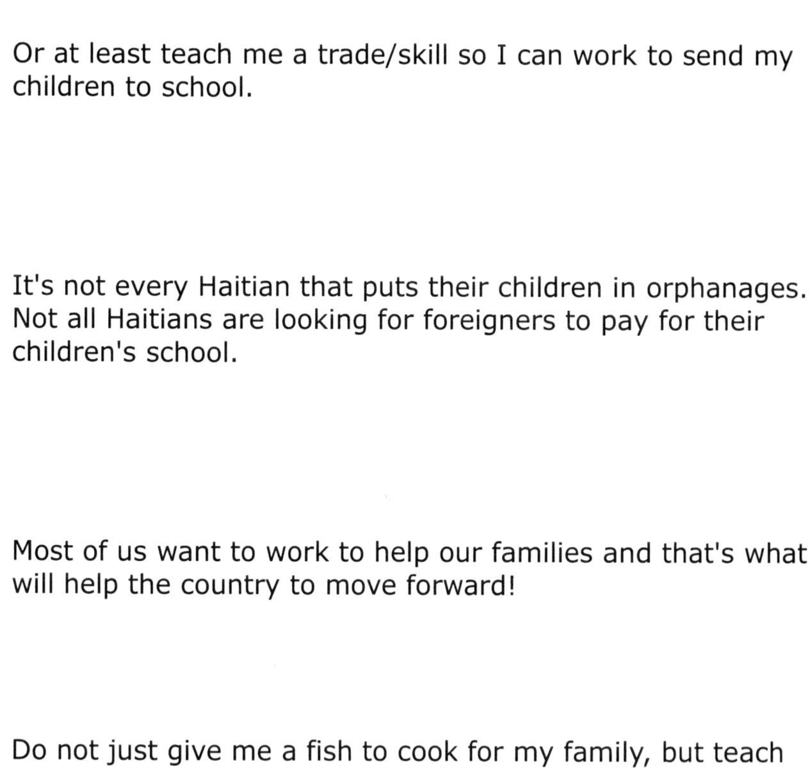

Or at least teach me a trade/skill so I can work to send my children to school.

It's not every Haitian that puts their children in orphanages. Not all Haitians are looking for foreigners to pay for their children's school.

Most of us want to work to help our families and that's what will help the country to move forward!

Do not just give me a fish to cook for my family, but teach me how to fish better, so I catch big fish to sell and so that I can put food on my table.

We are a people of great strength and courage. Give us a hand so we can see our lives change for the better.

Thank you, Beloved (term used for Christians).

COMPREHENSION QUESTIONS

1- What do Christians normally do when they come to Haiti?

2- Why do they say not to just provide fish for dinner?

3- Why do they want to learn a trade?

4- What will help the country move further along?

5- Do all Haitians think it is a good thing to put children in orphanages?

CHALLENGE 1

1. My two children don't lack for anything because their father is a big shot in the area.
2. And also I gotta tell ya their mother is radiant.
3. They have a bunch of beautiful clothes and all kinds of toys that you can imagine.
4. Nevertheless there was a time when they were barely making ends meet and that stressed them out very much.
5. God gave them many gifts (blessings) so they won't struggle anymore.
6. You'll be really shocked to see how God helped this family.
7. Even in those rough days, they used to sing for God.
8. I think that if we all join together we could live better.
9. We shouldn't let a day go by without talking about how good our God is.
10. That's how I became friends with several people in Cap Haitian.

CHALLENGE 2

1. Meanwhile the children broke out fighting with one another until they saw a man walking with a sharp machete.

2. Goddaughter, give me the really long rope so I can pull the donkey.

3. Lucky for you I'm a patient person; get on your way!

4. Maggie's mom reached out and smacked her. Maggie ran incredibly fast.

5. I have something else to talk to you about.

6. Thanks for the favor you did for my brother in law.

7. Oh dude. It's no big deal.

8. My daughter just ate a horrible grilled fish.

9. Bad luck for Tifrè, they told me he left his wife immediately.

10. Give my friend some candy, and a little bit of water.

CHALLENGE 3

1. After he swallowed the ball I couldn't do a thing for Andre's little baby.

2. Afterwards they recounted to me what happened with the rat, no one was as shocked as me.

3. The next day Paul gave the donkey a good beating because he said "the animal needs to stop being stubborn."

4. The same time as yesterday and in the same way, you're going to help Mrs. Charles.

5. Even when they call out his name really loud that child doesn't pay attention to people, he's always yelling really loud, stomping his feet, and crying.

6. In the evening Myriam's daughter was driving her crazy (messing with her) because she didn't want to go to sleep.

7. The woman swore she would kill the snake if it came back to her house to scare her again.

8. Why'd you embarrass her like that?

9. Jack's dad came home early to put his unruly kids in check.

10. Don't refuse the help of your friends when the other kids tease you.

CHALLENGE 4

1. Who are your classmate's godparents?

2. I came to see if it's true that Micheline has a tomato garden growing really well.

3. There's a bunch of mosquitoes at our house, that's why we're spraying.

4. The guy took one last chance, he asked my younger cousin it she loves him.

5. Hmm. I see you totally dropped me (forgot about me)!

6. You see how Matthew messed with me?

7. Look how greedy the little boy is!

8. My grandpa has great hearing; he hears everything that flies out of our mouths.

9. The little baby can't sleep in the dark.

10. Birds are animals that fly low, looking for rats and butterflies.

CHALLENGE 5

1- Mosquitoes are animals that give a lot of issues when they bite you that's why foreigner's always talk about it.

2- The cow eats everything he finds he's so greedy, that's why an argument broke out between him and the other cows.

3- My nephew doesn't let people get to close to him because he's a scaredy cat, even his mother's voice startles him.

4- The bird makes a nest this big, it's on the roof of the people's house.

5- One time a man came to see my dad.

6- One morning, Morris stayed home by himself.

7- I have a pot of rice cooking on the stove.

8- Evelyn's dad spoke quietly, telling her to serve (divide out) the food to the pastor or he'll spank her.

9- I let her sleep in the little room and then she ran to us, saying she saw a ghost in front of her.

10- I've believed in God for a long time.

CHALLENGE 6

1. Snakes are so afraid of people, and they eat lizards.
2. You need to give flowers for Mother's Day, to say thank you for the things mothers do for their children.
3. Beef is food that gives people strength and it's so tasty, it's finger licking good.
4. I'm figuring out something here.
5. When I stuck my hand in the box that permitted me to get the beautiful gift you sent me.
6. The majority of you had already eaten the little that was leftover.
7. That's why I let the week go by without showing up at your house!
8. That's how I almost died of hunger.
9. We were watching a big rat which entered deep into the hole.
10. Since I've fully calculated we shouldn't have any kind of problems with the people.

This completes the Learn Haitian Creole with Gloria program. It has been my privilege to help you on this journey. Please email me for any information you need about hosting your own local Haitian-creole bootcamps with me at haitiangloria@yahoo.com.

Thanks!

Gloria

DICTIONARY KREYÒL TO ENGLISH

A

A – at, the (article)
A kilè – at what time
A la men – by hand
A lè - on time, punctual, prompt
A nivo – horizontal, on the same level
A rèl – striped
Abajou – lampshade
Abako – denim
Abandone/abandonnen – (v) abandon, give up, quit
Abdike- to abdicate
Aberasyon- aberration
Abese – (n) alphabet, (v) lower, humble
Abèy- bee
Abi – (n) abuse, injustice
Abilite- ability
Abim- abyss
Abime- to deteriorate
Abit – referee
Abitan- farmer, peasant
Abitasyon – farm
Abitid – custom/habit
Abitye – used to (adj)
Abiye – (v) clothe, dress
Abize- to abuse
Abizif- (adj) abusive
Abò – aboard
Abòde- (v) approach, deal with
Aboli- to abolish
Abondan- (adj) abundant, bountiful
Abondans- abundance
Abòne- to subscribe
Abònman – subscription
Abouti- (v) reach, succeed
Aboutisman- (n) outcome, result
Abrazif- abrasive
Abrazyon- abrasion
Abreje- to abbreviate
Abriko – apricot
Abrip- steep
Absan – absent, away
Absans- absence
Absè – abscess
Absòbe- to absorb
Absoli- absolute
Absoliman – absolutely
Absoud- to absolve
Abstrè- abstract (adj)
Abstrenn- to abstain
Acha- purchase (n)
Achalandaj- customers/clientele
Achalande- (adj) well-stocked/ supplied
Achane- (adj) fierce, relentless
Acheval- (adj) confusing, deceptive
Achitèk - architect
Achte- (v) buy, purchase
Achtè – buyer
Adapte – (v) adapt, adjust to
Adekwa- adequate
Adezif – adhesive tape
Adikte- addict (n)
Adilt- adult
Adiltè – adultery
Adistans- (adj) far, remote
Adisyon – addition (n), fè adisyon (v)

Adisyone- to add to
Adjektif- adjective
Admèt – (v) confess, admit to
Administrasyon- administration
Admirab- admirable
Admirasyon- admiration
Admire – to admire
Admisib- admissible
Admisyon- admission
Adolesan- adolescent
Adopsyon- adoption
Adopte – to adopt
Adoptif- adoptive
Adorab- (adj) adorable, lovely
Adorasyon- adoration
Adore – (v) adore, worship
Adose- lean back
Adousi- (v) soften/tone down
Adousisman- (n) softening/ mitigating
Adrès – address (n)
Adrès entènèt – Internet address
Adrese – (v) address, speak to
Adwat – right (prep), skillful (adj)
Adwaz – slate
Afab- (adj) affable, amiable
Afè - (n) affair/business (personal affairs), genitals, belongings
Afebli- to weaken
Afeksyon- affection
Afekte- to affect
Afere- busy (adj)
Afich – poster
Afiche – (v) affix, post
Afime- to affirm
Aflije- (v) afflict, distress
Afrik – Africa
Afriken – African
Afwo – afro
Afwon- affront
Afwonte- to affront
Aganman - chameleon
Agase- to enrage
Agòch – awkward
Agraf- clasp (n)
Agrandi – enlarge
Agrikiliti – agriculture
Agwonòm – agronomist
Ajamè- (adv) forever
Ajan – agent, silver
Ajans – agency
Ajantri – silverware
Aje- (adv) elder, senior
Aji – to act
Aji sou – affect
Ajil- (adj) agile, (n) clay
Ajiste – (v) fit, adjust
Ajounen- to adjourn
Ajoute – to add
Ak – and (conj), with (prep), certificate (n)
Akablan-(adj) oppressive, overwhelming
Akable- to overwhelm
Akajou- mahogany
Akalmi- (n) lull, respite
Akaryat- cranky
Akasya- acacia
Akèy- (n) welcome
Akèyan- (adj) hospitable
Akeyi – (v) greet, welcome
Akite- to acquit
Akitman- payment
Akizasyon – accusation
Akize – (v) accuse, indict

Akizisyon- acquisition
Aklame- to acclaim
Aklè- evident
Akò- (n) agreement, accord
Akòde – to tune
Akòdeyon – accordion
Akokine- to team/gang up
Akolad- to embrace
Akomodan- (adj) accommodating, flexible
Akonpaye – to accompany
Akonpli – (v) accomplish, perform
Akonplisman- accomplishment
Akoste- to accost/confront
Akote – (adj) aside, beside, near
Akouche- to give birth
Akouchman – (n) delivery/giving birth, labor
Akoude- to lean on an elbow
Akoupi – (v) crouch, squat
Akouple- (v) breed, couple, mate
Akoustik- acoustics
Akoutime- (v) accustom, (adj) usual
Akòz – (conj) because of/due to
Akr- acre
Akrèk – selfish
Akrilik- acrylic
Aks – (n) axe, axis
Aksè- access (n)
Akseleratè – accelerator
Aksepte – accept
Aksidan - accident
Aksyon – (n) action, act, deed
Aksyonè- stockholder
Aktè- actor
Aktif – active
Aktive- activate (v)
Aktivist- activist
Aktivite – (n) activity, business
Aktris- actress
Aktyèl- actual (adj)
Aktyèlman- actually (adv)
Akwo – (n) rip, tear
Akwobasi- acrobatics
Akwobat- acrobat
Akwochay- (n) clash, dispute
Akwonim- acronym
Akwoupi- (adj) crouching, squatting, (v) squat
Akyese- to accept/agree reluctantly
Ala – what a (interj)
Alabwòs – crewcut
Alame- to alarm
Alamòd – fashionable/in style
Alanbik – still (n)
Alantou- around (adv)
Alaplas de – instead
Alavans – in advance
Albòm- album
Ale/al - to go, alley
Ale retou – round-trip
Alèji- allergy
Alèjik- allergic
Aleka – aloof/detached
Alèkilè- nowadays, presently
Alemye- (n) betterment, improvement
Alèn- breath
Alèt- (n) alarm, alert
Alete- to nurse/breastfeed
Alète- (v) alarm, warn
Aletranje – abroad
Alèz – comfortable

Alfabè – alphabet (n)
Alfabetik- alphabetic (adj)
Alfabetize- to alphabetize, to teach alphabet
Alfat – pavement
Alfate – pave
Aligatò- alligator
Aliman – alignment
Alimante- (v) feed, power
Alimantasyon- nourishment, provision (n)
Alimay- ignition
Alimèt – match (n)
Aliminyòm – aluminum
Aliyen- to align
Aljèb- algebra
Alkali- ammonia
Alkòl- alcohol
Alkolik- alcoholic
Alman – German
Almanak – almanac, calendar
Alo – hello
Alò – (prep) so/then
Alonj – extension cord
Alonjman- extension (n)
Altènatè- alternator
Altène- to alternate
Alyaj- compound (n)
Alye- ally
Amann – fine/penalty
Amatè- amateur
Amati- casing
Ame – (v) armed
Amelyore – to improve
Amèn – amen
Amenajman- (n) comfort, amenity
Amensi- to reduce
Ameriken – American
Amizan- (adj) amusing, fun, pleasant
Amize- (v) amuse, entertain
Amizman – fun (n)
Amonika – harmonica
Amòse – prime (to start)
Amòti- to dampen/deaden
Amou – love
Amoure – lover (male)
Amourèz – lover (femal)
Amwa – wardrobe
Amwenske – unless
An- the (article)
An devenn – unlucky
An dèy – in mourning, bereaved
An dezòd – disorderly
An gwo – bulk, wholesale
An kòle – rage
Anana - pineapple
Anba- (prep) under, beneath, below, underneath, bottom, downstairs
Anba bra- underarm, armpit
Anba dlo – underwater
Anba pye – underfoot
Anba tè – underground
Anbachal – (adj) covert, clandestine
Anbake- to embark
Anbalan – undecided
Anbale- (v) bundle, pack
Anbatè- underground
Anbativant- lower tummy
Anbarase – (adj) embarrassed, perplexed
Anbasad – embassy
Anbasadè – ambassador

Anbeli- to embellish, clearing (n)
Anbete- to bother
Anbilans – ambulance
Anbisyon – ambition
Anbouteyaj- jam (n)
Anbrase – (v) hug, kiss (romantic)
Anbyans - atmosphere
Anchaje – in charge of
Adedan- (adv/prep) inside, within
Andeyò – countryside, rural
Andezay – middle-aged
Andikape- (adj) disabled, handicapped
Andirans- endurance
Andòmi – sleepy (adj), to sedate
Andwi – chittlins
Ane - year
Ane pase- last year
Ane pwochèn - next year
Ane sa - this year
Anemi – anemia
Anestezi – anesthesia
Anfannkè - acolyte
Anfas – in front of
Anfavè – on behalf of
Anfen – finally
Anflamasyon – swelling
Anfle – (adj) bloated, swollen, (v) swell
Anfòm – (adj) elegant/fine, fit/in shape
Anfòm kou yon bas – fit as a fiddle
Ang – angle
Angaje- involved/engaged (adj)
Angajman – promise, undertaking
Angle – English (language)
Angoudi – numb
Angran – proud
Angrè – fertilizer
Angrese – fatten
Anietwale – star anise
Anile – (v) annihilate, cancel
Animal – animal
Animatè- animator
Anime- (adj) brisk, swift
Anj – angel
Ankadreman - frame (n)
Ankiloze- (adj) dull, numb
Ankò - again, anymore, some more
Ankonbre- crowded (adj)
Ankouraje – (v) encourage, motivate, urge
Ankourajment – encouragement
Anksyete- anxiety
Anlè - (prep) up, above, over/ overhead, atop, upstairs
Anlè a - upstairs
Anlve- (v) abduct, kidnap
Anmbègè – hamburger
Anmè – bitter (adj)
Anmèdan – (adj) annoying, disagreeable, irritating
Anmède – (v) annoy, tease
Anmidonnen – to starch
Anmize – entertain
Anmwenske – unless
Annafè – involved
Annanfans - senile
Anndan- inside
Annatandan – meanwhile, meantime

Annavans – (adv) ahead of time, early
Annefè – indeed
Annò- golden (adj)
Annwiye/annuiye/anniye- (v) annoy, bother, (adj) bored
Anons – announcement
Anonse – to announce
Anouvo- (adv) anew
Anpakte- to pack
Anpàn – out of order
Anpeche - (v) deter, impeach, prevent, stop
Anpenpan- (adj) elegant/fine
Anpil- (adj) a lot of, many, much, (adverb) very, very much
Anpile – pile (v)
Anplifikatè – amplifier
Anplis – besides, excess
Anplwaye – employ (v), employee (n)
Anpòche- pocket (v)
Anpoul – light bulb
Anpremye – first place
Anpren- loan (n)
Anprèsman- (n) haste, zeal
Anpwazonnen- to poison
Anraje – enrage (v), rabid (adv)
Anrejistre - (v) register, tape
Anreta – (adv) late, behind
Anrichi- to enrich
Ansanm - (adv) along, (adj) together
Ansante- healthy (adj)
Ansekirite- (adj) secure
Ansèkle- (v) surround, encircle
Ansengne – teach
Ansent – (adj) expectant, pregnant
Ansèy – trade sign
Anseye- (v) teach, instruct
Ansyen – (adj) ancient, former, old
Ant – (adv) among, between
Antant – agreement
Antay – notch
Ante – haunted
Antèman – (n) burial, funeral
Antèn - antenna
Antere – to bury
Antèt- (n) in charge/heading
Antete- (adj) determined, headstrong
Antònwa – funnel
Antouka – in any case
Antouzyas- (adj) enthusiastic
Antrave – be in a fix
Antravè – (adv) across from, in opposition to
Antre - (v) enter, get involved, (n) entrance, admission fee
Antre nan – go into, join
Antrene – (v) coach, practice
Antrenè – coach (n)
Antreprenè - undertaker
Antrepriz- (n) enterprise, venture
Antye – (adj) entire, whole, thorough
Anvan – before (time)
Anvan lè – early
Anvan ou bat je ou – before you blink (quickly)
Anvayi – (v) invade/flood
Anverite- quite (adv)

Anvi – (adj) alive, (n) envy, birthmark, (v) crave, desire
Anviwon- (adv) around, nearly
Anvlòp – envelope (n)
Anvye- (adj) envious, (v) envy
Anwe – hoarse
Anwetan - excepting
Anwo – above, up (high)
Anwole- to recruit/draft
Anwoule- to loop
Anyen - (pronoun) nothing (see Leson Kat)
Ap- tense modifier (present progressive)
Apa – (adj) separate, aloof, aside, apart, private, (n) fishing lure
Apantaj – survey (n)
Apante – (v) pace, survey
Apantè – surveyor
Aparèy- device (cd player, MP3, record player), machine, appliance
Apatandojodi – from today on
Apèl- (n) appeal (court case), roll call
Apèn – hardly
Apendis – appendix
Apeprè – approximately/about
Apeti – appetite
Apik –(adj) elevated, high/steep
Apiye – to lean
Aplanni – level (v)
Aplikasyon – application
Aplodi – (v) applaud, cheer, clap
Aplodisman – cheer (n)
Apot - apostle
Aprann - (v) learn, teach
Apranti - apprentice
Aprè/apre - after
Apre sa – afterwards
Aprèdemen- day after tomorrow
Aprèmidi- afternoon
Aprèmidi a- this afternoon
Apresye- to appreciate
Apwal – bareback
Apwen- ripe (adj)
Apwentman – salary
Apwoche – to approach
Apwofondi- careful (adj)
Apwopo- about (prep)
Apwopriye- appropriate (adj)
Apwouve – to approve
Apye – on foot (adv)
Aran – herring
Aransèl – cod (salted and dried)
Aransò – kipper
Arebò - edge
Arenyen- spider
Arenyen krab – tarantula
Arèt kol – tie clasp
Aretasyon- arrest (n)
Arete – (v) arrest, detain
Arid- (adj) arid, infertile
Aritmetik – arithmetic
Asasen – (n) assassin, killer, murderer
Asasinen – (v) assassinate, murder
Ase- (adj) ample, enough, sufficient
Asezonman- seasoning (n)
Asfalt- pavement/asphalt
Asid- acid (n), acidic (adj)
Asidite- (n) acidity, sourness

Asire- (v) assure, insure, (adj) confident
Asirans – assurance, insurance
Asire – insure, assure
Asistans – audience
Asiste – (v) attend, assist
Asosye – partner, associate
Aspè- (n) angle, aspect
Aspire – inhale
Aspirin - aspirin
Aswè - evening (n)
Aswè a - this evening, tonight
Asye - steel
Asyeje- to besiege
Asyèt - (n) dish, plate
Atach- brace (n)
Atak – (n) assault, attack, raid
Atake – to attack
Atansyon – (interj, n) attention
Atantif- attentive
Atè- ground/floor
Atelye – workshop
Atèmiyo – mat (straw for sleeping)
Atenn- (v) attain, arrive/reach
Ateri – to land
Ateste- to attest
Aticho – artichoke
Atifisyèl- (adj) artificial, fake, false
Atik – article (in print)
Atire – to attract
Atis – artist
Atitid- (n) attitude, mood
Atizana – handcraft
Atmosfè- ambiance (n)
Atou – trump
Atoufè- wicked (adj)
Atrap – (v) catch, grasp
Atrapan – contagious, infectious
Atravè- (adv) across from
Atwòs- (adj) atrocious, barbaric, appalling
Atwoupman- (n) gathering, riot
Avalwa- advance (n)
Avan- before
Avanjou- dawn (n)
Avans – forward (n)
Avanse – (v) advance, promote
Avantaj – (n) advantage, benefit
Avanti – (n) adventure, affair, fling
Avanyè - day before yesterday
Avè – with (avèw/avèm/avèl contracted with pronoun)
Avèg – blind (adj)
Avègle- (v) blind, dazzle
Avèk/Ak- (prep) with, (conj. with nouns) and (see Leson Senk)
Avèk gaz – carbonated
Avèti – (v) warn, notify
Avi- (adv) for life, (n) notice
Avni – (n) avenue, future
Avoka – attorney, lawyer
Avril - April
Avwann – oat, oatmeal
Awogan- arrogant (adj)
Awondi- round (v)
Awoze- (v) irrigate, water
Avyon- airplane
Ayewopò – airport
Ayewosòl- aerosol
Ayisyen – Haitian
Ayiti – Haiti
Aza – chance
Azaryen - gambler

Azil- asylum

B

Ba - to give, give (v), bar, stocking hose, rudder, down, low, allow (v), deal (v), produce (v)
Bab - beard, tassel
Babako – barbecue, feast
Babin – double chin
Babeye – (v) grumble, babble
Babote- to dabble
Badin – cane
Bag – ring (n)
Bagarè – troublemaker
Bagas – sugar cane pulp
Bagay- thing, stuff, object/article
Bagay moun fou – madness
Bak – reverse, tray used by vendor
Bal – (n) bale, bullet, dance, packet
Bal tire – gunshot
Balans – (n) balance, equilibrium, scale (weight)
Balanse – (v) balance, swing
Balansin - swing (n)
Bale- to sweep, broom (noun)
Balèn – whale
Balkon – balcony
Balon – ball (n)
Bambòch- feast (n)
Ban - (v) give (see Leson 4), (n) bench, pew
Banbou – bamboo
Banday – bandage (n)
Bande – bandage (v)
Bande je – blindfold
Bandjo – banjo
Bandwòl – banner
Bank – bank
Bankal- (adj) bent, crooked
Bankè- banquet
Bankèt – (n) bench, stool
Bann – (n) flock, (adj) bunch/ group of
Bannann – plantain
Bannyè- banner
Baraj- dam (n)
Bare – (v) block, capture/corner, fence
Barik – barrel
Barikad – dam
Baryè – (n) fence, gate
Bas – bass
Basen- (n) tub, cistern, pool
Baskètbòl – basketball (n)
Baskile- to flip
Bat – (v) beat/hit/spank, defeat, flap, whip/whisk/mash, shuffle (deck of cards)
Bat bravo – to applaud/clap
Bat je– (v) blink (eyes)
Batanklan – junk
Batay – battle (n)
Batèm – baptism
Batèz – egg-beater
Bati- to build
Batiman – (n) boat, ship, building
Batis – Baptist
Batisman – construction
Batistè – birth certificate
Batize - baptize
Bato - (n) boat, ship
Baton – (n) rod, stick
Batri – (n) battery, drums

Bave – (v) drool, (v, n) slobber
Bavèt – bib
Bawo – (n) rail/rung
Bay- (v) give (see Leson kat), provide, produce
Bay manje- (v) to feed (give food)
Bay manti- lie (tell untruth) (v)
Baye - to yawn
Baz- (n) base/foundation
Bè- butter (n)
Bebe- baby
Bèbè – (adj) mute
Bèf – cow, cattle
Bege – (v) stammer, stutter
Begle- to bellow/roar
Bègwè – idiot
Bèk – beak
Bekàn – bicycle
Beke – to peck
Bèkèkè – dumbfounded
Beki – crutch
Bekonn - bacon
Bèl- (adj) beautiful, cute, pretty
Bèl anpil – (adj) gorgeous, magnificent
Bèlfi- daughter-in-law
Bèlmè- mother-in-law, stepmother
Bèlsè- sister-in-law
Bèlte – (n) beauty, charm
Benediksyon – benediction
Benefis – (n) benefit, profit
Benefisye- to benefit
Beni – bless
Beny - bath
Benyen- bathe, take a bath
Benywa – washtub
Berejenn – eggplant
Bese – (v) bend/get down, lower
Bèso – (n) cradle, crib
Bèt – (n) animal, beast, (adj) foolish, stupid
Betay – cattle
Betiz – foolishness, profanity
Betize – to curse, act foolishly
Beton – concrete, pavement
Bètrav – beet
Bètwouj – beet
Bezwen- (n, v) need
Bi – aim
Bib – Bible
Bibi – biceps
Bibliyotèk – library
Bibon – baby bottle
Bichèt – winnow
Bifèt - cupboard, cabinet
Bigay – gnat
Bigot – mustache
Bijou – jewelry
Bikabonnat – baking powder
Bil – bill (n)
Bilan – balance sheet
Bileng- bilingual
Bilten – (n) ballot, bulletin
Bimen – batter (v)
Biren – chisel
Bis – bus, encore
Bisiklèt- bicycle
Biskèt – breastbone
Biskwit – biscuit, roll
Biswit - roll
Bivèt- banquet
Biwo- office, desk
Biya – billiards
Biye – ticket, note

Blad – balloon
Blad pise – bladder
Blag – joke (n)
Blakawout - blackout
Blam- blame (n)
Blame- to blame
Blan- white, foreigner
Blanch – blank, white, gray (hair)
Blanchi – to bleach
Blanmen – (v) blame, scold, accuse
Blayi – (v) sprawled, spread out
Blaze - fade
Ble- blue, wheat
Ble maren – navy
Blenm – pale
Blenndè – blender
Blese- (v) cut, hurt, injure, slash, wound
Blesi – (n) wound, sore
Bliye- to forget
Blòf- bluff
Blòk – block (n)
Bloke – (v) block, congest, lock
Blokis – traffic jam
Blouz - smock
Bo- (adj) handsome, (v) kiss
Bò – edge/brim, towards, side
Bobin – (n) reel/spool
Bobori – cassava cake
Bòbòt – vagina (vulgar)
Bòdi- (n) border, contour, hedge, to trim
Bòdmè – seashore, waterfront
Bòdwo - bill
Bofis- son-in-law, stepson
Bòfrè- brother-in-law
Bokal – jar (n)
Bokit – bucket, pail
Boko fatra – dump
Bòl - bowl
Bon- (adj) good, valid
Bòn – housekeeper, maid, boundary, servant
Bon sans – common sense
Bonbon – candy, cookie
Bondans - abundance
Bondye- God
Bone – bonnet
Bonè- early
Bòne – narrow-minded
Bonfwa- (adj) earnest, (n) good faith
Bonjan- well mannered (good manners)
Bonjou – good morning/good day (greeting)
Bonm – (n) bomb, kettle/pan
Bonmache – (adj) cheap, inexpensive
Bonte - kindness
Bòpè- father-in-law, stepfather
Bòs – (n) boss, hump, foreman
Bòs mason – brick mason
Bòs pent – painter
Bosal – rough/crude person
Bosi – hunchback
Bòt – boot
Bote – (v) move, wash away
Bouboun - vagina (appropriate)
Bouch- (n) mouth, brim
Bouche – (n) butcher, (v) enclose, plug, obstruct, stop up, (adj) stopped up
Bouchon – (n) cap/lid, stopper
Bouchon lyèj – cork (n)

Boude – pout
Bouden – blood sausage
Boudonnen – buzz
Bougon (mayi) – corncob
Bouje – move, budge
Bouji – candle, spark plug
Boujon – (n) bud (flower)
Boujonnen – sprout (v)
Bouk – (n) buckle, village
Boukannen – to roast
Boukantay – swap
Boukante – (v) exchange, switch
Bouke – bouquet (bouke flè), fed up, tired
Boukle – to buckle
Bouklèt – curl (n)
Boul – ball (n)
Boulanje – baker, bakery
Bouldozè – bulldozer
Boule – (v) burn
Boulèt – meatball
Boulon/boulonnen – to bolt
Boulvèse – to upset
Bounda – butt (can be vulgar), base
Bourade – (v) shove
Boure – (v) cram, stuff
Bourèt - wheelbarrow
Bourik- donkey
Bous – wallet, purse
Bout – (n) edge, end, limit
Boutbwa- log (n)
Boutèy- bottle (n)
Boutik – (n) shop, store
Bouton – (n) button, rash, knob, boil, pimple
Boutonnen – to button
Boutonnnyè – buttonhole
Bouya – fog (n)
Bouyay – (n) predicament, interference
Bouye – confuse, confused
Bouyi – boil (v), boiled (adj)
Bouyon – (n) broth, stew, rough draft, vegetable soup
Bouzen – whore
Bòy – dumpling
Bòzò – dressed up
Bra- arm
Bragèt – fly (n)
Branch – (n) branch, limb, office branch
Branka – stretcher
Branrany – barren
Brase – to stir
Brasèdefè – wheeler-dealer
Braslè – bracelet, watchband
Brav – (adj) brave, courageous
Bravo – applause, cheer
Braye- to bawl
Brèf- (adj) brief, concise, short
Brek – (n) brake
Bren – dusk, dark
Brennen – flinch (v)
Bretèl – (n) brace, suspenders
Bri – (n) commotion, sound, noise
Brid – bridle, rein
Brigan – (n) hoodlum, (adj) unruly
Brik – brick
Brikè – cigarette lighter
Brit – rough
Brital – (adj) brutal, rough, violent
Briyan – (adj) bright (shiny)

Briye – to shine
Briz- breeze
Bwa – (n) forest, lumber, wood
Bwa alimèt – matchstick
Bwa mayi – corncob
Bwadife – torch
Bwafouye – canoe
Bwat- (n) box, package, can, case
Bwat sekrè – piggy bank
Bwe - buoy
Bwè- (v) drink, soak up
Bweson – (n) drink
Bwete – hobble, limp (v)
Bwode – (v) embroider, knit
Bwonz – bronze (adj)
Bwòdè – dressed up, snazzy
Bwòs - (n) brush
Bwòs cheve- hair brush
Bwòs dan- toothbrush
Bwose- to brush
Bwote- to haul
Byè – (n) ale, beer
Byen – (n) wealth/fortune, property, goods, (adv) well
Byennelve – polite, well-reared/ raised
Byennere- carefree, blissful
Byennèt – (n) welfare, well-being

C

Chabon – (n) charcoal, coa
Chache/chèche – search (v), look for
Chache kont – pick a fight
Chadèk - grapefruit, pumello
Chadwon – sea urchin
Chaf – crankshaft
Chagren- chagrin, grief, sorrow
Chaj- (n) charge, load
Chaje – (adj) loaded, (v) charge, load
Chaje depase – overloaded
Caje moun – packed
Chaje wòch – rocky
Chajman – cargo, load, shipment
Chak- every, each
Chak ane – annually
Chak jou – daily
Chak semenn – weekly
Chak swa - nightly
Chak tan/Chak fwa- every time
Chalbari – jeer
Chalè – heat
Chalimo - drinking straw
Cham- charm (n)
Chame – to charm
Chamo- camel
Chan – song, hymn
Chanday- sweater
Chandèl- candle
Chandelye- chandelier
Chanje – (v) change, exchange, shift, switch
Chanje plas – move
Chanjman - change
Chanm- room/bedroom (with possessor: my bedroom), chamber
Chanpou- shampoo
Chanpyon – champion
Chanpyonna – championship
Chans – (n) luck, chance, opportunity
Chanson- song

Chante- sing (v), song (n)
Chantè – singer
Chantye – construction site
Chany – shoeshine boy
Chapant – carpenter, framework
Chape – to escape
Chapit- chapter
Chaple – rosary
Chaplèt – club
Chaplete – club (v)
Chapo- hat
Chare – mimic, mock
Chari – plow
Charite – charity
Charyo- cart, carriage
Chase – (v) chase, evict, hunt
Chasè – hunter
Chasi - chassis
Chat- cat
Chato – castle
Chatouyèt – tickle
Chatre – castrate
Chatwouy – octopus, squid
Chavire – capsize, overturn
Chawony- (n) decay (of animals)
Chay – load, burden
Chè - (adj) expensive, pulpit
Chè nan gòj – tonsillitis, tonsils
Chèch – dry
Chèche - (v) search, look for/ fetch, seek
Chèdepoul – goose bumps
Chèf – chief, boss, leader
Chèk - check (from checkbook)
Chemen – (n) path, road, route, trail, way
Chemen dekoupe – short cut
Chemine – chimney
Chemiz - shirt
Chemiz dennwit/pijama- pajamas
Chemizèt - undershirt
Chen- dog
Chèni – caterpillar
Chenn - chain (n)
Cheri - sweetie/dear/darling (term of endearment)
Chèsè- nun
Cheval - horse (French creole)
Cheve - hair
Chèvrèt – shrimp
Chevwon - rafter
Chèz - (n) chair, seat
Chich – stingy
Chif – (n) number, digit
Chifon – eraser
Chifonnen – wrinkle (v), wrinkled
Chiklèt – chewing gum
Chikore - chicory
Chire – torn, ragged, tear (v), in trouble
Chirijyen - surgeon
Chita- to sit down
Cho- (adj) excited, hot
Chòd-chòd – bat (animal)
Chode- to scald
Chodyè - pot, pan, cast iron pot
Chofe – (v) heat, (adj) worked up/heated, hot
Chofè – (n) chauffeur, driver
Chofe nan dèyè – have the hots
Chofi – heat rash
Chòk – (n) shock
Chokola – chocolate
Chosèt - sock
Chòt – shorts
Chòt de ben – bathing suit

Chou – cabbage
Chouchou- sweetie/dear/darling (term of endearment)
Chou palmis – palm heart
Choublak – hibiscus
Chouflè- cauliflower
Chouk – stump
Choupèt – sweetheart
Chout – shot, kick on goal
Choute – shoot/kick a ball
Chòv – (adj) bald
Chòv-sourit – bat (the mammal)
Chwa - choice
Chwal- horse
Chwal bwa – grasshopper
Chwal lanmè – seahorse
Chwazi – (v) choose, elect, select

D

Dach – dashboard
Dakò- (v) agree, accept, approve, approve of (dakò ak)
Dal – gutter, concrete slab
Dam – lady, queen of cards
Damye – checkerboard, checkers
Dan- tooth
Dan zòrèy – wisdom tooth
Danje – (n) danger, peril
Danre- (n) goods, produce
Dans – dance
Danse - to dance
Dantèl – lace
Dantis – dentist
Daou – August
Dapre – according to
Daso – assault
Dat – date
De – (adv) two, (n) thimble
De fwa – twice
De men vid – empty-handed
De twa – a few
Debake – offload
Debarase – (v) clear out, unblock
Debat- (v) debate, deliberate
Deblozay – bedlam, uproar
Debòde – (v) overflow
Debouche – clear a passage, open a container, uncork, outlet
Debouse- to disburse
Debouye- (adj) diligent, skillful
Deboutonnen – unbutton
Debranche – prune (v)
Debyen – decent
Dechaje – unload
Dechire- to tear
Dechouke- (v) depose/uproot (political leader)
Defann- (v) defend, forbid, prohibit
Defans – defense, bumper/fender
Defè – to undo
Defi – defiance
Defigire – disfigure
Definitif- definite (adj)
Defo – (n) defect, default, flaw, shortcoming, weakness
Defòme- (v) deform, distort
Defonse – break down
Defwa – twice
Defye- (v) challenge, dare, defy
Dega – damage
Degaje – get by, make do
Degaje ou pou kont ou – fend for oneself
Degèpi – evict

Degi – (adj) additional, extra
Degobye – burp
Degou- disgust (n)
Degoutan – (adj) disgusting, lousy, nasty
Degoute – (v) drip, disgust
Degrade – demote
Degre- (n) degree, diploma
Deja – (adv) already
Dejne- breakfast
Dekadans- (n) decadence/decline
Dekale – crack and peel
Dekalke – trace
Deklare – (v) affirm, declare, state
Dekonnekte - unplug
Dekonpoze- pass out, faint
Dekontwole – uncontrolled
Dekore – (v) decorate, adorn
Dekoupe – cut out, dilute
Dekouraje – discourage, discouraged
Dekouvri – (v) discern, discover, uncover
Dekrè- decree (n)
Dekri- to describe
Dekwa – enough
Delage – untie, come loose
Delase – unbound, unlaced
Delika – delicate
Delivrans – afterbirth
Delivre – to deliver
Dèlko – generator
Demanjezon- itch (n)
Demann – (n) demand, request
Demantle- to raze
Demare- untie, start up (an engine)
Demele - untangle
Demen- tomorrow
Demen maten- tomorrow morning
Demen swa- tomorrow night, tomorrow evening
Demi – half (adj)
Demi lit – half-liter, pint
Demisyon – resignation
Demode- (adj) obsolete, outdated
Demoli- to demolish
Demokrasi - democracy
Demon- devil
Demoralize- to demoralize
Demwazèl- young lady, dragonfly
Denonse – denounce, inform on
Denui – nights
Dènye- (adj) last, final, latest
Depann – (v) depend, trust
Depans – expenses
Depanse – to spend
Depany – savings
Depase- (v) exceed, overcome, surpass
Depatman – (n) county, department
Depeche ou – jump to it
Depi - (adv) ago, since, ever since
Depi nan pye jis nan tèt – from head to foot
Deplase – (v) displace, move
Deploge – unplug
Depo – (n) deposit, depot, storeroom, warehouse
Depo zam – arsenal
Depòtman- to deport

Depotwa – dump
Deranje – (v) annoy, disturb, inconvenience, interrupt, (adj) disabled
Deranje ou – put oneself out
Derape – take off, start moving
Derechany – spare tire
Derespektan - insolent
Desanm - December
Desann - (v) descend, go down, get down, get out of vehicle, climb down, lower, belittle
Desann grad – demote
Desann sot – climb out
Desè- dessert (n)
Desele – unsaddle
Desen – (n) design, drawing
Desepsyon- deception
Deside - (v) decide, conclude
Desiskole – homosexual
Desitire – abolish
Desizyon – (n) decision, judgement, verdict
Desoule – sober up
Destine – (n) destiny, fate
Dèt – debt
Detache- (v) detach
Detay – detail
Detèmine- (adj) determined
Detere – dig up
Deteste- (v) abhor, detest, hate
Detire kò – to stretch
Detou- detour
Detounen- (v) corrupt, hijack
Detwi – to destroy
Devan - (adj/prep) ahead, in front of, ahead, before
Devan-dèyè – backwards
Devanjou- dawn (n)
Devenn – misfortune, bad luck, jinx
Devine – to guess
Devinèt- (n) puzzle
Devise – unscrew
Devlope – to develop
Devwa – homework, obligation
Devye – deflect
Dewoule – unroll, unwind (a story)
Dèy - mourning
Dèyè - (n, prep) behind, rear, (n) backside/bottom, (v) pursue
Dèyè a – in back
Dyè do yon moun – behind someone's back
Deyò – (adj) outdoors, outside, exterior, out
Dèyò – illegitimate
Dezabiye – to undress
Dezame – disarm
Dezanfle – go down (swelling)
Dezapwouve- to disappoint
Dezas – disaster
Dezavantaj- (n) disadvantage, drawback
Dezè- desert (n)
Dezespere – (adj) desperate, (v) despair
Dezespwa – despair
Dezi – desire
Dezipe – unzip
Dezire – desire (v)
Deziyen- (v) appoint
Dezobeyi – to disobey
Dezòd – (n) disorder, mess, unrest

Dezodoran - deodorant
Dezyèm – second (adj)
Dezyèm men – (adj) used, secondhand
Di - (v) say, to tell, (adj) harsh, hard, stiff, tough
Diaman - diamond
Dife – fire
Diferan- (adj) different
Difiklite – hardship
Difisil – difficult (adj)
Digo – indigo
Diksyonnè – dictionary
Diktatè – dictator
Dikte – dictation
Dilatasyon - abortion
Dimanch – Sunday
Diminye – (v) abase, decrease, diminish, reduce
Dine – dinner (n), dine (v)
Diplòm – diploma
Dire – last (v)
Dirèk – (adj) direct, (adv) directly
Direksyon- direction
Direktè – (n) director, manager, principal
Diri- rice
Dirije – (v) command, direct, lead
Dis – (adj) ten, (n) disk
Dis lou – hard drive
Disèt – seventeen
Disiplin – discipline
Diskèt – diskette
Diskisyon – (n) argument, brawl, discussion
Diskite – (v) argue, debate, discuss
Diskou – speech
Disnèf – nineteen
Dispansè – dispensary
Disparèt – (v) disappear, fade
Disponib- (adj) available
Distans- distance
Distraksyon – fun
Distribye- to distribute
Distrik – district
Disuit - eighteen
Ditou - at all
Diven – wine
Divès – various
Divize- to divide
Divizyon – division
Divòs – (n, v) divorce
Divòse – to divorce
Dizèl – diesel
Dizèm – tenth
Diznèf- nineteen
Dizon – agreement
Dizuit/dizwit – eighteen
Dja – crock
Djak – jack
Djandjan – gaudy
Djare – diarrhea
Djaz – band (jazz or rock)
Djebenis – bless you
Djip – jeep
Djòb – (n) job, work
Djòl – (impolite term) snout, yap, mouth
Djòlè – (adj) boastful, (n) liar
Djondjon – mushroom
Dlo - water
Dlo glase – ice water

Dlo je – tear
Do - back
Do kay – roof
Dodin – rocking chair
Dokiman- document
Doktè- doctor
Dola – dollar
Domaj – (n) pity, damage
Domaje – damage (v)
Dòmi- to sleep
Dominiken – Dominican
Domine- (v) dominate, prevail
Domino – dominoes
Don – talent, gift
Donan – generous
Donk – therefore
Donmaje – crippled
Donnen – (v) bear, yield (crops)
Donte – to tame
Dosye – (n) file
Dou – (adj) gentle, mellow, mild-mannered, sweet
Doub – (adj) double, duplicate
Doubli – lining, liner
Douch - shower (n)
Doulè - (n) pain, pang, ache
Doum – drum
Doumbrèy – dumpling
Dous – (adj) comfortable/cushy, sweet, (n) sweets
Dousman - (adj) slow, quiet, (adv) slowly, gently
Dout – doubt (n)
Doute- doubt (v)
Douz – twelve
Douzèn – dozen
Dra- (n) cover/sheet
Drapo – flag (n)
Dray – dry cleaner
Dren – drain
Drese – straighten
Drèt – erect, straight
Dri – frequently, closely spaced
Drive – drift, hang around
Dwa – (n) right
Dwat- (adj) straight, right
Dwat e gòch – reverse, flipped left and right
Dwe - (adv) ought to, (v) owe
Dwèt - finger (n)
Dwèt jouda – index finger
Dwòg – drug (n)
Dwoge- (adv) drugged, (v) drug
Dwòl – (adj) funny/odd, fishy/suspicious, strange
Dyab - devil

E

E – and
È – hour (see Leson 19)
Echalòt – shallot
Echantiyon – sample
Echèk- chess
Èd – (n) aid, help, assistance, support
Ede - (v) help, assist
Edikasyon- education (n)
Edike – to educate
Edite- to edit
Efase – (v) delete, erase
Efawouche- to appall
Efè – baggage, luggage, effect, result
Efò – effort
Egal – (adj) equal, even

Egal-ego – equally
Egare – (adj) confused, (n) fool, idiot
Egoyis – selfish
Egza – precise
Egzajere- to exaggerate
Egzak- exact
Egzamen – (n) exam, quiz, test
Egzamine – (v) examine
Egzanp – example
Egzekite- (v) execute, perform
Egzema – eczema
Egzèsis – (n) drill, exercise
Egzile – exile
Egziste – exist, to be
Ekilib – balance
Ekip – (n) crew, team
Ekiri – stable (for animals)
Ekla- (n) glare, glitter
Eklate – (n) burst, blow up, erupt, explode
Eklatman- (n) eruption, explosion
Eklere- (adj) bright, intelligent
Eklèsi – to clarify
Èkondisyone – air conditioner
Ekran – (n) screen (device: tv, computer)
Ekrevis - shrimp
Ekri - (v) write, correspond
Ekriti – handwriting, text
Eksepte – (prep) except
Eksite – (v) arouse, excite, (adj) aroused, excited
Eksperyans- experience (n)
Eksplike- to explain
Eksplore- to explore
Eksplosyon- explosion
Ekspoze- to expose
Ekstraòdinè- extraordinary (adj)
Ekwou – nut (for a bolt)
Elabore- to elaborate
Elastik – elastic, rubber band
Elefan- elephant
Eleksyon – (n) election, poll
Elektrik – electric
Elektrisyen – electrician
Elektwonik - electronic
Elèv – student/pupil
Elevasyon (poud) – baking powder
Elikoptè – helicopter
Elimine – eliminate, disqualify
Elis – propeller
Elve – (n) raise/rear
Emab – (adj) amiable, likeable
Emisyon- broadcast (n)
Emoraji – hemorrhage
Emowoyid – hemorrhoid
En – (adj) one
Èn- hatred
Enbesil- (adj) foolish, silly, (n) blockhead
Endepandan – independent
Endepandans – Independence
Endiferan- (adj) aloof, indifferent
Endispoze – faint (v), pass out, unconscious
Endispozisyon – fainting spell
Endistri – industry
Enève- (adj) tense, unnerve/ nervous, (v) enrage
Enfekte- to infect
Enferyè – jerk
Enfim - (adj) crippled, disabled, handicapped
Enfimyè - nurse (n)

Enfliyans – influence
Enfòmasyon – information
Enganm - spry
Engra – ungrateful
Enjennyè – engineer
Enkyè – anxious
Enkyetid- (n) anxiety, worry
Enmède – disturb, irritate
Enpasyan- impatient
Enpe- (adj) few, several, some
Enposib- impossible
Enpòtan – important
Enpòtans – importance
Enpresyon – impression
Enprimant – printer
Enprime – print
Ensèk- (n) bug, insect
Ensilte – to insult
Ensipòtab – unbearable
Ensiste – to insist
Enskri – (v) enroll, register
Enstriman – instrument/tool
Entansyon - (n) intention, purpose
Entelijan – (adj) smart, clever, intelligent, sly
Entelijans- intelligence (n)
Entènasyonal – international
Entène – hospitalize
Entènèt – internet
Enterè – interest
Enteresan – interesting
Enteresan anpil – fascinating
Enterese – (adj) eager, interested
Entèvyou – interview
Entewonp – to interrupt
Envante – invent
Envantè – inventory
Envitasyon – invitation
Envite – invite (v), guest (n)
Envizib- invisible (adj)
Epe – sword
Epè – (adj) thick
Epeng – pin
Epeng cheve – bobby pin
Epeng kouchèt – safety pin
Epeng ti tèt – straight pin
Epi - (conj) then, and then
Epis – seasoning
Eple – spell (v)
Epòk – period of time
Eponj – sponge
Eprèv – test, trial (of life)
Ere – fortunate
Erè – (n) error, mistake
Eritaj – inheritance
Eritye – to inherit
Esans – (noun) vanilla, essence/ extract (of vanilla)
Esè – (n) attempt, try
Eseye – (v) try, attempt, test, try on
Eskalye – stair
Eskandal - uproar
Èske - question form for questions not beginning with who, what, when, where, why, how, and which. Most of which begin with did, are, was, is, will, have, do, were, does, etc. It can also be paired with negative: Didn't, wasn't, haven't, weren't, etc)
Eskèlet – skeleton
Eskive – dodge
Eskiz – (n) apology, excuse

Eskize – to excuse
Esklav – slave
Eskòpyon – scorpion
Espageti – spaghetti
Espas - space
Espere - to hope
Esperians – experience, experiment
Espesyal- (adj) particular, special
Espesyalman- (adv) especially, specifically
Espikè – announcer
Esplikasyon – explanation
Esplike – explain
Espozisyon – show, display
Espre – deliberately, intentionally
Espri- spirit (n)
Espwa - hope (n)
Espyonaj- espionage
Estad – stadium
Estasyon – bus station
Estasyon gazolin – gas station
Estatè – starter (engine)
Estènen – sneeze
Estidjo – beauty shop
Estim- esteem (n)
Estimasyon – estimate (n)
Estime- (v) appraise, estimate
Estraòdinè- (adj) extraordinary, tremendous, uncommon
Eta – condition, state
Etabli – (v) establish, settle, (adj) settled
Etaj – flight, story (building)
Etajè – (n) rack, shelf
Etalon – stallion
Etan – given
Ete - summer
Etenn - (v) quench, turn off, (adj) off
Etensèl – spark
Etidye – to study
Etikèt – label
Etòf – stuffing, rags
Etone- to surprise, surprised (adj)
Etranj – strange
Etranje – (n) alien, foreign, foreigner, stranger, (adj) strange
Etwal – star (n)
Etwat – narrow (adj)
Evalye- (v) appraise, estimate, evaluate
Evantay – fan
Evèk – bishop
Evenman – event
Evite – (v) avert, avoid, prevent
Evye – sink
Expoze – expose, display
Ezitasyon- hesitation
Ezite – to hesitate

F

Fa – lighthouse, lipstick
Fabrik- factory
Fache - (adj) angry, mad
Fad – bland
Faktè – mail carrier, postal worker
Fakti – bill (v)
Faktori – factory
Falèz - cliff
Famasi – pharmacy
Fame – famous
Familye- familiar (adj)

Fanatik – (n) fan, fanatic,
Fanfa – brass band
Fanm – woman
Fanm deyò – mistress
Fanmasi – pharmacy, drugstore
Fanmi – (adj) related (se fanmi), (n) family, kin, relative
Fanmsay – midwife
Fann – (v) cleave, split
Fannal – lantern
Fant – (n) crack, gap, slit
Farin – flour
Farn frans – wheat flour (white)
Farinay – mist
Farinen – (v) drizzle, sprinkle
Fas anba – face down
Fasil – easy (adj)
Fason – manner, style
Faitig- (n) fatigue, weariness
Fatige/bouke – to tire, (adj) tired
Fatra – (n) trash, garbage, litter, refuse
Favè - favor (n)
Fè - (v) do, make
Fè afè – do personal affairs/ business
Fè atansyon – (v) heed/take care
Fè bagay – have sex
Fè bab- to shave beard
Fè bak – (v) back up, reverse
Fè dan – to teethe
Fè desen - (v) design/draw
Fè demann- to inquire
Fè dezòd – to misbehave
Fè djòlè – (v) bawl, brag
Fè egzèsis – (v) drill (study), exert, exercise
Fè erè – (v) err, goof
Fè fòje – wrought iron
Fè grèv – to strike
Fè grimas – to grimace
Fè jenn – to fast
Fè jwenn- to procure
Fè kado – to gift
Fè kòmann – to order
Fè konesans – (v) acquaint, meet
Fè konfyans – to trust
Fè konmsi – (v) pretend/act like
Fè konpliman – to congratulate
Fè lapli - to rain
Fè makèt - to shop (groceries)
Fè mal - (v) hurt, ache (tèt fè mal - headache)
Fè manje – to cook
Fè nèj - to snow
Fè nwa – dark (adj, n)
Fè...pè- make...afraid/to frighten (fè mwen pè - frighten me)
Fè pi byen – improve (v)
Fè pitit – (v) procreate/produce offspring
Fè reklam – (v) advertise, boost, publicize
Fè sèman – to swear an oath/ that
Fè sik - (v) to have diabetes
Fè siy – to gesture
Fè tankou – pretend/act as though
Fè tansyon - (v) to have high blood pressure
Fè tripotay – to gossip
Fè van – to fart/pass gas
Fè vit – to hurry
Fè woul – play hooky
Fè woulib – to coast downhill

Fè zanmi – to make friends
Fèb – (adj) bleak, weak, dim, feeble
Fèblès – weakness
Febli – weaken
Fèk - just now (recently)
Fele – crack (v)
Fèm – (adj) firm, solid, (n) farm
Femèl – female (adj)
Fèmen - (v) close, enclose, shut, (adj) closed, shut, locked
Fèmen a kle – lock (v)
Fèmen deynò – lock someone out
Fèmen nan prizon – imprison
Fen – fine, thin, end
Fenèt – window
Fenk – only just
Fenmèl – female
Fenmèl chen – bitch (female dog)
Fenmèl kochon – sow
Fenmèl mouton – ewe
Fennen – wilt
Feray – scrap iron
Fèt - birthday, party, to be born, born, celebration, holiday, feast
Fete – party (v)
Fetich – fetish, charm
Fevriye – February
Fewòs – fierce
Fèy – leaf, sheet
Fèy sable – sandpaper
Fèyay - greens
Fi - girl, daughter (ti fi), female
Fich – receipt
Fidèl – faithful, loyal
Fig - banana
Figi – face
Fiks – squarely
Fikse – stare
Fil – thread, line, wire
Fil arenyen – spider web
Fil fè – barbed wire, wire
Fil kouran – electric wire
Filaplon – plumb line
File - (v) sharpen (knife, ax), thread, string, sharp, sharpen, spin (yarn), tail
Filè – hair net, net
Filt - filter
Fim - movie, film
Fimen – smoke (v), smoking
Fimye – manure
Fin peye – pay off
Fini/Fin - finish, done, complete (v), finished (adj)
Fisèl – cord, string
Fistibal - slingshot
Fiti – future
Fiyanse – engaged, fiancè(e)
Fiyèl – godchild
Fizi – rifle, gun
Fiziye - shoot
Flach – flashlight, flash
Flakon – vial
Flanen – idle (v)
Flanm – flame
Flannè - idler
Flè – flower
Flèch – arrow, dart
Flenm – phlegm
Fleri – bloom
Flit – flute
Flòk – baggy
Flote – float
Fo – false, fake
Fò – strong, loud, must

Fo dan – false teeth
Fo pwen – brass knuckles
Fòj – forge
Fòjwon – blacksmith
Fòk/Fò - must (precedes subject)
Foli – madness
Fòm – (n) shape, form
Fòmann – foreman
Fòme – (v) form, (adj) matured
Fomi – ant
Fon – (adj) deep, (n) bottom, forehead
Fondasyon – (n) foundation, base
Fondè – depth
Fonmay – cheese
Fonn – dissolve, melt
Fonse – (adj) dark
Fonse sou – charge/leap at
Fontyè – border
Forè – (n) forest
Fòs – (n) force, courage, strength
Fòse – (v) force, strain
Fòse antre – draw in(to)
Foseyè – grave digger
Foskouch – miscarriage
Fot – penalty
Fòt – (n) mistake, fault
Fotèy – couch/sofa, armchair
Fòtifyan – nutritious
Fòtin- fortune, wealth
Foto – (n) photograph, picture
Fou - (adj) crazy, delirious, insane, (n) oven
Foubi – scour
Fouchèt – fork (utensil)
Fouk – crotch
Foul – (adj) crowd
Foula – scarf
Foule - sprain
Foumi – ant
Founen- to bake
Founi – (v) furnish, supply, provide
Foure – to insert
Foutbòl – soccer
Fouyapòt – busybody, nosy
Fouye – (v) delve, dig, search
Frajil – (adj) fragile, brittle, delicate/sensitive
Fraka- crash (n)
Frakti- fracture (n)
Franj – fringe
Frans – France
Fransè- French
Frape - (v) hit, knock, bang, tap, strike
Fraz – phrase, sentence, banter
Frè - brother
Fre - cool, fresh
Fredi – (n) cold (weather), chill
Frekan – (adj) fresh, impertinent, rude
Fren – brakes
Frenn – spear (n)
Frennen – to spear
Frèt – (adj) cold
Frèz – strawberry
Freyè- fright
Fri – (adj) fried, (v) fry
Frijidè – refrigerator
Friksyonen- (v) massage, rub
Fripit- (n) bug, fly
Fwa – (n) faith, liver, occasion/ time
Fware – stripped
Fwenn – spear

Fwèt - whip
Fwi – fruit
Fwit- leak (n)
Fwòd- fraud
Fwomaj - cheese
Fwon – forehead
Fwontyè – (n) border
Fwote – (v) chafe, rub, scrub
Fyè – proud (adj)
Fyèl – bile, gall bladder, stamina
Fyèl pete – (adj) backbreaking, exhausting
Fyète- pride (n)
Fyouz - fuse

G

Ga – railroad station
Gabèl – head start
Gachèt – trigger
Gad - (n) guard, soldier
Gade/Gad - (v) look, check, stare, watch
Gadkòt – coast guard
Gadmanje – pantry
Gadyen – goalie, watchman
Gaga – stupid, foolish
Gagann – throat, larynx
Gagari – gargle
Gagòt- fuss (n)
Gaj- to pledge
Galata – attic, loft
Galeri – porch
Galèt- stone
Galon – gallon
Galope – to gallop
Gan – glove
Garaj – garage
Garanti – (v) assure, warrant, guarantee, (n) collateral
Gason - (n) boy, son (ti gason), male, waiter, man (informal)
Gaspiyaj – waste (n)
Gaspiye – (v) squander, waste
Gate – (v) spoil, ruin, (adj) ruined, spoiled
Gato – cake
Gayan- winner
Gaye – (v) spread, scatter, messed up,
Gaz – gas/fuel (n)
Gazèl – heifer
Gazolin – gasoline
Gazon – grass, lawn
Gazòy – diesel fuel
Ge – merry
Gedj – (n, v) gauge, (n) dipstick
Gen - there are/there is, get, have, win
Gèn – girdle
Gen chans – lucky
Gen diferans – differ
Gen dwa – maybe, might
Gen enpòtans – be important, count (v)
Gen je nan do – have eyes in the back of one's head
Gen kè di – hard hearted, callous
Gen konesas – conscious
Gen lè – (adv) apparently
Gen lespri – clever, wise
Gen lide – have a mind to, intend
Gen lontan – long ago
Gen odas – dare
Gen reta – fall behind
Gen sans – add up

Gen tan / Deja - already
Genyen - (v) win, have/has, own, there is/there are
Genyen/Gen - to have/has
Gèp – (n) hornet, bee, wasp
Geri – cure (v, adj), heal (v)
Gerizon – recovery
Gid – guide (n)
Gide- to guide
Gidon – handlebars
Gigit – penis
Gildiv – distillery
Gita – guitar
Glas – (n) frost, ice, mirror
Glase – (adj) frozen, iced, cold (beverage)
Glason – ice cube
Glasyè – ice box, cooler
Glè – phlegm
Glise – (v) glide, slide, slip, (adj) slippery
Glòb – (n) blister, globe
Glorifye- (v) glorify, praise
Glwa – glory
Gobe – gulp
Goch - left (directional), awkward, clumsy
Goche – left handed
Gode – cup (metal)
Gòj – throat
Gòje – gulp, sip, swallow
Gòl – pole, goal (soccer)
Gòlf- (n) golf, gulf
Gon – hinge (type)
Gonbo – okra
Gonfle – (v) swell, bulge, (adj) swollen, bloated
Gonfleman – indigestion
Gonm – (n) eraser, glue, gum, chewing gum
Gonmen- glue (v), sticky (adj)
Gou – (n) flavor, taste, (adj) tasty
Goudi – oar
Goudwon – tar
Goumen – (n) quarrel, (v) struggle, fight
Goumèt – bracelet
Gous – pod
Gout – drop (n)
Gout lapli – raindrop
Goute - (v) taste, snack
Gouvènay – rudder
Gouvènen/gouvène – govern, rule
Goyin – handsaw
Gra – fat
Grad – (n) grade, rank, diploma
Gradoub – tripe
Grafouyen- to scratch (someone)
Graj – grater
Graje – (v) grate, scrape
Gran – (adj) great, big/old (age, stature), large, famous
Gran tay – tall
Granchire – braggart
Grandè – size (n)
Grandèt – elder, old person
Grandi- to grow
Grangou – (adj) hungry, eager, (n) hunger, famine
Grangòzye – pelican
Granmesi - free
Granmoun- (n) adult, grown-up, elder, (adj) mature

Grann / granmè - granny / grandmother
Grannèg – big shot, VIP
Granpapa/granpè- grandfather
Grantchalè – gonorrhea
Grap- (n) bunch, cluster
Gras – pardon, grace
Gras a – thanks to
Grate – (v) scratch, itch, scrape
Grate plim – to shave
Grate tèt – scratch your head, ponder, wonder
Gratèl – (n) itch, sea lice
Gratis – (adjust) free, complimentary
Grav – (adj) serious, grave
Grave – engrave
Gravye – gravel (n)
Grefe – graft
Grenn – (n) seed, grain, pill/ tablet, testicle, (adj) single
Grenn kolye – bead
Grenn lapli – raindrop
Grenn pa grenn- (adv) individually, one at a time
Grenn planing – birth-control pill
Grennen – scatter
Grèp – coffee filter
Grès – (n) fat, lard, grease
Grese – (v) grease, lubricate
Grèv – strike
Gri – (adj) gray, tipsy
Grif – (n) paw, claw
Grifonnen – scratch, scrawl
Grifonyen – scribble
Grimas – to make faces, ugliness
Grip – (n) cold (sick), flu
Gripe - congested
Griyad – grilled meat
Griye – (v) grill, roast, toast
Griyen – (v) giggle, grin
Gwayav - guava
Gwo – big, huge, great
Gwo chabrak – dignitary
Gwo chodye – caldron
Gwo gwo – immense, extremely large
Gwo lajounen – broad daylight
Gwo lannuit – dead of night
Gwo lo – jackpot
Gwo midi – high noon
Gwo resepsyon – banquet, grand reception
Gwo soulye – crude
Gwo tèt – top boss (expression)
Gwo van – gale, big wind
Gwo zòtèy – big toe
Gwo zotobre – big shot/VIP
Gwòg – grog, booze
Gwonde – (v) roar, frown, growl
Gwòs- (adj) expecting/pregnant
Gwosè – (n) dimension, size
Gwosès – pregnancy
Gwosye – (adj) crude, gross, coarse, rough
Gwòt- cave (n)
Gwoup – group (n)
Gwoupe- to group

I

Idantite – identity
Idantifye- to identify
Idyo- idiot
Ijenik – clean (adj)
Ijyèn- hygiene

Il – island
Ilejitim- illegitimate
Imaj – image, picture
Imajinasyon- imagination
Imajine – (v) imagine, picture/ fancy
Imans- immense
Imè – humor
Imedyat- immediate (adj)
Imel – e-mail
Imen- human (adj)
Imid – (adj) damp, humid
Imigrasyon – immigration
Imitasyon- imitation
Imite – imitate
Imonde – to prune
Imoral- immoral
Imòtèl- immortal (adj)
Inegal- (adj) unequal, uneven
Ini – to unite, united (adj)
Inifòm – uniform
Inifye- to unify
Inisyal- initial (adj)
Inisye – initiate
Inite- unity
Initil – useless, vain
Inondasyon- deluge
Inonde- to flood
Inosan – innocent (adj)
Inyon- union/marriage
Ipokrit – hypocrite
Ipotèk – mortgage
Ipoteke – to mortgage
Irige- to irrigate
Irite- (v) irritate, chafe
Ise – hoist
Isi/isit – (adverb) here (general vicinity)
Istansil- utensil
Istwa - fable, tale, story
Itil – handy, useful
Itilite- utility, usefulness
Itilize - to use
Ivè – winter
Iwondèl – swallow
Izin – (n) factory/plant

J

Ja - crock
Jaden – farm, cultivated land, garden,
Jaden flè- flower garden
Jadinye- gardener
Jagon- slang
Jako – parrot
Jal – general
Jalou – jealous (adj)
Jalouzi – (n) jealousy, envy
Jamè- never
Jan - John, way (manner)
Janbe – to cross (bridge)
Janbon – ham
Jandam – cop, policeman
Janm - leg, ever (adv)
Janm pantalon – pant leg
Janmen – never, ever
Jansiv – gum
Jant - rim
Janti - (adj) polite, kind, nice, gentle
Janvye – January
Jape – to bark
Je – eye
Je kat – deck of cards
Jedi – Thursday

Jele – jelly
Jèmen – germinate
Jemi- (v) moan, whimper, wail
Jen - June
Jèn - young (adjective), youth (noun)
Jeneral – general (adjust, n)
Jenere – generous (adj), generate (v)
Jenès – (n) youth
Jenèz- Genesis
Jenjanm – ginger
Jenn – young (adj)
Jennen – inhibited, narrow, hinder
Jennjan- lad
Jenou – knee
Jepete- blind (adj)
Jeran – custodian
Jete – discard, bail, blow down
Jete dlo – bail
Jete pitit - abort
Jeyan- giant (adj)
Jezi - Jesus
Ji – juice (n)
Jibye – game
Jigo – leg of meat
Jij – judge (n)
Jije – (v) judge, try
Jijman – judgement/trial, verdict
Jilèt – razor blade
Jiman - mare
Jimo- twin
Jip – skirt (n)
Jipon – slip
Jire – swear
Jiri- jury
Jis - just (only), appropriate, fair, until
Jis ki bò – how far
Jis ki kote – how far
Jis leson – moral fo the story
Jiska/jiskaske – until
Jistan – until
Jistis – justice
Jiwòf - clove
Jiyè - July
Jodi a – today
Jòfi – swordfish
Jokè - joker
Jòn – yellow
Jòn abriko – orange
Jònze- eggyolk
Jou – day
Jouda – traitor
Joudlan – New Year’s Day
Jouk – until, roost, yoke
Jouman – slander
Joumou - pumpkin
Jounal – diary, newspaper
Jounalis – journalist
Jounen – daytime
Joure – (v) admonish, scold, swear
Jovyal- mellow
Jwa - joy
Jwe - to play
Jwè – player
Jwe ak – gamble with (expression)
Jwe ak dife – play with fire/ danger (expression)
Jwe aza – to gamble
Jwe avèk- (v) fiddle with, mess with, play around with

Jwen - joint
Jwenn/jwèn – (v) find, discover, join/meet, get (receive something)
Jwenn avèk – catch up to
Jwenti – joint
Jwenti dwèt – knuckle
Jwenti pye - ankle
Jwèt - (n) game, toy
Jwi- to enjoy
Jwif - Jewish

K

Ka – (n) case, quarter, fourth (1/4)
Ka fèt – feasible
Ka – (adj) able to, (v) can, might
Kab- cable
Kaba – finish, finished
Kabann – bed
Kabare – tray
Kabicha – (v) doze, nap
Kabin- cabin
Kabinè – law firm, bathroom/ toilet
Kabiratè – carburetor
Kabrit – goat
Kabwèt – cart/wagon, carriage
Kach- cash (n)
Kache - (v) conceal, hide
Kacho – cell, dungeon
Kachte – seal (v)
Kad – cot
Kadans- cadence
Kadav – corpse
Kadejak – rape
Kadna – (n) lock, padlock
Kadna sekrè – combination lock
Kadnase- to lock
Kado – (n) gift, present
Kafe - coffee
Kafetyè - coffee pot
Kafou – intersection, crossroad
Kafouyay – confusion
Kagoul – hood
Kajole- to coax
Kajou – mahogany
Kaka – dung, shit
Kaka kleren – lush, drunk
Kaka zòrèy – ear wax
Kakas – carcass
Kakawo – cacao
Kakaye – cackle
Kal – whipping, calm, peaceful, hold (ship), scale (fish), shell
Kalamite- calamity
Kalbas - gourd, squash
Kale - (v) beat, spank, defeat, hatch, peel, shell
Kale je ou – keep one's eyes peeled
Kalewès – loaf (v)
Kalite – (n) kind, quality, style, variety
Kalkil – arithmetic
Kalkilatris – calculator
Kalkile – calculate, consider/think
Kalkile sou – dwell/think on, ponder
Kalm- calm (adj)
Kalmason- snail
Kalme – (v) calm down, ease, relieve
Kalmi – lull
Kalòj – cage (n)

Kalomnye- to slander
Kalonnen – (v) pelt, pound
Kalòt - slap (n)
Kalòte- to slap
Kalson - male underwear, underpants
Kamera- camera
Kamyon - large truck (semi), truck
Kamyon fatra – garbage truck
Kamyon sitèn – tank truck
Kamyonnèt – pickup truck, station wagon
Kan – camp
Kanal – canal, channel
Kanape – couch, sofa
Kanbriyole- to burglarize
Kanaval – carnival
Kandida – candidate
Kanè – bankbook, report card
Kanè chèk – checkbook
Kanèl – cinnamon
Kanf – camphor
Kanif – pocketknife
Kanistè – canister
Kanmarad- comrade, buddy, pal
Kanmenm – anyhow
Kann – sugar cane
Kanna – duck (n), crooked (adj)
Kannal – vagina
Kannal pipi – urethra
Kannay- scoundrel
Kanni – mildewed, moldy, musty
Kanno – cannon, gun
Kannòt - rowboat
Kanpe - (v) stand, to park a car briefly, to cancel (event/activity), raise, standstill
Kanpman- camp (n)
Kansè – cancer
Kanson- slacks
Kantik – hymn
Kantin – canteen
Kantite – quantity, amount
Kap – dandruff, kite
Kapab/ka - (adj) able to, capable, (v) can (before verb, usually), might
Kapasite- capacity
Kapital – capital
Kapitèn – captain
Kapo wou – hubcap
Kapon – coward (n), cowardly (adj)
Kaponnay – intimidation
Kaponnen – intimidate
Kaporal – corporal
Kapòt – condom
Kapòt (mote) – hood
Kapris- fad, whim
Kaptif- captive (adj)
Kaptire- to capture
Kaptive- to captivate
Karaktè – character
Karamèl – caramel
Karang – louse, jack fish
Karant – forty
Karapat tòti – turtle shell
Kare – (adj) audacious, straightforward, square, bold/blunt, frank
Karèm – Lent
Kareman – outright, in no uncertain terms
Karès- caress (n)
Karese – pet, caress

Karèt – sea turtle
Karyè- career
Kas – helmet
Kasav – cassava bread
Kase - (v) break, break off/open/ out of, broke, broken (adj)
Kase koub – turn a corner
Kasèt – cassete tape
Kaskèt – cap
Kastwòl/kaswòl – kettle, pan, saucepan
Kat – (n) card, map, (adj) four
Kat blanch – search warrant
Kat didantite – id card
Katab - folder
Katach – AIDS
Katedral – cathedral
Kategori – category
Katolik – Catholic
Katon – cardboard
Katòz – fourteen
Katreven – eighty
Katreven dis – ninety
Katye – neighborhood/quarter
Kav- cellar
Kavalye – rider
Kavèn – cave
Kavya- caviar
Kaw – (n) crow, raven
Kawo – check, diamonds, tile
Kawòt - carrot
Kawoutchou/kawotchou - (n) tire, hose, rubber
Kay – (n) house, dwelling, building
Kaye – (n) notebook, (v) clot, curdle, (adj) complex
Kazèn ponpye – fire station
Kazwèl- timid, bashful
Ke - (n) tail, (adv) that (comparison "I know that you"- non subject or article)
Kè - (n) heart, center/core
Ke chemiz – shirttail
Kè di – heart of stone
Kè ou fè ou mal pou – one's heart goes out to
Kèd - lukewarm
Kèk - a few, several, some (quantifiable/whole objects see Leson 15)
Kèlkelanswa - whichever
Kenbe - (v) hold, withhold, arrest, detain, contend, capture, keep, contain
Kenbe kò ou – take care
Kenbe pou – cover for, fill in for
Kèplen- nausea
Kenz – fifteen
Kès – (n) bloc, case, bass drum, cash register
Kès depany – savings bank
Kesye - cashier
Kesyon – question (n)
Kesyone – to question
Kèt – collection
Kètchòp – catsup
Keyi – (v) pick, harvest
Ki - who, which, what (not the subject), keel
Ki bò - where (what area, where specifically)
Ki fè souvan - frequent
Ki jan/Kijan - how (adv)
Ki jou - what day
Ki kalite - what kind, what type

Ki kote - (adv) where (if not starting a question must reflect "what place"), what place
Ki lè/Kilè - what time, when
Ki moun - (pronoun) who (subject reflected in sentence as "what person")
Ki moun ki - who (who + adjective, verb)
Kibò- (adv) where
Kidnape- (v) abduct, kidnap
Kidonk - (adv) therefore, whence
Kilès - which (adj, pronoun), who (who)
Kilès ki - which (who/what + adjective, verb)
Kilès nan - which of
Kilòt - female underwear, panties
Kilt – (n) cult, worship services
Kilti – (n) crop, culture, agriculture
Kiltivatè – farmer
Kim – (n) foam, lather, suds
Kimen – to foam
Kipay – harness
Kirye – curious
Kis - cyst
Kisa/sa - what (subject), (Kisa starts questions but sa can start question and statement)
Kisasa – what's his name
Kisè – cursor
Kit - even
Kite - (v) leave, quit, allow/let, abandon/desert, break up, check out (hotel)
Kite antre – admit/allow...to enter
Kite pou demen – postpone/ leave...for later
Kite tonbe – allow...to drop/fall down
Kitèks- nail polish
Kivèt – washtub, dishpan
Kiyè – (n) spoon, spoonful
Kizin – kitchen
Kizinye- male cook
Kizinyè – female cook
Klaksonn – horn (vehicle)
Klaksonnen – honk
Klarifye- to clarify
Klarinèt - clarinet
Klas - class (room, group, grade level, or course)
Klase – (v) classify, file
Klavye – keyboard
Kle – key, wrench
Klè – (adj) bright/fair, clear, distinct, transparent
Kle anglèz – monkey wrench
Kle kola – bottle opener
Klèje- clergyman
Klere – (adj) bright, shiny, (v) flash, glow, lit up, shine, sparkle
Kleren – rum
Klewon – bugle
Klik- gang
Klima- weather (n)
Klinik – clinic
Klips – paperclip
Klipsè – stapler
Klis bwa – splinter
Klitoris – clitoris
Kliyan – customer
Klòch – bell
Klòtch – clutch

Kloti – fence
Klotire – fence (v)
Klou – (n) boil, nail, sty
Kloure – to nail
Klowòks- bleach (n)
Kò – (n) body, bunion/corn, corpse
Koabite- to cohabitate
Kòb – money
Kòbiya – hearse
Kòbòy – cowboy, western
Kòche – (v) scrape, skin
Kochon,– pig, hog, pork (vyann kochon)
Kochondenn – guinea pig
Kochte – dock (v), latch
Kòd – cord, rope, string
Kòd lonbrit – umbilical cord
Kodak – camera
Kodase – cackle
Kodenn – turkey
Kòdonye – shoemaker
Kòf – trunk (container)
Kòfrefò - safe (n)
Kok/koka- Coke
Kòk – rooster, cock, hull (boat), penis (inappropriate term)
Koke – hang (v)
Koken – (adj) tricky, sly, (n) cheat, rascal
Koki – shell (n)
Koklich – red eye, whooping cough
Kokobe – cripple, crippled, handicapped
Kokomakak – club
Kokonèt – cupcake
Kòkòt – sweetheart
Kokoye – coconut
Kòkraze- sore (adj)
Kòl – collar (n)
Kola – soda (Fruit Champagne)
Kolabore- to collaborate
Kolasyon- breakfast
Kolboso – dent
Kole – (v) stick, cling to, collar, glue
Kolè – anger, temper
Kòlè- (n) anger
Kole ak – next to
Kole kole – right next to
Kolèj- college
Kolekte- to collect
Kolerin – dysentery
Kolèt – burlap
Kòlgat – toothpaste
Koli- package
Kolòn- column
Kolonèl- colonel
Koloni – colony
Kolore- (v) color, dye
Kolye – necklace
Kòm – as long as, since
Kòman- how (adv)
Kòmande – (v) command, order
Kòmann – (n) command, order
Kòmanse - (v) commence, start, begin
Komès – (n) business/commerce
Komèt- to commit, comet (n)
Komi- clerk (n)
Komik- (adj) funny, silly, (n) cartoon
Kominike- to communicate, announcement (n)

Komisyon – (n) errand, commission
Komite – committee, council
Kòn – horn
Kòn lanbi – conch shell horn
Konba – struggle, combat
Konpitè - computer
Konbyen - how much, how many
Konbyen fwa - how many times
Konbyen nan - how many of/how much of
Konbyen tan - how much time
Kondane – (v) condemn, sentence
Kondiktè- driver (n)
Kondisip – schoolmate
Kodisyon – condition, terms
Kondwi - to drive, lead (v), guide, steer
Kondwi tèt – behave
Kondwit- conduct (n)
Kòne- cone
Kònè – earphone
Konekte- to connect
Kònen – buzz
Konesans- (n) acquaintance, knowledge
Kònèy- crow (n)
Konferans – lecture
Konfese – to confess
Konfeson - confession
Konfimasyon – confirmation
Konfime- to confirm
Konfiske- to seize
Konfiti – (n) preserves, jam
Konfizyon- confusion
Konfò- (n) amenity, comfort
Konfòm- (adj) consistent, true
Konfòme- (v) conform, comply
Konfonn- mix up
Konfòtab- comfortable
Konfyans – confidence, trust
Konfyolo – cahoots
Konje – holiday
Konjeste- congested (adj) contest (v)
Konjle- freeze (v), frozen (adj)
Konjwen- (n) companion, spouse
Konkeri- to conquer
Konkiran – competitor, rival
Konkli- to conclude
Konkonm – cucumber
Konkou – (n) competition, contest
Konminyen – take communion
Konmisyon – erranc, message
Konmsi – as if
Konn - typically, usually (implies regularity), use to, know to
Konn sou – have something on
Konnekte – connect, plug in
Konnen/Konn - to know
Konnesans – consciousness
Konngout – dropper
Konpa – compass
Konpare – to compare
Konparèt – coconut bread
Konpayi – company, firm
Konpayon- (n) escort, companion
Konpetan- (adj) capable, competent
Konpetisyon- (n) competition, contest
Konpitè – computer
Konplè- (n) outfit/suit
Konplèt- complete (adj)

Konplete – to complete
Konplètman – completely, absolutely, wholly
Konplike – (adj) complicated, involved, (v) complicate
Konpliman – compliment, congratulations
Konplimante – congratulate, praise
Konplo – plot
Konplote- to plot
Konpote- to behave
Konpoze- (v) compose, take an exam, (n) mixture
Konpozisyon – exam(ination), test
Konprann - (v) comprehend, understand, (n) wit, understanding
Koprann mal – misunderstand
Konprès – compress
Konsa – thus, like so (that's how), like this, like that, just like that/this,
Konsa konsa – lightly
Konsanti- (v) agree, consent
Konsekans- consequence
Konsèp- concept
Konsève – preserve, store (v)
Konsèy – advice, recommendation
Konseye – (v) adviser, suggest
Konsidere – (v) regard, consider
Konsiltasyon – (n) consultation, examination (medical)
Konsilte- to consult
Konsiste- to consist
Konsolasyon – comfort
Konsole- to console
Konsolide- to consolidate
Konsonmen- consume (v), soup (n)
Konstipasyon – constipation
Konstant- constant (n)
Konstipe – constipated
Konstitsyon - constitution
Konstitye- to constitute
Konstriksyon – construction
Konstwi- (v) build, construct
Konsyans – conscience
Kont – (adj) enough, plenty, (n) fable/tale, quarrel, grudge, (prep) against
Kontab – accountant, bookkeeper
Kontablite – accounting
Kontak – contact
Kontamine - to contaminate
Kontan – happy, glad
Kontanple- (v) behold, gaze, contemplate
Kontante- to satisfy
Kontantman- (n) contentment, delight, joy
Konte – (v) count, count on, depend
Kontinye – (v) continue, proceed
Kontni- content (n)
Kontòsyone- to contort
Kontounen- to bypass
Kontra – contract (n)
Kontrarye – hamper
Kontraryete- (n) aggravation, worry
Kontre – meet
Kontrè- (adj) contrary, opposed
Kontrebann – contraband

Kontredi- to contradict
Kontrekare- to challenge
Kontrenn- (v) coerce, constrain
Kontribye- to contribute
Kontwa – counter
Kontwòl – control, jurisdiction
Kontwole – check (v), review, examine
Konvalesans- remission
Konvansyon- convention
Konvenk- to convince
Konvèsasyon- conversation
Konvèti – convert
Konvnab- (adj) convenient, proper
Konvoke- (v) convene, summon
Konvwate- lust (v, n)
Konwè – like, as
Konwonpi – corrupt
Kònyak- cognac
Kopliman – praise
Kopi- copy (n)
Kopye – (v) copy, imitate
Koral – choir
Kore – to prop
Kòrèk – (adj) correct, proper
Koresponn – (v) correspond, challenge, match, fit
Koridò- hall (n)
Korije – (v) amend, correct, discipline, punish, revise
Kòryas- (adj) coarse, rugged, tough
Kòs - bark
Kòsaj - blouse, dress shirt
Kòsay - blouse
Kostim - dress suit, tux
Kostim de ben – bathing suit
Kot – coast
Kòt – rib
Kòtakòt – side by side
Kote/Kot - (adv) where, (prep) next to, (n) place, side
Kotèks – sanitary napkin
Koton – cotton
Kou - (n) educational course, blow, neck, (adv) like
Koub – curve
Koube – to bend, bent (adj)
Kouch – coat, crud
Kouche - lay down, nap, bedridden
Kouche plat - horizontal
Kouchèt – diaper
Koud – sew (v), elbow (n)
Koudeta – coup d'ètat
Koujin – shed
Koukou- owl
Koukouy – firefly
Koule – (v), filter, leak, sink, strain, flow
Koulè - color (n)
Koulèv – serpent, snake
Koulin – mountain side, slope, flank
Koulout – tightwad
Koulwa – hallway
Koulye a – at once, currently
Kouman – how
Kounan – knock-kneed
Kounouk - shack
Kounye a/kounyeya - now, right now, at once, currently, presently
Koup – (n) couple, trophy
Koupab - guilty (adj), culprit (n)

Koupe - (verb) cut, cut off, cut down, chop
Koupi – crouch
Kouplè – verse, hinge
Kouplè kadna – hasp
Koupon – remnant
Kouraj – courage, strength
Kouraje – brave
Kouran – (adj) current, fluent, (n) current, electricity
Kourandè – draft (n)
Kouray – energy
Koure (kochon) - boar
Kouri - to run
Kouri dèyè – (v) chase, pursue, run after
Kous – (n) race (contest)
Kousen - cushion (n)
Kout – (adj) concise, short
Kout fizi – gunshot
Kout lang – slander
Kout pye – kick
Kout san - stroke
Koutcha- (n) culture, manner, style,
Koute - (v) cost, listen
Koute anbachal – eavesdrop
Koutfwèt- lash (n)
Kouti – sewing, stitch
Koutim – custom
Koutiryè- dressmaker
Koutiryèz – seamstress
Koutje- (n) glance, look
Koutmen - hand
Kouto – knife
Kouto digo – sickle
Koutpwen- jab/punch (n)
Koutwa- courteous
Koutye- broker (n)
Kouvèti – blanket, cover, lid
Kouvrefe – curfew
Kouvreli – bedspread
Kouvri – cover (v), covered, coated
Kouwa – belt
Kouwè – like, as
Kouwòn – crown
Kouyè elektronik – e-mail
Kouzen - male cousin
Kouzin - female cousin
Kouvèti- (n) blanket, cover, lid, quilt
Kouvri- cover, coat
Kòwonp- (n) bribe, corrupt
Kowosòl – sour sop
Koz – cause (n)
Koze – (n) chat, conversation, rumor, (v) talk, converse
Kozè – talker
Kozman – conversation
Krab – crab
Krache – (v) spit, (n) spittle, saliva
Krak- crack (n)
Krake- (v) creak, split
Kranpon - (n) clamp, cleat
Krapo – frog, toad
Kraponnay – intimidation
Kraponnen – chicken out, intimidate
Kras – (n) dirt, crud, scum, (adj) stingy
Kravat – necktie
Kraze – (v) break/crush, chew, mash, (adj) broken, crashed, destroyed

Kraze kò ou – exhaust
Kraze moral – devastate
Kre – hollow
Kreati – creature
Kredi – credit
Kredite- to credit
Krèm – cream, ice cream
Krèm bab – shaving cream
Krèm pou bab - shaving cream (cream for beard)
Krentif – fearful
Krepi – plaster (v)
Kreson – watercress
Krèt – cockscomb
Kretyen – Christian
Kretyen vivan – human being
Kreve – puncture
Kreyati- creature
Kreye- to create
Kreyòl – Creole
Kreyon – pencil (n)
Kri – (adj) crude, raw
Kribich – crawfish, crayfish, shrimp
Krich- pottery jug/pitcher
Kirkèt – cricket
Krim – crime
Kriminèl- (n) felon, criminal, (adj) criminal
Krinyè – mane
Kripya- selfish
Krisifye – to crucify
Kritike - criticize
Kriye - (v) cry, sob, squeak, weep
Kriyèl- cruel
Kriz kè – heart attack
Kui – leather
Kuis – thigh
Kuit – cook (v), cooked
Kuiv/kwiv – copper
Kwa – cross (n)
Kwafè – barber, barber shop
Kwake – although
Kwaze – (v) breed, cross, intersect
Kwaze ak – bump into, run into
Kwazyè- cruise (n)
Kwè – (v) believe, suppose, think, trust
Kwen - corner (n)
Kwense - (v) corner, squished (tight fit in a vehicle)
Kwi – gourd bowl, leather
Kwi tèt – scalp
Kwis – thigh
Kwochèt – hook
Kwochi- (adj) askew/crooked, bent
Kwòk – (n) fang, hook
Kwoke- (h) embrace, hook, hug
Kwout – scab, crumb, crust

L

La - (adv) here, there, the (article)
La jounen – daytime
Lab veritab – bread-fruit
Laba a – over there
Labank – bank
Labapin – bread-fruit nut
Labatwa – slaughterhouse
Labib - Bible
Laboratwa – laboratory
Labou – mud

Labouyi – porridge
Labrim – dusk
Lach – slack, cowardly
Lachanm – congress
Lacharite – charity, handout
Lachas – hunt (n)
Lacho – lime
Ladesant- (n) lodging, shelter
Ladwann – customs
Lafimen – smoke (n)
Lafrik – Africa
Lafwa – faith
Lafyèv – fever
Lage – (v) dismiss, drop, loosen/ let out, dump, quit, let go, set free, forsake, let someone down
Lagè – war
Lage devenn sou – jinx (v)
Lage sou – pin something on
Lage souf ou – exhale
Laglwa – glory
Lagras- grace
Lagratèl – itch, sea lice
Lagrèl – hail
Laj – (n) age, (adj) large, baggy, broad, wide
Lajan – currency/money
Lajè – width
Lajenès- youth
Laji – spread, widen
Lajistis- justice
Lajònis – jaundice, yellow fever
Lajounen – day, daytime
Lajounen kou lannuit – around the clock, day and night
Lak – bait, lake
Lakansyèl – rainbow
Lakay – home (possession: my house - lakay mwen)
Lake – to bait
Lakizin – kitchen
Lakochon- bacon, lard
Lakòl – glue (n)
Lakolèt – collection
Lakou - courtyard, yard
Lakòz – (n) cause, reason
Lakranp – cramp
Lakrè – chalk
Lalin – moon
Laliy – taxi
Lalwa – law
Lalwèt – uvula
Lam- (n) blade, wave
Lam veritab – breadfruit
Lamarye – bride
Lame – army
Lamedsin – medicine
Lamès – mass service
Lamòd – fashion (n)
Lan – slow, in
Lanbe- to lick
Lanbi – conch
Lanbinen- (v) dally, dawdle
Lane- year (French creole)
Lanèj – snow (n)
Lanfè - hell
Lang - tongue, language
Lank – (n) anchor, ink
Lanm – blade, wave, breadfruit
Lanmè – ocean, sea
Lanmen – handshake
Lanmidon – cassava flour, starch
Lanmò – death
Lanmori – cod
Lanmou – love

Lannuit – nighttime
Lannwit/Lannuit - nighttime
Lanp – lamp, oil lamp
Lansan – incense
Lantèman- burial, funeral
Lantouray – (n) fence, surround
Lanvè – inside out, reversed, reverse (fabric)
Lapè – peace
Lapè – peace
Lapèch – fishing
Lapen – rabbit
Lapenn – grief, sorrow
Laperèz – fear
Lapèsòn – so-and-so
Laplenn- (n) countryside, plains
Lapli - rain (n)
Lapolis – police
Lapòs – post office, mail
Lapriyè – pray
Larad – harbor, coast
Lari - street, road
Larim – mucus, snot
Larivyè – river
Las – ace
Lasajès- wisdom (n)
Lasal – living room
Lasante – health
Lasentsèn – communion
Lasèt – shoelace
Lasi – wax
Lasisin- (n) enticement, seduction, (v) tantalize
Lasosyete- society
Latè – (n) Earth, ground, world
Laterè- terror
Latousen – All Saints' Day
Lavabo – sink
Lavalas – torrent, landslide
Lavant - sale
Lave - to wash
Laverite – truth
Lavi – life, lifetime
Lavil - city, town, downtown
Lavil la – downtown, town
Lavman – enema
Lawoujòl – measles
Lawouze – dew
Lay – garlic
Laye – winnow, winnowing tray
Lè - (n) time, air, hour, (adv) when (leson 6)
Le monn – world
Le swa – nights
Lè vizit – visiting hours
Lèd - ugly, unpleasant
Legim - (n) vegetable, produce
Legliz - church (n)
Lejand- legend (n), untrue (adj)
Lejè - light (adj)
Lèjè tankou yon pay – light as a feather
Lekipay – harness
Lekòl – school (n)
Lekòl primè – elementary school
Lekti- reading (n)
Lelit – elite, upper class
Leman – magnet
Lemonn- world
Lemonni - pneumonia
Lendi – Monday
Lene - eldest
Lenn – (n) blanket, linen, wool
Lennmi – enemy, foe
Lentansyon- intent (n)
Lèp – leprosy

Lepase- past (n)
Lès – east
Lese- (v) leave, quit
Lese tonbe – to let something fall/drop
Lesepase – pass
Lesiv – (n) laundry, wash
Leson – lesson
Lesovè- savior
Lespri – (n) spirit, understanding, mind
Lespri bòne – narrow-minded
Lespwa - hope (n)
Lestonmak - chest (body part)
Lèt - (n) letter, milk
Leta – (n) state, government
Letan – lake
Lete- summer
Leti – lettuce
Lètkaye- milk curd
Leton- brass
Lèv – lips
Levanjil – Gospel, Protestant
Leve - (v) get up from, raise, lift, arise, germinate, rear, protrude
Leve kanpe- to rise up
Leven – yeast
Levye machin – gearshift (lever)
Lewa – Epiphany
Lèz – strip
Leza- lizard
Lèzòt - others
Li - he, she, him, her, his, it, hers, to read
Li gou / Li gen bon gou - it's tasty / it tastes good
Li menm - himself, herself, itself
Lib - ride (noun), free (to have freedom) (adj)
Libere- (v) free, release
Libète – (n) freedom, liberty
Libreri – bookstore
Lide – hunch, idea, opinion
Likid – fluid, liquid
Lim – file
Limanite- (n) humanity, mankind
Limen – (v) file, light, (adj) on
Limenm – (pronoun) himself, herself, itself
Limit – (n) boundary, limit
Limon – slime
Limon lanmè – algae
Limonnad - limeade
Limyè - light (n)
Limyè machin – headlight
Linèt – glasses
Linèt solèy – sunglasses
Lis – list (n), smooth (adj)
Lisans – driver's license
Lise – high school
Lisid- (adj) lucid, sane
Lit – (n) liter, struggle
Lite – (v) wrestle, struggle
Liv - (n) textbook, pound
Livè – winter
Liy – (n) lane, line, stripe
Lizib- legible
Lizyè- (n) border, limit
Lò – gold
Lòd – (n) command, instructions, order
Lodè- odor (n)
Loje- to accommodate
Lojisyèl – program (computer)
Lòk – lock

Lokal- (adj) domestic/local
Lokalize- to locate
Lokatè – tenant
Lòn – cloth measure (45 inches)
Lonbraj- (n) (French creole) shade, shadow
Lonbray – (n) shade, shadow
Lonbrit – navel
Lonè – honor (n)
Long – long (adj)
Longè – length
Lonje – (v) point (lonje dwèt), reach, stretch
Lonnvi – binoculars
Lontan – for long, long
Lopital – hospital
Loray – thunder (n)
Loseyan- ocean (French creole)
Losti – host (communion)
Losyon/krèm - lotion
Lòt – other
Lòt bò a - over there, right over there
Lòt kote – elsewhere
Lota – heat rash
Lòtbò – (adv) abroad, beyond
Lote- to allot
Lotè- (n) agent, cause, author
Lotèl – altar
Lotòn- autumn/fall
Lòtrejou – the other day
Lotri - lottery
Lou – heavy
Louch – ladle
Lougawou – werewolf
Loup – magnifying glass
Lous – bear
Louvri- to open
Lwa – (n) law, rule, spirit (Voodoo)
Lwanj – praise
Lwaye – (n) lease, rental
Lwazi- leisure
Lwe – to rent
Lwen – (adj) far, distant, remote, (adv) away
Lwès – west
Lwil – oil (n)
Lwile- (v) lubricate, oil
Lyas- bundle (n)
Lyèj – cork
Lyen- link (n)
Lyetnan – lieutenant
Lyezon- liaison
Lyon- lion

M

Ma – (n) coffee grounds, mast, sediment
Ma dlo – mud puddle, puddle
Ma drapo – flagpole
Mab – marble, marbles
Mabònmè – nun
Mabouya – lizard
Mach – (n) step (stair), walk
Machandaj- bargaining (n)
Machande – (v) haggle, bargain
Machandiz – merchandise, goods
Machann - vendor
Mache - (n) outdoor market, (v) walk, work/run (thing)
Mache ansanm – go together, walk together
Mache avèk – go with, hang around with

Machin - vehicle: car, truck, bus, and machine, machine
Machin a ekri – typewriter
Machin a koud – sewing machine
Machin ponpye – fire engine
Machpye – doorstep
Machwè – cheek, jaw
Madan/Madam – Mrs.
Madanm - wife, lady, woman
Madi – Tuesday
Madichon – curse
Madivinèz – lesbian
Madjigridji- to doodle/scribble
Madoka – homosexual
Madougoun – hernia
Madre - bright
Magazen - indoor store, shop
Magouy- mystery
Magouyè- (n) con, swindler
Majik- magic
Majistra – mayor
Majò – major (n)
Majore- to overcharge
Mak – (n) bruise, make, mark, scar, spot
Mak pye - footprint
Makak – monkey
Makakri- monkeying around (n)
Makawoni – macaroni, noodle
Make – (v) label, mark, record, scratch
Makèt - supermarket
Makiyaj – makeup
Maklouklou – hernia
Makonmè – friend (female), sissy
Makonnen – tangled
Makrèl – whorehouse
Makwo – mackerel
Mal – (n) trunk, male, ache, wrong, (adv) badly, wrongly, (adj) evil
Mal makak - hangover
Malad – sick, ill, patient (n)
Maladi - illness, sickness, disease
Maladwa – awkward, clumsy
Malalèz – uncomfortable
Malanga – taro (root)
Malaria – malaria
Malè – misfortune
Malediksyon – curse (n)
Maledve – rude, crude, impolite, insolent
Malen- cunning
Maleng – wound, sore (festering)
Malere- destitute, penniless
Malerèzman - regretfully, unfortunately, sadly
Malèt - suitcase, luggage
Malfini - hawk
Malgre - despite, in spite of/for all, although
Malis- malice
Malkadi – epilepsy
Malkonprann – misunderstanding
Malmouton - mumps
Malnouri – malnourished
Malonnèt – dishonest
Malozye - bad eyes (bad in the eyes), conjunctivitis
Malmennen- to mistreat
Malpwòp- (adj) dirty, nasty
Malsite – poverty
Maltèt – headache
Maltrete – (v) abuse, harm, hurt
Mamè- nun
Mamit – can (tin)

Mamonnen - mumble
Manba - peanut butter
Manbo – voodoo priestess
Manch – (n) handle, sleeve
Manch pilon – pestle
Manchèt – machete
Manda - (n) check, guarantee, warrant
Mande - (v) ask, beg, request, demand, require
Mande moun – ask around
Mande padon – apologize
Mande pou – ask for
Mandyan- beggar
Mango - mango
Mani- habit, vice
Maniskri- manuscript
Manje - (n) food, meal, nutrition, (v) chew up, corrode
Manjè – eater
Manje aswè – supper
Manje dan – grind one's teeth
Manjelwa- ceremonial offering
Manje midi – dinner
Manje mo – slur
Manje zong – bite one's fingernails
Mank- (n) lack, shortage
Manke - (v) miss (to almost do something get: "almost hit the ball"), lack
Manke kuit – undercooked
Manm – (n) member, limb
Manman – (n) mother, mama, (adj) enormous, huge
Manman chwal – mare
Manman kochon – sow (pig)
Manman vant – placenta
Manmèl – udder
Mannivèl – crank
Mannke- mannequin
Mansyon- mansion
Mansyone- to mention
Mant – mint, peppermint
Mantal- mental
Mantè – liar
Mantèg – lard
Manti – lie (n), false (adj)
Manto – shawl, cloak
Manton – chin
Manyak- maniacal
Manyèl- manual
Manyen – (v) feel, handle, touch, manipulate
Manyezi – milk of magnesia
Manyòk – cassava (root)
Marasa – twin
Marasa twa – triplet
Mare - (v) tie, attach, fasten, rig, clench, unite
Marekaj- marsh, swamp
Marekay – swamp
Marèl – hopscotch
Maren – marine, navy
Marengwen – mosquito
Marenn - godmother
Mari – husband
Maryaj – marriage, wedding
Marye - married, to marry, marry
Mas – (n) March, lump, mass
Masay – massage
Masisi – homosexual
Mask- (n) cloak, mask
Mason – mason
Masonn – stucco
Mat- (adj) dull

Matant – aunt
Match – match (sport)
Mate - bounce
Maten - morning
Maten an - this morning
Matènite – maternity ward
Materyèl- (adj) material
Materyo- material (n)
Matla – mattress
Matlo – sailor, seaman
Mato - hammer (n)
Matris – uterus
Matyè- (n) feces, matter
Mawon – (adj) brown, wild, (v) escape
Mawonnen – coil (v)
May – link
Mayengwen – mosquito
Mayeto – generator
Mayi – corn, maize
Mayi moulen – cornmeal
Mayifik – magnificent, splendid, grand
Mayo - t-shirt, tee-shirt
Mayonnèz - mayonnaise
Me – May
Mè – nun
Mèb – furniture (n)
Mèch – bit (drill), wick
Mechan – (adj) cruel, mean, wicked
Mechanste – cruelty
Meday – medal, medallion
Medikaman – medication, medicine
Mefyans- mistrust (n)
Mefye- (v) beware, mistrust
Mèg – skinny, lean
Mekanisyen – mechanic
Mèki- Mercury
Mekontantman- discontent
Mèkredi – Wednesday
Mèl – grindstone, whetstone
Melanj- mixture (n)
Melanje – (v) combine, mix, tangle
Melas – molasses
Mele – interfere, bein a fix, mix up, tangled
Melimelo- (n) fuss, disturbance
Melon – melon, watermelon
Melon frans – casaba melon, cantaloupe
Memwa - memory
Men - but, hand, here/there (it is, they are)
Menm - (adj) same, at all, equal, even
Menm jan – alike, just as, same way
Menm kote – the instant
Menm kote a – instantly, right then and there
Menm sèl – alone
Menmsi – even if
Mennaj – girlfriend, boyfriend
Mennas – (n) threat
Mennase – to threaten
Mennen - (v) to take/bring a person somewhere, guide, lead
Mennen nan machin – to drive (someone somewhere)
Menòt – handcuffs
Mens – slim, thin
Mentni- (v) argue, maintain
Mepri- contempt

Meprize – (v) ignore, despise, scorn, slight
Merit- merit (n)
Merite – (v) deserve, earn
Mès - mass
Mès i- thanks
Mesaj – message
Mesaje- messenger
Mèsi – thank you, thanks
Mesye - man (informal), mister, gentleman
Mèt – (n) master, teacher, owner, meter/meter stick (v) may (permitted to)
Met a jenou – kneel
Mèt boutik – shopkeeper
Met dife – set on fire
Mèt kay – (n) host, owner
Met kòb – deposit (v) money
Met men – tackle (a job)
Met men sou – put one's mind to
Metal - metal
Mete/Met - (v) put on, wear, put, install, load, place
Mete adrès sou– to address
Mete anreta – to delay
Mete ansanm – join, work together
Mete deyò – expel, oust
Mete kanpe – to stand
Mete konfians nan – trust
Mete lòd – straighten up
Mete nan boutèy – bottle (v)
Mete nan plan – hock, pawn
Mete nan plas – position (v)
Mete nan prizon – jail (v)
Mete so – stamp (v)
Mete sou – frame (v), pin on
Meto – metals
Metrès- mistress
Mètri- to bruise
Metsin – laxative
Metye – (n) profession, trade
Mèvèy – wonder (n)
Mèveye – marvelous
Meyè- better (at something) (adj)
Mezi – (n) measurement, measure
Mezire – (v) measure, try on
Mezondafè – pawnshop
Mi – (adj) mature, ripe, (n) wall
Midi – noon
Midonnen – starch (v)
Mikte – moisten
Mikwo – microphone
Mikwòb – germ
Mil – thousand
Milat – mulatto
Milatrès – mulatto
Mile - mullet
Milèt – mule
Miltiplikasyon – multiplication
Miltipliye – multiply
Milye – center, middle
Milyon – million
Min- mine (n- in cave)
Minè- minor (adj, n)
Minijip – miniskirt
Minis – minister
Minit – minute
Minote – handcuff (v)
Minre- ore
Minui – midnight
Mirak – miracle
Mis – Miss, nurse

Misk- brawn
Miskad – nutmeg
Miskle- muscular
Mistè – mystery
Mistik- mysterious
Misye – mister, Mr.
Misyon- assignment, mission
Misyonnè – missionary
Mitan – (n) center, middle, between
Mitrayèz – machine gun
Miwa- mirror
Miwate- to gleam
Miyò – better (adj, adv)
Mize – dawdle, delay, museum
Mizè – (n) poverty, misery, wretched
Mizerab – (adj) miserable, wretched
Mizerikod – mercy
Mizik – music
Mizisyen – musician
Mizo - muzzle
Mo – word
Mò – dead (adj), cadaver (n)
Mòd – fashion, kind, style
Mòde – (v) bite, sting
Modèl – (n) model, pattern
Modèn – modern
Modere- moderate
Modès- (adj) humble, modest
Modi- (v) damn, curse, (adj) cursed
Modle- (verb) model, pattern
Modtèt – headache
Mòflè – (n) exhaust, muffler
Mòg – morgue
Moke- to mock
Mòksis- gloomy
Moleste- to molest
Molèt – calf
Moman – moment, instant
Mòn – mountain, hill
Monnen – (n) change, coins
Monnonk – uncle
Monpè – priest
Mons- monster
Monsenyè – archbishop, bishop
Mont - wrist watch
Montan- (n) amount, proceeds, total
Montay – assembly line
Monte - (v) ascend/go up, to mount/get on, climb up/into, roll up, raise
increase the price, ride (v), assemble (an object)
Monte tèt – inflate ones' ego, agitate
Montre - (v) show, demonstrate, indicate, point out, instruct, teach
Mòpyon – crab louse/crabs
Moral – moral, spirits
Moso – (n) chunk, piece, part, bit, lump, slice
Moto - motorcycle
Motè - engine, motor
Motosiklèt – motorcycle
Mòtye – mortar
Mou – soft
Mouch – fly (n)
Mouche – (v) blow/wipe (nose), (n) man, husband
Mouchwa – handkerchief
Moul – mold

Moulen – (v) chew, grind, (n) grinder, mill
Moumou – bathrobe, smock
Moun – person, individual, inhabitant, man/people
Moun fou – maniac
Moun kap kritike – critic
Moun kap travay nan biwo – clerk
Moun ki gen pawòl – man of one's word
Moun pa – influential friend
Moun sòt – fool, idiot
Mouri - (adj) dead, (v) die, exhausted, numb, diminish
Mouri grangou – starve
Mouri kite – leave
Moustach – mustache
Moustik – mosquito
Moustikè – mosquito net
Moutad – mustard
Mouton – sheep, mutton
Mouvman – motion, movement
Mouvmante- agitated, moving
Mouye – (adj) wet, damp, moisten, to wet
Mouye tranp – drenched, soaked, soaking wet
Mov/violet - purple
Move – bad, angry, mean, evil, unhappy
Move gou – bad taste, aftertaste
Move jan - ill mannered (bad manners)
Move rèv – nightmare
Move tan – storm
Move tanperamen – temper
Move zèb – weed
Movezè- evil spirit
Mozayik - tile
Mwa - month
Mwa pase - last month
Mwa pwochèn - next month
Mwa sa - this month
Mwat- damp, moist
Mwatye – half, halfway
Mwaye – hub
Mwayen – means
Mwayèn – (n) average, mean
Mwèl – marrow
Mwen - me, I, my
Mwenmenm - myself
Mwenn- least
Mwens/Mwen - less (MWENS: before noun & after verb, MWEN: before adjective)
Mye- better (at something than) (adj)
Myèl – bee
Myèt - crumb (n)

N

Naje - to swim
Nan - in, into/to, of/from (portion), through, between (out of), the (article)
Nan dan ou – up yours
Nan fon sonmèy – fast asleep
Nan gou yon moun – to someone's liking
Nan konfyolo – cahoots
Nan peyi etranje – abroad
Nan plas – away (put)
Nan plas yon moun – in someone's place

Nan poblèm – be in hot water
Nan tchouboum – up a creek
Nan tèt – mental
Nan tèt yon moun – figment of someone's imagination
Nan tout – among
Nan zòn – vicinity
Nandòmi- asleep
Nanm – soul
Nannan – flesh
Nanpwen – none
Nap – tablecloth
Narin- nostril
Nas – fish trap
Nasyon – nation
Nat – straw mat
Nati – nature
Natif-natal- (adj) local, native
Nave – turnip
Navige- to sail
Nayilonn – nylon
Ne – knot, ribbon
Nè – nerve
Nechèl - ladder
Nèf - brand new, nine
Nèg – fellow, guy, man
Nèg mòn – hillbilly
Negatif – negative
Nègès – gal, woman
Neglijan – lax, careless, negligent
Neglije – (v) neglect, omit
Negòs- commercial, business
Nèj - snow
Nekoulan- noose
Nemoni - pneumonia
Nen – nose
Nenpòt – (adj) any, either, whichever
Nenpòt bagay – anything
Nenpòt kijan- somehow
Nenpòt kote – anywhere
Nenpòt lè – anytime
Nenpòt moun – anybody
Nenpòt moun ki – who(m)ever
Nenpòt sa – whatever
Nepe – sword
Nesans – birth
Nesesè – necessary
Nesesite – necessity
Nèt – completely, entirely, permanently, thorough
Netwaye - (v) clean, clean up
Neve – nephew
Nevyèm – ninth
Neye – drown
Ni – bare, nude, either, or
Ni...ni- neither...nor
Nich – nest (n)
Nich fomi – anthill
Nich myèl – beehive
Niche – lick
Nil – tie (score)
Nimewo – number
Nivle- to grade
Nivo – level (n)
Nizans- nuisance
Nò – north, northern
Nofraj – shipwreck
Nòmal – natural, normal, fitting
Non - name (n), no
Non jwèt – nickname
Nonk - uncle
Nonm – man, number (n)
Nonmen – (v) appoint, name, nominate
Nonsans- nonsense

Nòs – wedding
Nosyon- notion
Nòt – (n) entry, note
Note – (v) log, note, record
Nòtrepè – Lord's Prayer
Nou - we, us, our, you/your (plural)
Noumenm - ourselves, yourselves
Nouri – (v) feed, nourish
Nouriti – food
Nouvèl – message, news
Nouvo – (adj) new, modern, recent
Nouvote- novelty
Nouvou - new (but not necessarily brand new)
Novanm – November
Noyo – pit (seed)
Noze- (n) nausea
Nwa – (adj) black, dark
Nwasi – blacken
Nway – cloud
Nwaye- to drown
Nwèl – Christmas
Nwi - annoy
Nwit - night (swa, when modified)
Nwizib- (adj) annoying, bothersome
Nyaj- (n) cloud
Nyès - niece

O

Obeyi – obey
Obeyisan- obedient
Obèz- obese
Objè - (n) goal, purpose
Objektif- (n) goal, objective
Oblije – (v) oblige, force
Obsede- (adj) obsessed (v) obsess
Obsèn- obscene
Obsève- (v) observe, reprimand
Obstak- obstacle
Obstine- obstinate
Odasye- audacious
Odè - (n) odor, fragrance, bouquet, smell
Òdinatè – computer
Òdinè – (adj) common, plain, familiar, ordinary, usual
Òdone- to order
Odsidmoun - condescending
Òf- (n) bid, offer
Ofans- offense
Ofanse- to offend
Òfelen – orphan
Òfelina - orphanage
Ofisye – officer
Ofri – to offer
Òg – organ (musical instrument)
Òganize- (v) arrange, organize
Ogèy – pride
Ogmantasyon – (n) increase, raise
Ogmante – (v) add, increase
Okazyon – occasion, opportunity
Okenn kote- nowhere
Òkès – orchestra
Òkèt – hiccup
Okipasyon – business
Okipe - (v) handle, occupy, care for/look after (adj) busy (mentally preoccupied/worried)

Oktòb – October
Okouran- abreast/up to date
Òl- hall
Oliv- olive
Òlòj – clock
Olye – instead
Omilye- (n) center, middle
Òne- (v) adorn, decorate
Onèt – honest,proper, upright
Onfwa- (adv) once
Onka- (n) quart, quarter
Onlòt- another
Onz – eleven
Opalè – loudspeaker
Operasyon - asthma
Opinyon- opinion
Opòtinite- opportunity
Opoze- (prep) against, (v) oppose
Oral- (adj) oral, recited
Oranj- (French creole) orange
Orè- schedule
Orevwa – good-bye
Oreye – pillow
Orinin- origin
Osinon- (conj) else/or else (French creole)
Ositou- (adv) also (French creole)
Ospitalite- hospitality
Oswa- either (conj)
Otan- (adv) so, so much
Otanp – church
Otè- (n) author, height
Otèl - hotel
Otès- hostess
Oto - auto/automobile, vehicle, car
Otobis - bus (n)
Otòn – autumn
Otopsi – autopsy
Otorite - authority
Otorize- (v) allow, empower, authorize
Otou- around, surrounding
Ou - you/your (singular), or
Oubyen/Ou – or
Ougan – voodoo priest
Oumenm - yourself (pronoun)
Ounfò – voodoo temple
Out- August
Ouvè – open (v), turn on, unfold, unwrap
Ouvè lestonmak – open up to
Ouvèti - opening
Ouvri – (v) extend, open
Ouvriye- worker
Oze - dare

P

Pa - (adv) doesn't/don't/not (usually before the verb), by, per, through, belong to, (n) share, part, step
Pa abitye – unaccustomed
Pa ankò – no longer
Pa anyen – nothing
Pa ase – insufficient
Pa asire – unstable
Pa bon – bad, counterfeit
Pa chè – cheap, inexpensive
Pa dakò – differ, disagree, disapprove, opposed
Pa dekwa – don’t mention it
Pa do – backwards

Pa donte – untamed
Pa dwat – crooked
Pa fon - shallow
Pa gen - there isn't/aren't
Pa gen anyen nan – there's nothing to
Pa janm – never
Pa kapab/ Paka - can't, unable
Pa kè – by heart
Pa klè – ambiguous
Pa kontan – unhappy
Pa la – away, absent
Pa mache – be out of order, out
Pa mwen – mine
Pa nivo – uneven
Pa nòmal – abnormal
Pa pè anyen – fearless
Pa pwòp – unclean
Pa rapid – slow
Pa regle – unsettled
Pa renment - dislike
Pa ta - wouldn't
Pa vle – unwilling
Pa vre – untrue
Pa wè pre – far-sighted
Padekwa - You're welcome (formal)
Padon – (n) pardon, forgiveness
Padonnen – (v) pardon, forgive
Padsi – overcoat/raincoat
Pafen – perfume
Pafouten – sideburns
Pafwa – sometimes
Pagay – paddle
Pagaye – paddle, row (v)
Paj – page (n)
Pak – Easter
Pake - park (vehicle in parking spot), parcel/package, bundle
Pakèt – many
Pakin – park (vehicle)
Pal – (adj) dim, faint, pale, (abbreviation of pale)
Palan - pulley
Pale/Pal - (v) speak, talk, discuss
Palè – palace
Pale dousman – whisper (v)
Pale nan zòrèy – whisper secretly
Palmante- (v) discuss, debate
Palmis – palm (tree)
Palto – coat
Pami – among
Pàn – breakdown, malfunction/ not functioning
Panche – (v) lean, tilt
Pandan - while, during
Pandil – clock
Pandye – hang
Panik- panic (noun)
Pankad – sign, billboard
Pann – hang (v)
Pann tèt – hang oneself
Panno- (n) panel, wall
Panse - (v) think, nurse/dress wounded, (n) thought
Pansman – dressing (wound), bandage
Pansyon – boarding house, pension
Pant - slope, inclination
Pantalon – pants, slacks, trousers
Pantan- (adj) startled, surprised, taken aback
Panten - puppet
Pantouf – slippers

Pantyè - cupboard
Panye – basket
Panye fatra – waste basket
Panye rad sal – laundry hamper
Panyòl – Dominican, Spanish
Pap - pope
Pap gen - there won't be
Pap janm - will never, won't ever
Papa – (n) daddy, father, (adj) enormous, immense
Papay – papaya
Papiyon – butterfly, gnat, moth
Papòt – doorway, threshold
Papye – paper, deed, document
Papye dekalke – carbon paper
Papye emri – emery paper
Papye ijenik – toilet paper
Papye sable – sand paper
Papye twalèt- toilet paper
Parabòl – parable
Parad – review (military)
Paradi – paradise
Paralizi- paralysis
Paran – family, parent, relation
Parapè- railing
Parapli – umbrella (rain)
Parasòl – parasol, umbrella
Paravan - screen
Parazit- parasite, vermin
Pare - (adj) ready, (v) prepare, set
Parenn – godfather
Parenn nòs – best man
Pares - laziness
Parese – lazy, sluggardly
Parèt – appear, arise, come out/ forward, germinate
Parèy- alike, similar
Pari- (n) bet, bid
Paryaj – bet (n)
Parye – (v) bet, wager
Pas – pass, ford
Pasaje - passenger
Pase - (v) iron, pass, drop in on/ go by, go through, (adj) past, (adv) ago
Pase devan – pull ahead of
Pase lòd – order (v)
Pase mal – go wrong
Pase nan paswa – strain
Pase nan tèt – occur to
Pase sou – climb over, run over
Pasèl- plot
Paske – because
Paspò – passport
Paspouki - favoritism
Pastan- leisure
Pastè - pastor (n)
Paswa - strainer
Pasyans- patience
Pasyon- passion
Pat – toothpaste, dough, paw/ hoof, tentacle, pat (past tense modifier + negative)
Pat dwe - shouldn't have
Pat ka - couldn't
Pat ta - wouldn't have
Pataje - (v) share, divide
Patant – license
Patat – sweet potato
Patch- patch (n)
Patche- to patch
Patè- landscape
Paten- skate (n)
Pati - (v) depart, leave, (n) part, share

Pati dèyè – chase
Pati kite – abandon, desert, run out on
Patid – as of
Patikilye- particular
Patinaj- slip (n)
Patine- to skate, skid
Patiray – pasture
Patisipe- to participate, partake
Patstri- pastry
Patnè- (n) chum, partner
Patoje- to wade
Patriyot – patriot
Patwon – boss, pattern
Pave- to pave
Pawas – parish
Pawòl – word
Pay – straw, husk, thatch
Payas- decoy
Paydefè – steel wool
Pè - to be scared, to be afraid, fearful, double/pair, priest
Pèch – fishing, peach
Peche – to fish, sin
Pechè – fisherman
Pedal – pedal
Pedale – to pedal
Pèdi – (v) lose, miss out, absorbed, immersed, lost
Pèdi konnesans – to faint
Pèdi sanfwa ou – lose one's cool
Pèdi tèt ou – lose one's mind, loose oneself
Pèdi valè – go down (value)
Pèdi van – deflate
Pèdri – quail
Pèl – pearl, shovel
Pèlen – trap
Pèman – wages
Pèmanan – permanent
Pèmèt – allow
Pèmisyon – permission
Pen – (n) bread, loaf
Pen ak manba - peanut butter sandwich (bread with peanut butter)
Pen griye – toast
Penchen – to pinch
Penetre- (v) enter, penetrate
Peng – selfish, stingy
Penn – to paint
Pens – pliers, pincers, tweezers, dibble
Penso – paintbrush
Pent – painter, artist
Pentad – guinea fowl
Penti – paint (n)
Pentire – to paint
Peny - comb (n)
Penyen - to comb
Pèp – people
Pepinyè – nursery
Peple – multiply, populate
Peri- to perish
Perime- to lapse
Peryòd- (n) epoch, period, menstruation
Pès – pest
Pèse- to pierce
Pèsekite- to persecute
Pèsèptè – tax collector
Pèsi – parsley
Pèsistan – insistent, persistent
Pèsiste- to persist
Pèsonn- nobody
Pèspektiv- outlook

Pèswade- persuade
Pèt – (n) fart, loss/chagrin
Peta – firecracker
Pete – (v) burst, erupt, explode, pop, fart
Peteje- (v) dazzle, blind
Pete tèt – fool oneself
Pete tèt ou – to kid oneself
Pete yon kòlè – fly off the handle
Petèt - maybe, probably, possibly, perhaps
Petwòl- petrol
Pewòl – payroll
Pewon – sidewalk
Peye – to pay
Peyi - country (U.S., Haiti), homeland
Peyizan – peasant
Peze – (v) weigh, press, depress, squeeze
Pi - more (before adjective), most, (n)well
Pi bon – best, better, perfect
Pi bon pase tout - best
Pi bonè - earlier
Pi byen – best, better
Pi devan – ahead
Pi gran – eldest
Pi lwen – farther
Pi lwen pase – beyond
Pi mal - worse
Pi move – worse
Pi...pase- (adj) more...than
Pi piti - least
Pi pito - favorite (lit. more rather)
Pi ta – later
Pi wo pase – above
Piblick – public
Pibliye – publish
Pich pich – beady
Pichkannen – pinch (v)
Pifò – majority
Pifò nan – most of
Piblisite- advertisement, publicity
Pibliye- to publish
Pijama – pajamas
Pijon – dove, penis, pigeon,
Pik – ice pick, pick
Pikan – thorn
Pike – (v) prick, transplant, burn (pepper), (adj) hot/spicy, keen
Piki - shot (via needle), injection
Pikliz – pickles (spicy hot cabbage relish)
Pikòp - pickup truck
Pikwa – pickax
Pijama - pajama
Pil – battery, mound, heap
Pil fatra- dump (n)
Pil sab- dune
Pile – step on, pound (with a pestle)
Piletwal – sparkler
Pilon - mortar
Pilye- (n) pillar, column
Pimal- worse
Piman – pepper (chili, habanero)
Piman dous – bell pepper
Pinèz – bedbug, flea
Pini – (v) forbid, punish, reprimand
Pinisyon – punishment
Pip – pipe (tobacco)
Pipi – urinate, urine
Pire – squeeze (v), puree (v)
Pirifye- to purify

Pis – dance floor, flea
Pisans- power
Pise – (v) piss, squirt
Pisin – swimming pool
Piske – since, as
Pistach – peanut
Piston – piston, clout, influence
Pit – sisal
Pita - later
Piti/ti - little, small
Piti piti – gradually
Pitimi – millet
Pitit - child/kid (relational: his child/Mary's child), offspring
Pitit fi – daughter, girl
Pitit gason – son
Pitit-pitit – grandchild
Pito - rather, instead
Pitye – pity, compassion, mercy
Piwili – lollipop, sucker
Piyay – bargain, dirt cheap
Pla – dish
Pla men – palm
Pla pye – sole (foot)
Plafon – ceiling
Plaj – beach
Plak – license plate, phonograph record, plaque
Plake- (v) affix, stick (adj) tight)
Plakbòl – shoe polish
Plamen- palm (of hand)
Plan – blueprint, seedling
Plàn – pawnshop
Planch – (n) board, plank
Planche – floor (wooden)
Planchèt – ironing board
Plane – hock, pawn
Planing – birth control
Plannen- (v) glide, fly, hover
Planni – level (v)
Plant - plant (n)
Plantasyon- plantation
Plante – plant (v)
Plas - (n) seat, space (in room), location, opening, place, position, town square/park
Plasay – common law marriage
Plastè – plaster (medical)
Plastik – plastic
Plat – (n) dish, plate, (adj) flat, horizontal
Platfòm- (n) deck, platform
Plati – flatten
Plato – tray, platter, valley
Platon – plateau
Plè- (v) please
Plèd- plea (n)
Plede- (v) implore, plead
Plen – fill (v), full, packed
Plèn – plain
Plenn – moan, complain
Plenyen – to complain
Plezi – fun, pleasure
Pli – (n) curl, kink, pleat, wrinkle
Plim – pen, feather, eyelash
Plimen – pluck
Plis - more (before noun, after verb), plus
Plise – (adj) folded, wrinkled, pleated
Pliye – (v) bend, fold
Plizyè – several
Plòg – plug
Ploge – plug in
Plon – (n) lead
Plonbe – fill a tooth

Plonje – (v) dive, dip, plunge, spring, sink,
Plonje sou – lunge at
Po – (n) cover, skin, shell, peel, pitcher, vase, rind, pot
Pò – harbor
Po bèt – hide
Po figi- cheek
Po je – eyelid
Po liv – book cover
Poban – vial
Pobouch – lip
Pòch – pocket, case
Podjab – poor soul
Pokè – poker
Poko - not yet, doesn't...yet, don't...yet, haven't...yet (before verb)
Poli – polite, to polish
Polis – policeman
Politik – politics
Polyestè – polyester
Polyo – polio
Pòm – apple
Pomad – ointment, salve
Pon – bridge, deck
Ponch – punch
Ponmdetè/pòmdetè – potato
Ponmkèt – cupcake
Ponn – lay
Ponntye (antre) – clock in
Ponntye (soti) – clock out
Ponp – pump (n)
Ponp gazolin – gas pump
Ponpe – (v) jump, pump, skip
Ponpye – fireman
Ponya – dagger
Ponyen – (n) handful, (v) clench, grab
Ponyèt – arm, wrist
Pope – doll
Popilè – popular
Pòpkòn – popcorn
Pòpyè – eyelid
Pòs – post
Pòs polis – police station
Pòs radyo – radio station
Posede – (v) own, possess
Posib – possible
Posibilite- possibility
Pòslèn- porcelain china
Poste – (v) mail, post
Pòt – door, entrance
Pòtay – entry, gate
Pòtchanm – chamber pot
Pòtè- porter
Pote/Pot - (v) carry, bring, transport (object), bear
Pote dèy- to mourn
Potèj – amulet
Poteksyon – amulet
Potèt- scalp (n)
Poto – (n) beam, column, pillar, pole, post
Pòtray – chest
Pòtre - photograph
Pou - for ("to" and "so" when it's used as "for"), in order to, belongs to, flea, lice
Pou byennèt yon moun – for someone's own good
Pou granmesi – for free, for nothing
Pou karang – louse
Pou ki moun – whose

Pou ki sa – why
Pou konnye a – for the moment
Pou kont li – by him/herself, voluntarily
Pou kont ou – alone, by oneself
Pou li – his, hers, its
Pou tèt – due to
Pou tout moun tande – out loud
Pou tout tan – forever, indefinitely
Pou toutbon – for good
Poubwa – gratuity, tip
Poud – (adj) brittle, (n) powder
Poud bwa – termite
Poud elvasyon – baking powder
Poukisa/Pou kisa - why
Poukont- (adj) alone
Poul – chicken, hen
Poulen – stallion colt
Pouli – pulley
Poulich – foal
Poumon – lungs
Poupe- (n) doll, puppet
Poupou – feces, shit
Pouri – (adj) rotten, (v) rot, decay
Pouriti – (n) rot, decay
Pous – (n) thumb, inch
Pousan/pousantaj – (n) rate, percent
Pouse – (v) push, shove, grow
Pouso – pig
Pouswiv- (v) follow, pursue
Pousyè – (n) dirt/dust
Poutan – yet
Poutèt yon moun – on someone's account
Pouvwa – power
Pòv - (adj) impoverished, poor
Povrete- poverty
Powo- leek
Pòy – cigarette butt
Poze – ask, break, lay
Pozitif – positive result
Pral- will/going to (tense modifier)
Pral gen - there will be
Pran- (v) take (an object), obtain, get, be in a fix, seize, capture, come down with
Pran ak de bra – welcome someone with open arms
Pran chans – take a chance
Pran daso – assault (v)
Pran devan – lead, break away
Pran dife – catch fire
Pran nan men - take from (someone)
Pran plez – enjoy
Pran pou – to mistake for
Pran pou abitid – make a habit of
Pran ranseyman – inquire
Pran san ou – be patient
Pran souf ou – catch one's breath
Pran tèt yon moun – turn someone's head, misdirect someone
Pran yon bann tan – take forever
Pran yon moun – get even
Pran yon woulib – hitch a ride
Pranpòz- to pretend
Pranswen- (v) care for, cherish
Pratik – (adj) convenient, practical, (n) client
Prè - close (near)
Pre – ready

Prèch – sermon
Preche - (v) evangelize, preach
Predi- to predict
Preferans- (n) choice, preference
Prefere - (v) favor, prefer
Prejije – prejudice
Prekosyon – caution, precaution
Prela - tarpaulin
Premye – first, eldest
Prenon – name, first name
Prensipal- (adj) principal, major
Prentan - spring (season)
Preparasyon – preparation
Prepare – prepare (v), ready (adj)
Près – press (printing)
Presbitè – parsonage, presbytery
Prese – (v) rush, hurry, hurried (adj)
Presedan- previous
Presede- to proceed
Presi- (adj) exact, precise
Prèske – almost, nearly
Prèske pa – hardly
Preskri – prescribe
Preskripsyon – prescription
Presye – precious
Prèt- priest
Prèt pou – about ready
Prèt pou rive – close at hand
Pretann- to pretend
Pretansye – pretentious
Pretansyon – vanity, arrogance, haughtiness
Prete - (v) lend, borrow, loan
Prèv – evidence, proof
Prevni- (v) warn, prevent
Prevwa – forewarn, anticipate, foresee
Preyavi – notice
Prezaj- omen
Prezan – present, here
Prezans- presence
Prezante – (v) present, introduce
Prezève- to preserve
Prezidan – president
Pri – (n) price, prize, cost
Pridan – prudent, wise
Prije – squeeze
Prim – (n) prize, award
Primè – primary school
Prin- plum
Prive – private
Privye – net
Priye - to pray
Priyè – prayer
Priz – (n) hold/grip
Priz kouran- plug (n)
Prizon – jail, prison
Prizonnye – prisoner
Pwa - pea, beans, weight
Pwa frans – pea
Pwa tann – green bean
Pwa tchous – lima bean
Pwa wouj – kidney bean
Pwal – fur, animal hair
Pwason - fish (n)
Pwatrin – chest, bosom
Pwatrine – tubercular
Pwav – black pepper
Pwaye – cuff
Pwazon – poison (n)
Pwèl – eyelash, body hair
Pwelon – frying pan

Pwen – (n) point/period, fist, dot/ spot
Pwent – end, tip, point of land
Pwent tete – nipple
Pwenti – (adj) acute, sharp, pointed
Pwès – thick
Pwi – well (water)
Pwobab – probable
Pwoblèm- (n) matter, problem
Pwochen- (adj) next
Pwodui/pwodwi- (v) generate, produce
Pwofesè – teacher, professor
Pwochen – next, others
Pwofi- profit (n)
Pwofite – take advantage of, to profit
Pwofondè- depth
Pwogram – agenda, program, show
Pwogrè - progress
Pwojte- to project/forecast
Pwoklame- to proclaim
Pwokreye- to procreate
Pwolonje- to prolong
Pwomès - promise (n)
Pwomèt- to promise
Pwomnad – walk, hike
Pwomosyon – promotion, graduation
Pwononse – (v) pronounce, voice
Pwòp – (adj) clean, neat, tidy
Pwopoze – to propose
Pwopozisyon- (n) clause, proposition
Pwopriyete – land, property
Pwopriyetè- landlord, owner
Pwòpte – to clean, cleanliness
Pwose – law suit
Pwosè- (n) lawsuit, process
Pwosesyon – procession
Pwospere- to prosper
Pwoteje – (v) protect, shield
Pwoteksyon- (n) protection, cover
Pwouve – to prove
Pwovèb – proverb, saying
Pwovizyon – groceries, provision, supplies
Pyanis – pianist
Pyano – piano
Pye – foot, tree
Pyè – flint, stone
Pye atè – barefoot
Pyè brikè - flint
Pye bwa – tree
Pye douvan – forefoot
Pye poul – drumstick
Pye rezen – grapevine
Pyebwa – tree
Pyèj – trap, plot
Pyès – (n) piece, coin, component, part, patch
Pyese – to mend/patch
Pyèsteyat- play (n)
Pyete- to encroach, piety
Pyon – piece (game)

R

Ra – scarce, rare
Rabi – stunted
Rach – ax
Rache – extricate, uproot, tear off

Rad – clothing
Radi – bold, impertinent, insolent, radish
Radiyès – insolence
Radòt – nonsense
Radyatè – radiator
Radyo – radio
Radyodyòl – grapevine
Radyografi – x-ray (n)
Raf – raffle
Rafal- gust
Rafle – (v) scrape, miss target
Rafrechi – refresh
Rafredi- to chill
Ragou – stew
Raj- rage
Raje – grass, weed, underbrush
Rak- bush
Rakbwa- forest, woods
Rakomode- (v) mend/patch
Rakonte – (v) narrate, tell, relate
Ral – undertow
Ralanti – slow down
Rale - (v) draw, extract, stretch, pull, crawl, inhale, drag
Rale kò ou – draw back
Rale sou pye – go on foot, hobble
Raliman- rally (n)
Ralonj – extension cord
Raman – seldom, rarely
Rame – (v) paddle, row
Ran – row, line
Ran kont – realize, account for
Ran tèt ou – turn oneself in, give oneself up
Ranch – hip
Randevou – appointment
Randman - yield
Ranje - (v) organize, fix, arrange, repair, row (n)
Ranje yon lòt jan – rearrange
Rankin – spite
Rankontre – to meet
Ranm – oar
Ranmak – hammock
Ranmase – (v) fork, collect, gather, pick up
Rann – (v) vomit, return, render, yield, spit up
Ranni – (v) howl, roar, bray, whinny
Rannman – yield
Ranp- ramp
Ranpe – (v) crawl, creep, slide
Ranplase – replace
Ranpli- to fill, filled
Rans – nonsense, rancid
Ranse – (v) dally/fool around, joke
Ransè- buffoon
Ransi- rancid
Ranson- ransom
Rantre- enter
Ranvwaye – (v) defer, dismiss, postpone, fire/expel
Ranyon – rag
Rapadou – raw sugar
Rape – grate (v), grab, snatch
Rapid – (adj) prompt, quick, rapid, fast, swift
Raple- to remind
Rapò – report
Rapòte – benefit (v), tattle
Rapwoche- to come close
Rapyese- (v) mend/patch
Ras – (n) race, breed, tribe

Ras kabrit- (adj) inbred
Rasanble – (v) accumulate, assemble, collect, gather, rally
Rasi – stale
Rasin - root (n)
Rasire- to reassure
Rasmoun- (n) race of people
Rasyon- ration
Rat - rat
Rate – (v) fail, miss, shortage
Rato - rake
Ravaj- ravage
Ravèt – roach
Ravin – ravine, pit/ditch
Ray - rail
Rayi - (v) abhor, hate, detest
Rayisab- hateful
Rayisman- hatred
Raz – (adj) boring
Raze- to shave
Razè – broke
Razwa – (adj) boring, (n) razor
Razya- (n) raid, enter by force
Rebelyon- rebellion
Rebò – (n) contour, edge, brim
Rebyen – make up
Rechiya - fussy
Recho – stove, brazier
Rechte – throw up
Rèd – (adj) tough, rigid, stiff, stubborn, tense
Redi – tug
Redui/redwi – to reduce
Reèl – real, actual
Refè – recover, redo
Refere- to refer
Refize – (v) decline, refuse, deny
Reflechi – (v) ponder, reflect, think
Règ – (n) ruler, menstruation/ period
Rega- look (n)
Regilye – regular
Regle – settle, clear up, resolve, punish
Regleman – rule, settlement
Regrèt – to regret
Rejè- (n) reject
Rejete- (v) reject, vomit
Rejim – bunch (bananas)
Rejis – register
Rejwi – (v) enjoy, rejoice
Rejyon- region
Rèk – mature (fruit)
Reken – shark
Reklam – advertisement, commercial
Reklamasyon- (n) claim
Rekòlt – (n) crop, harvest
Rekòlte – to harvest
Rekòmande – (v) recommend, urge
Rekòmanse – start over
Rekonesans- gratitude
Rekonèt- to recognize
Rekònfòte- to comfort
Rekoni- famous, known, popular
Rekonnesans – gratitude
Rekonnèt – recognize, distinguish
Rekonpans – reward (n)
Rekonpanse – to reward
Rekreyasyon – (n) recess, recreation
Rèl – stripe, yell, shout
Reklame – claim (v)

Rekrite- (v) enroll, recruit
Relate- (v) describe, recount, relate
Rele – (v) call, call out/yell/ shout/scream, telephone
Relijyon – religion
Relijyez- (n) nun, religious
Relyasyon – connection
Relye- to link
Remak- remark (n)
Remake – (n) mention, remark, observe, notice
Remarye - remarry
Remèd – (n) medicine, remedy, cure
Remèsiman – thanks
Remèsye – to thank
Remèt – (v) remit, give back, pay back, refund, repay, return, render
Remiz – garage
Remò- remorse
Remòkè – tow truck, tugboat
Ren – kidney, waist
Rèn – queen, to rein
Renmen - (v) like, love, enjoy
Rennen- to constrain
Rennye- to deny
Rense – to rinse
Repa – meal
Repann – spread
Repanti – repent
Reparasyon - repair
Repare - (v) to repair, fix, mend
Repase – (v) review, iron
Repati- to allot
Repete – repeat, echo
Repetisyon – rehearsal
Repiblik – republic
Repike – transplant
Repitasyon – reputation
Repo – rest
Reponn – (v) reply, respond, answer
Repons - (n) answer, response, reply
Repoze – to rest
Reprann – bounce back/recover
Reprezante – represent
Reprimande- to reprimand
Reprize- (v) sew, repair
Repwòch – reproach, blame
Repwoche – reprimand, scold
Rès – rest, leftover, remainder
Resan- recent, up to date
Resansman – census
Resepsyon – reception
Reseptak - receptacle
Resevwa - (v) host, receive, entertain
Resi – receipt
Resif – reef
Resipwòk- (adj) mutual
Resite – recite
Resiyòl – nightingale
Resò – spring (metal)
Respè – respect (n)
Respekte – (v) abide by, respect, comply
Respire- to breathe
Responsab – accountable, responsible
Restan- (n) remainder, remains, rest
Restavèk- child servant
Restoran – restaurant

Restrenn- to restrict
Ret sou dlo – float
Ret tann – wait (v)
Reta – delay
Retade- (v) delay, postpone
Retay - scraps
Rete/Ret - (v) stay, remain, stop (an object), live/inhabit
Rete bèkèkè – flabbergasted
Retire - (v) take off/remove, delete, eject, withdraw, shave off
Retire pwen sou – mark someone down
Retire rad sou ou – strip (v)
Retire van nan – deflate
Retou – return
Retounen – come back, go back, return (v)
Retresi- to shrink
Retrete – retired
Retwovizè – rear-view mirror
Rèv – dream
Revandike- (v) assert, claim
Revanj – revenge
Reve – dream (v)
Revele- to reveal
Revèy – clock, alarm clock
Reveye - to wake up, awaken, awake
Revi- (noun) magazine, review
Revini - to come to (after fainting), come to
Revokasyon – discharge
Revoke – (v) revoke, discharge, fire
Revolvè – handgun
Reyalizasyon- attainment
Reyalize- to accieve
Reyèl- real
Reyini- (v) meet, congregate (adj) reunite
Reyinyon – meeting
Reyisi- (v) achieve, succeed
Reyon – (n) ray, beam
Rezen – grape, raisin
Rezèvasyon – reservation
Rezève – reserve (v)
Rezilta – result, outcome
Rezistans – endurance, stamina
Reziste – (v) withstand, resist
Rezon – (n) cause, reason, justification, purpose
Rezoud – resolve, settle, solve
Ri - to laugh, laughter, street
Ri pou kont ou – giggle to oneself
Riban – band/ribbon
Rich – rich, wealthy
Richès – fortune, wealth
Rid- wrinkle (n)
Rido – curtain
Rijid- rigid
Rigòl – gutter
Rigwaz – whip, crop
Rilaks- relax
Rimatis – rheumatism
Rin – ruin
Ris – risk (n)
Riske – to risk
Rivaj- coast (n)
Rive - befall, arrive/reach, occur, happen, prosper
Rivèt – rivet
Rivyè – creek, stream, river
Riz - trickery
Rize- sly, crafty

S

Sa - this, that (subject and article), it, what, would
Sa a - this right here (emphatic), this
Sa fè - so (that's why), that is why
Sa vle di – in other words
Sa yo - these, those
Sab – sand
Sable – sand (v)
Sachè - plastic bag (trash bag, grocery bag)
Sad – snapper
Sadin – sardine
Saf – glutton
Safte – gluttony
Saj – wise
Sak – (n) sack
Sak kolèt – burlap sack
Sak zorye – pillowcase
Sakre – sacred, holy
Sakrifis – sacrifice
Saksofòn – saxophone
Sal – (adj) dirty, filthy, messy, (n) room, (v) soil
Sal a manje - dining room
Sal deben – bathroom
Salad – salad
Salamanje – dining room
Sale- salty (adj), to salt
Salè- salary
Salin – salt marsh
Saliv - saliva
Salon - living room
Salte – dirt, filth, grime, impurity
Salye – (v) salute, greet, bow
Salyè - collarbone
Samdi – Saturday
San – blood, hundred, without
San gou – bland, tasteless
San kaye – blood clot
San konnesans – unconscious
San mank – definitely
San pretansyon – humble
San prèv – groundless
San rete – non-stop
San sa – without, otherwise
Sanble - resemble, look alike, look like, appear, gather, seem, similar
Sandal – sandal
Sandriye – ashtray
Sandwich – sandwich
Sanfwa – composure, self-control
Sang – cinch
Sann – ash, cinder
Sanpitye- (adj) callous, pitiless
Sans – direction, sense, meaning
Sansi – leech
Sansib – sensitive, tender, sensible
Sant – (n) scent, fragrance, odor, smell, center
Santans – verdict, sentence (judgment)
Sante - health
Santi - (v) smell, feel like, sense, sniff, (n) smell, stench
Santi fò – stink
Santi ou ka(b)/kapab – feel up to
Santim – cent
Santimèt – tape measure
Santinèl – sentry
Sanzatann – out of the blue

Sapat – sandal
Sapoti – sapodilla
Saranpyon – chicken pox
Satan – Satan
Saten – satin
Satire- to saturate
Satisfè – satisfy, satisfied, happy
Savann – grassland
Savann dezole - desert
Save- knowledge
Savon - soap
Savonnen- to soap
Se - to be (is, am, are), it is
Se te - it was
Sè – sister
Se pou sa - therefore
Sèch - dry (adj)
Seche - to dry (v)
Sechrès – drought
Sede- (v) concede, give up
Sedui/sedwi- to seduce
Segonde- (v) aid/assist, help
Segondè – high school
Segonn- second
Sèjan – sergeant
Sèk – (n) circle, (adj) crisp, brittle, dry
Sekans- sequence
Sèkèy – casket, coffin
Sekle – weed (v)
Sekle ak wou – hoe (v)
Sekrè – confidential, secret
Sekretè – secretary
Sèks- (n) gender, sex
Sekwa - conceited
Sèl – (n) salt, harness, (adj) alone/only, lone
Sele – (v) harness, seal, secure
Selebre- to celebrate
Seleksyone- (v) choose, select
Seleri – celery
Selibatè- bachelor
Sèlman - only, merely/just
Selon – according to
Selon lizaj- usual
Sèman – oath
Sèmante – swear, swear to it
Semèl - sole
Semèn - week
Semèn pase - last week
Semèn pwochèn - next week
Semèn sa - this week
Semenn – week
Semenn sent – Holy Week
Seminè – seminary
Sen – (n) breast, saint, (adj) healthy, holy
Sèn – scene, seine
Senatè – senator
Sendika – labor union
Sendomeng – Dominican Republic
Sènen – surround (v), seine
Senk – five
Senk kòb – five cents
Senkant – fifty
Sennesòf- (adj) safe
Senp – (adj) easy, simple
Senpati – sympathy
Sensè – sincere
Sent – saint
Sentespri - Holy Spirit
Senti - waist
Sentiwon - belt, sash
Sentòm - symptom
Senyè – Lord

Senyen – bleed
Sèpan – serpent, snake
Sepandan – however, nevertheless, yet
Sèpantye – woodpecker
Separe – (adj, v) detached, divided, distributed, divide, (v) give out, separate, share, split
Sèpèt - sickle
Septanm - September
Sere - (adj) tight, (v) save/hide, clench, conceal, hoard, store, tighten, hug
Sere boulon – clamp down
Sere dan ou – grit one's teeth
Sere pou – cover up for
Seremoni – ceremony
Sereng – syringe
Sereyal- cereal
Seri – lock
Seriz – cherry
Serye – serious, dependable, for certain, vital
Sese – sissy
Sèso – clothes hanger
Seswa – either
Sèt – seven
Sèt otè – sky-high
Sèten – certain, sure
Sètènman- certainly
Sètifika – diploma
Sètifye- certify
Sevè – severe
Sèvèl – brain
Sèvèl poul - bridbrain
Sèvi - to serve, to wait on
Sèvi avèk/ak - to use, use
Sèvi lwa – voodoo worship
Sevi temwen – witness (v)
Sèvis – service, ceremony
Sèvo – brain
Sèvolan – kite
Sevre - wean
Sèvyèt – towel, napkin
Sèz – sixteen
Sezaryèn – caesarean section
Sezi – (v) seize, surprise, take, surprised (adj)
Sezisman – shock, surprise
Sezon – season, period
Sezon lapli – rainy season
Si – if, sour, (adj) certain, positive, sure, whether
Si a meto – hacksaw
Si m'te ou menm – if I were you
Si...pa – unless (if...not)
Si tèlman - so, so much (adverb)
Si tèlman ke - so much that
Sibi- to suffer
Sibit – sudden
Sid – south
Sida – AIDS
Sifas – surface
Sifle – whistle
Siga – cigar
Sigarèt – cigarette
Sifizan- sufficient
Siflèt- whistle (n)
Sijè- subject
Sijere- to suggest
Sik – sugar
Sik wouj – Brown/raw sugar
Sikisal- outlet
Siklòn – hurricane
Sikonstans- circumstance
Sikre- sweet (adj)

Siksè – success
Silab- syllable
Silans - silence
Silèks- flint
Silvouplè - Please (interj)
Siman – (adj) surely, (n) cement, concrete
Simaye – scatter
Simen – (v) scatter, sow, sprinkle
Simityè – cemetery
Sinema – movie theater
Sinistre – refugee, victim
Sinon – otherwise
Sinonim- synonym
Siperyè- (adj) superior
Sipèvizè – supervisor
Sipliye- (v) beg, yearn
Sipò – (n) aid, support
Sipòte – (v) aid, endure, bear, cope, support, withstand
Sipoze – (v) assume, suppose
Sipozisyon- supposition
Siprann- (v) astonish, surprise
Siprime – curtail, stunt (v)
Sipriz – surprise (n)
Sire – wax (v)
Sirèn – alarm, siren, mermaid
Sirèt – candy
Sirk- circus
Sis - six
Sispann - cease, to stop (an action), discontinue, adjourn, abolish, quit
Sispèk – suspect
Sispekte – to suspect
Sistèm – system
Siswafè- (adj) certain, knowledgeable
Sit entènèt – web site
Site – name (v), safety
Sitèlman- (adj) so much
Sitèn – cistern
Sitiasyon – situation
Sitou – especially, particularly
Sitwon - keylime (lemon/lime U.S.)
Sitwonad – limeade
Sitwonnèl – citronella
Siv – chives
Siveyans- confinement, custody
Siveye – (v) guard, watch
Sivilize – civilize, civilized
Siviv- to survive
Siwo – syrup
Siwo myèl – honey
Siwote- to sip
Siy – (n) gesture, sign, signal, beauty mark
Siyal – blinker, signal
Siyati – last name, signature
Siye - (v) to wipe, dry off, saw
Siyen – sign (v)
Siyifye – mean (v)
Sizo – scissors
Sizyèm – sixth
Siyen- to sign
Skilte- to carve
Skopyon – scorpion
Slip – underpants
So – fall, tumble, seal
Sò- fate
Sòf – barring, except, unless
Sofgade – save (data)
Solanèl – solemn
Solda – soldier
Solèy – sun

Solèy kouche – dusk
Solid – (adj) firm, hard, solid, stable, steady, strong, sturdy
Solisyon- solution
Solitè – tapeworm
Sòm – psalm
Somèy – sleep
Somon – salmon
Somye – box spring
Son – sound, noise
Sonje - to miss (a loved one), remember, reflect, remind
Sonm – dull, dreary, somber
Sonn – stethoscope
Sonnen – (v) ring, jingle, blow
Sòs – sauce, gravy
Sòs tomat - catsup
Sosis – sausage
Sosyete – society/company
Sòt – stupid, dumb
Sot tonbe – fall off
Sote - to jump, jump, skip, explode
Sote kòd – jump rope
Sòti - to come from, get out, go out, come from
Sou - on, drunk, onto, upon
Sou de pye – standing
Sou deyò – outwards
Sou goumen – looking for trouble
Sou kat pat – on all four feet
Sou kont – responsibility of
Sou kote – apart
Sou nou – in the air
Soud – deaf
Soude – solder, weld
Souf – breath
Soufle – (v) blow, fan, puff, whistle
Souflèt – (n) slap, whistle
Souflete- to slap
Soufri – (v) ail, suffer
Souke – shake, nod, wag
Soukote- illegitimate
Soukoup – saucer
Soulaje – (a) alleviate, lighten, relieve
Soulajman – relief (aid)
Soulye – shoe
Soumèt- to submit
Soumi- compliant (adj)
Sounwa- (adj) clever/sly
Soup – soup
Soupe – supper
Soupi – sigh
Souple – please, if you please
Souri - smile
Sourit – mouse
Sous – (n) brook/creek, source, spring
Souse – (v) leak, suck, trickle
Sousèt – pacifier
Sousi – eyebrow
Souskri- subscribe
Sousòl- basement
Soutèt- above, atop
Soutni – (v) support, uphold
Soutyen – bra
Souvan – frequently, often, regularly
Sovaj – (adj) brute, savage, wild, rough
Sove – (v) evade, flee, escape, rescue, save
Sovè- Savior

Spektak- spectacle
Spesyal – special, particular
Spesifik- specific
Stasyon – (n) station, bus stop
Stat- to start
Stòk – stock
Strik- strict
Suiv - follow
Swa - (n) either, silk, evening, (adj) sleek, smooth
Swaf – thirsty, thirst
Swake – whether
Swanye- to cure
Sware- evening
Swasant - sixty
Swasanndis – seventy
Swe – sweat
Swèl – spanking
Swen - care
Swete - (v) hope, wish
Swif – tallow
Switch – switch
Swiv – (v) follow, track
Syans – science
Syèk – century
Syèl – sky, heaven

T

Ta - late, overdue, would
Ta dwe - should
Ta ka - could
Tab – table
Tabak – tobacco
Tabli- established, settled
Tabliye – apron
Tablo – blackboard, painting
Tabourè – stool (n)
Tach – (n) blot, dot, spot, stain
Tache – (v) attach, bind, fasten, pin, stain
Tafya – liquor, booze
Tafyatè – alocoholic, drink
Take – latch (v), lock (v)
Takèt – slide bolt
Takinen – tease (v)
Taks – duty/tax
Taksi – taxi, cab
Takte – freckled, spotted
Talan- skill/knack, talent
Talè – soon, shortly
Talon – heel, stub
Tamaren - tamarind
Tan - temperature, time (temporal), weather
Tan-zan-tan - every once in a while, occasionally
Tanbou – drum
Tanbouyè – drummer
Tande - to hear, hear, understand
Tande zòrèy – eardrum
Tank – tank
Tank gaz – gas tank
Tankou – (adj) alike, as, like, the same as
Tanmen - begin
Tann - (adj) sensitive, tender, (v) to wait, wait for, await, wait on
Tannè – tanner
Tannen – tan (v)
Tannri – tannery
Tanp – temple
Tanpe – brand (v)
Tanperaman – temper, temperament, personality
Tanperati – temperature

Tanpèt – (n) storm, tempest
Tanpon – ink pad
Tanpri – please, I beseech you
Tansyon - (n) blood pressure, stress, tension
Tant – aunt, tent
Tantatif- attempt (n)
Tante – (v) tempt, attempt
Tap- past + present progressive tense modifier
Tape – (v) tap, type, strike
Tapi – carpet, rug
Tas - mug (n), cup
Tat- pie
Tatonnen – grope
Tay – size, sharpener, waist
Tay fè mal – backache
Taye – clip (v), snip
Tayè – (n) tailor
Tayo – taro (root)
Tchak – surly, uptight
Tcheke – (v) ascertain, check, gauge, verify
Tchouboum – deep pit, deep trouble
Tchwi- leather
Te - tea, past tense modifier
Tè - (n) earth (planet and soil), soil, land, ground
Te dwe - ought to have/should have, should, ought
Te ka - could have
Tebe – tuberculosis
Tèks – text
Tèl – such
Telefòn – telephone
Telefonnen – telephone (v)
Telegram – cable, telegram
Televizyon - television, television set
Tèlman – so, so much
Tèm- (n) term
Temerè- (adj) bold
Tèmòs – thermos bottle
Temwen – witness
Ten – thyme
Tenbre- to stamp
Tenèb – darkness, gloom, obscurity,
Teni – attire, outfit
Tenis – tennis, tennis shoe
Tenm – stamp (n)
Tenten – nonsense
Tenyen je – wink (v)
Tep – adhesive tape, tape recorder/player, tape, gratuity/tip
Tepe – tape (v)
Terebantin – turpentine
Teren- (n) field, ground, land, plot
Terib – fierce, terrible
Terifyan- (adj) awful
Terifye- to scare/terrify
Tès- test
Testaman – will, testament
Tèt – head, top, self, brain
Tèt anba – upside down
Tèt ansanm – coalition
Tèt chaje – hassle, worry, concern
Tèt di – stubborn, stubbornness
Tèt fè mal – headache
Tèt kabann – headboard
Tèt kay – roof
Tèt tiyo - faucet
Tèt vire – dizziness

Tèt zorye – pillowcase
Teta – tadpole, sucker (fish)
Tetanòs – tetanus
Tètchaje- confusion, disarray
Tete – (n) breast, teat, (v) suck, suckle/breastfeed/nurse
Tètkay- roof
Tetin – nipple
Teyat – theater
Ti – little
Ti bebe – baby
Ti bèt – insect
Ti bout - piece
Ti chat – kitten
Ti chemen – track, path
Ti chen – puppy
Ti dejene – breakfast
Ti fi – girl, little girl, virgin
Ti gason – boy, small boy
Ti kiyè – teaspoon
Ti kras – dab
Ti moman – moment
Ti monnen – change
Ti moso – piece
Ti pen – roll of bread
Ti rivyè – stream
Ti soufri – weakling
Ti tèt – birdbrain, mall of character
Ti trip – small intestine
Ti van – breeze
Tib – tube
Tibèf- calf
Tife – heat rash
Tifi- little girl
Tifoyid – typhoid fever
Tig - tiger
Tigason- little boy
Tikè – ticket
Timid- (adj) timid, shy
Timoun – child, kid
Timoun lekòl – schoolchildren
Tinedjè- teenager
Tinen- dwarf/little person
Tip – type of person, type, guy
Tire – (v) fire, milk, shoot, stretch
Tirè – hyphen
Tire kò – stretch (v)
Tise – weave
Tit – title
Titile- to keep up
Tiwa – drawer
Tiwèl – trowel
Tiye- to kill
Tiyo – faucet, pipe
Tizan – herbal tea
Tò – wrong
Tòch- torch (n)
Tòchon – dish-towel
Tòchonnen- (verb) trash, mess up
Tòde – (v) twist, squeeze, wring
Tòl – sheet metal, galvanized roofing
Tomat - tomato
Tonbe - to fall, fall (v), drop (v), tumble
Tonbe menm lè – coincide
Tonbe nèt – go to the dogs
Tonbe pou – fall for
Tonbe sou – bump into, encounter
Tondèz – lawn-mower
Tonm – tomb
Tonnèl – shelter

Tonnè - thunder
Tonton – uncle
Tonton nwèl – Santa Claus
Topi – top
Total – total
Tòti – tortoise
Tòtire- to torture
Tou - too, also, as well, hole, too, every
Tou bote – dimple
Tou bounda – asshole
Tou dèyè – anus
Tou dwat – directly, straight ahead, upright
Tou kole ak – jammed up against
Tou le de – both
Tou nèf – brand-new
Tou pòt – keyhole
Tou pre – nearby, close
Tou rego – sewer
Tou wòch – cave
Toubiyon - whirlwind
Touche - to touch, touch (v), got paid (v)
Toudi – dizzy, stunned
Touf – clump (n)
Toufe – (v) smother, asphyxiate, suffocate, steam (adj)
Toujou - always (before verb & adj), still (after verb & adj), forever
Toulede- both
Toulejou- daily
Touman – torment
Toumante – (v) tease, torment
Tounen - to return, to come back, to go back, turn around, turn back
Tounen mal – backfire
Tounvis – screwdriver
Toupatou – all over, around, everywhere
Toupiti- tiny
Toupizi- (v) abuse, squeeze
Toupre- (adj) close, near
Touris - tourist
Tous - cough (n)
Touse - to cough
Tout – all, entire, every
Tout ansam - altogether
Tout bagay – everything
Tout jan – in any case
Tout kote - everywhere
Tout moun - everyone, everybody
Tout nèt – every bit
Tout tan – all the time, always
Toutafè – completely
Toutbon – (adj) really, indeed, real
Toutotou – around, all around
Toutouni – naked, nude, bare
Toutrèl – dove
Toutswit – at once, immediately
Touye – kill, blow out, murder, turn off
Touye je – wink (v)
Touye tèt ou – to overdo/over exert
Towo – bull, strong
Tradui/tradwi – translate
Trafik- traffic (n)
Traka – (n) worry, trouble
Trakase- (v) worry, harass, torment,
Traktè – tractor
Tranble – tremble, shiver

Tranbleman – trembling
Tranblemantè – earthquake
Tranch – slice (n)
Tranche – to slice, contraction/ labor pains
Trangle – choke, strangle
Trankil – (adj) tranquil, calm, peaceful
Tranp – soaked
Tranpe - soak (v), dip (v), dunk, marinate/concoction/mixture (n)
Trans – trace
Transfè- transfer (n)
Transfere- to transfer
Transmèt- to convey
Transmisyon – transmission
Transparan - transparent
Transplante – transplant
Trant – thirty
Tras – to trace, track
Trase – mark off
Travay - to work, job, employment, task
Travay tè – farm (v)
Travayè – worker
Travès – beam, crossbeam
Travèse – to cross
Trayi – betray
Trè- very
Trèf – clover, clubs
Trelè – trailer
Tren – train (n), noise
Trennen – pull, drag
Trennen pye – drag ones feet, shuffle (v)
Très – braid (n)
Tresayi – shudder
Trese – (v) braid, weave
Trèt – traitor
Trete – treat (v)
Tretman – (v) cure, treatment
Tretman tèks – word processing
Trèz – thirteen
Trezò – treasure
Trezorye – treasurer
Tribiche – stumble
Tribinal – court
Triche – cheat
Trip – guts, intestine(s)
Trikote- to knit
Tripotay - gossip
Tris – sad, unhappy
Twa – three
Twal – cloth, fabric
Twal asyèt – dishtowel
Twal gaz - gauze
Twalèt – toilet, bathroom
Twati – roof
Twazyèm – third
Twil – screen
Twò - too (before adjective- too big)
Twòk- exchange (n)
Twoke – (v) exchange, swap, barter
Twon – trunk (tree)
Twonpe – (v) cheat, fool, deceive
Twonpèt – trumpet
Twòp - too much, too many, excess
Twòp bri - too much noise
Twote – trot
Twotwa - sidewalk
Twou – hole, ditch
Twoub – trouble, confusion

Twouble – (v) upset, trouble, affect
Twounen- nostril
Twoup- (n) flock, troop
Twouve- to find
Tyèd- warm

U

Uisye- court clerk
Uit – eight
Uityèm – eighth

V

Va- will/going to (tense modifier)
Vach - cow
Vach bèf - female cow
Vag- lax, negligent
Vakabon- (n) wave, (adj) vagabond, naughty
Vakans – vacation, holiday
Vaksen – vaccine
Vaksinen – immunize, vaccinate
Valab – valid
Vale – (v) swallow, gulp
Valè – amount, value, worth
Valiz - handbag, bag (non-plastic), briefcase, suitcase
Valv- valve
Van – (n) breeze, wind
Vandredi - Friday
Vandredi Sen – Good Friday
Vaniy – vanilla
Vanje- to avenge
Vanjou – dawn, pre-dawn
Vann - to sell, valve
Vannen – winnow
Vanse – advance (v)
Vant – tummy, abdomen, belly, stomach
Vant fè mal - tummy ache
Vante – blow (v), evaporate, boast (v)
Vantilatè – fan (n)
Vanyan- valiant
Vapè – (n) vapor, fume, steam
Varyete- variety
Vast- vast
Vav – valve
Varye- to vary, (adj) spoiled
Vaz – chamber pot
Vazlin – Vaseline
Ve - vow
Vè - drinking glass, glass, lens, worm, around (referring to time)
Vè solitè - tapeworm
Vèb – verb
Vèf- widower
Vekse- to vex, vexed (adj)
Vèmin- vermin
Ven – twenty
Vèni – to varnish
Venk – (v) conquer, defeat, overcome
Venn – blood vessel
Vèp – vespers
Verifye- (v) prove, verify, check
Veritab – breadfruit, true
Verite – truth
Vès – (n) coat, cardigan, vest
Vèse – verse, pour
Vèsèl – dishes
Vèsman - installment
Vèt – green

Vètè - earthworm
Vètij – vertigo
Vètikal- vertical
Vèv – widow
Vèy – wake
Veye – (v) watch, guard, spy
Veye lè – watch the clock
Veye zo ou – take care
Vi – life, lifetime, view
Vid – (adj) empty, hollow
Vide – (v) empty, pour, spill
Videyo – videotape
Viktim – victim
Viktwa – victory
Vil – city, town
Vilaj- village
Vilbreken – bit brace
Vin avèg – go blind
Vin di – harden
Vin mou – soften
Vin nan tèt– occurred to/came to mind
Vin pi mal – deteriorate
Vinèg – vinegar
Vini/Vin - to come, become, come
Vire - to turn, spin (v), turn (v)
Vire do – turn one's back on
Viris – virus
Vis – (n) screw, vice
Vise – to screw
Visye – greedy, having selfish ways
Vit - (adj) fast, quickly, glass, rapidly, window (n)
Vit devan – windshield
Vital- serious, vital
Vitamin – vitamin
Vitès – (n) gear, speed
Viv – to live
Vivan – (adj) alive, living
Viwonnen – surround
Viza – visa
vizavi – opposite
vize – to aim
vizit – visit
vizite – visit (v)
Vizyon- (n) premonition, vision
Vle - to want, desire, let, please (v), want
Vle di – mean (v), maen to say, imply, insinuate
Vle pa vle – like it or not
Vlope – (v) wrap, wind
Vlou – velvet
Vo – be worth
Vokabilè- vocabulary
Vodou – voodoo
Vòl – flight, theft
Volan – steering wheel
Volay- fowl (n)
Vole - to fly, fly (v)
Vòlè - to steal, thief, rob, robbery, steal (v), thief, crook
Vòlè bous – pickpocket
Volebòl – volleyball
Volim – volume
Volonte – (n) determination, will, willpower
Volontè- volunteer (n)
Vomi – vomit (v, n)
Vonvon – beetle
Voryen- rascal
Vòt – (n)vote, ballot
Vote – to vote
Voum – large quantity

Voye - (adj) send, throw, toss, cast
Voye je sou – keep an eye on, look over
Voye men – wave (v)
Voye mò – cast a spell
Voye pye – kick (v)
Voye tounen – deport
Vre – true (adj)
Vwa – voice
Vwal – (n) sail, veil
Vwalye – sailboat
Vwati – car
Vwayaj – (n) travel, trip, journey, voyage
Vwayaje – to travel
Vwayajè – traveler
Vwazen – neighbor
Vwzinay - neighborhood
Vyann – meat, flesh
Vyann bèf - beef meat
Vyann kabrit- goat meat
Vyann kochon- pig meat
Vye – old, ancient, raggedy bad
Vyèj – virgin
Vyèyfi – spinster, old maid
Vyeyi – to age, (adj) elder
Vyolan – violent
Vyole- to rape, to violate
Vyolèt - purple

W

Wa – king
Waf – dock, pier, quay, wharf
Wanga – fetish, charm
Wanga nègès – hummingbird
Watchmann – watchman
Watè – bathroom, restroom
Wayal – royal
Wayòm - kingdom
Wè - (v) see, notice, observe
Wè nan – see in
Wench – winch
Wete/Wetire - remove
Wi – yes
Wikenn – weekend
Win- ruin (n)
Winchil – windshield wiper
Wine- to ruin
Wiski - whiskey
Wo – tall, high
Wòb - dress (n)
Wobinè – tap, spigot
Wòch – rock, stone
Wode- to prowl
Wòl – role, one's place
Woman- novel (n)
Womans- romance (n)
Won – round, on the dot (precisely)
Wonfle – to snore
Wonm – rum
Wonma – lobster
Wonn – circle, ring
Wont – ashamed, embarrassment, shame
Wonyen – gnaw
Wosiyòl – nightingale
Wote – belch/burp
Wotè – height
Woti – roast
Wou – hoe, wheel
Wouj – red
Wouji – to blush, to redden
Woul – hooky

Woule – to roll
Woulèt – hem
Woulib – (n) lift, ride
Woulo – (n) roll, curler
Woulong – mongoose
Wousi- to sear, to burn
Wout – road, route, path, trail
Wout tè – dirt road
Wouy – rust (n)
Wouye – (v) to rust, to corrode, (adj) rusty
Wouze – (v) sprinkle, water, irrigate, baste
Wòwòt - unripe
Woz – pink, rose
Wozèt – bow tie
Wozo - reed

Y

Ye - to be (see Leson Twa)
Yè - yesterday
Yè maten - yesterday morning
Yè swa - last night, yesterday evening
Yenyen- to whine/whimper
Ying-yang - feud
Yo - they, them, their
Yòd- iodine
Yomenm - themselves
Yon - a, an, one
Yon bagay - something, one thing
Youn bann – many, lots, a lot
Yon fwa – once, once upon a time
Yon lè konsa – every now and then
Yon lòt - another, another one
Yon lòt jan – differently
Yon lòt kote - elsewhere
Yon moun - someone, somebody, one
Yon pakèt – many, lots, a lot
Yon sèl - only one, one only, single
Yon sèl fwa – once
Yon ti jan – somewhat, a little (bit)
Yon ti moman – awhile, a moment
Yon tigout – a drop, a small quanitity, pinch
Yota- iota
Youn - one (noun- I want one)
Youn apre lòt – consecutive, one after another, single file
Youn dèyè lòt – back to back, consecutive, in a row
Youn ou lòt – either
Yoyo - yoyo

Z

Zaboka – avocado
Zafè – affair, belongings, business, genitals
Zago – hoof
Zak – act
Zalantou – about, around
Zam – arms, weapon
Zandolit – lizard
Zangi – eel
Zanj – angel
Zanmann – almond
Zanmi – friend
Zannanna – pineapple
Zannimo – animal

Zanno – earring
Zanpound – blister
Zansèt – ancestor
Zantray – entrails, innards/guts, vitals
Zarenyen – spider
Krab zarenyen – tarantula (some regions)
Zaviwon - oar
Ze – egg
Zèb – grass
Zèb chèch – hay
Zègrè – heatburn
Zegi – needle
Zeklè – lightning
Zèl – wing, fender, fin
Zen – gossip, fishhook
Zenc- zinc
Zepeng – pin
Zepeng kouchèt – safety pin
Zepi – ear (corn)
Zepina - spinach
Zepis- herbs, spice
Zepòl – shoulder
Zepon – spur
Zetriye – stirrups
Zetwal – star
Zèv- charity
Zewo – zero
Zigzag- zigzag
Zigzage- to zigzag
Zil – island
Zilofòn- xylophone
Zip – zipper
Zipe- to zip
Zizye – gizzard
Zo – bone, die (dice)
Zo biskèt – breastbone
Zo jamn – shin
Zokòt- rib
Zo nen – bridge (nose)
Zo rèl do – backbone
Zo salyè – collarbone
Zo tèt – skull
Zobòy – bunion
Zòn – area, region
Zonbi - zombie
Zong - nail (body part), fingernail
Zong dwèt – fingernail
Zong nan chè – ingrown nail
Zong pye - toenail
Zongle- to pinch
Zonyon – onion
Zoranj - orange
Zòrèy - ear
Zorye - pillow
Zòtèy – toe
Zotobre – big shot
Zotèt- skull
Zou- zoo
Zouti – tool
Zwa - goose
Zwazo – bird
Zwazo wanga – hummingbird
Zuit/zwit - oyster
Zye - eye (n)

DICTIONARY ENGLISH to KREYÒL

A

A - Yon
A few – de twa
A little – yon ti, ti kras
A lot - anpil, yon pakèt
A. M. – di maten
A little bit/pinch – yon ti kras
A small – yon ti gout
Aback – pa sipriz (adv)
Abandon – pati kite, abandone, kite, delese
Abase – abese, diminye, kraze
Abash – demoralize (v)
Abbreviate – (v) abreje, rakousi
Abdicate – abdike (v)
Abdomen – vant
Abduct – kinape (v)
Abet – asiste (v)
Abhor – deteste, rayi
Abide – respekte,
Ability – abilite, aptitid
Abject – (adj) abjèk, degoutan
Able – kapab/ka
Abnormal – pa nòmal
Aboard – abò
Abolish – desitire, sispann, elimine
Abort – jete pitit (a child), sispann (stop action)
Abortion – avòtman, dilatasyon
Abound – gen anpil, abonde
About – apeprè (quantity), zalantou (place), apwopo (prep)
About ready to– prèt pou
Above – an wo, anlè (prep) (up), soutèt
Abrade – (v) graje, fwote, kòche
Abreast – (adj) okouran; kòtakòt
Abridge – (v) abreje, rakousi
Abroad – (adv) lòtbò, peyi etranje
Abrupt – (adj) abrip, brid sou kou, bripbrip
Absence – absans (n)
Abscess – absè
Absent – absan (adj)
Absolute – absoli (adj)
Absolutely – (adv) absoliman, konplètman
Absolution – absolisyon (n)
Absolve – (v) absoud, padone
Absorb – (v) absòbe, vale (drink in)
Absorbed – pèdi (adj)
Abstain – abstrenn (v)
Absurd – absid (adj)
Absurdity – rans (n), enbesilite
Abundance – bondans
Abuse – maltrete (v), abi (n), abize (v)
Accede – (v) aksede, rantre
Accelerator – akseleratè
Accept – (v) aksepte, dakò (agree)
Acceptation – akseptasyon (n)
Access – aksè (n), (v) aksede, rantre (enter)
Accessible – aksesib (adj)
Accident – aksidan (n)
Accommodate – (v) akomode, loje (provide lodgings)

Accommodation – akomodasyon, lojman
Accompany – akonpaye
Accomplish – (v) akonpli, fè, fini, konplete
Accomplishment – akonplisman, rezilta
Accord – akò (n), akòde (v)
According to – dapre, selon
Accordion – akòdeyon (n)
Accost – (v) akoste, bòde
Account – kont (n), jistifye (v)
Account for – ran kont
Accountability – konfyans (n)
Accountable – responsab, fyab (adj)
Accountant – kontab (n)
Accounting – kontablite (n)
Accumulate – (v) akimile, rasanble
Accumulation – akimilasyon (n)
Accurate – (adj) egzak, byen mezire (well measured)
Accusation – akizasyon
Accuse – (v) akize, blanmen
Accustom – familyarize (v)
Ace – las
Ache – doulè (n), fè mal (v)
Achieve – (v) reyalize, reyisi
Achievement – akonplisman (n)
Aching – fè mal (adj), doulè (n)
Acquaint – fè konesans (v)
Acquaintance – konesans, zanmi
Acquisition – akizisyon (n)
Acquit – akite (v)
Acquittal – liberasyon, redanpsyon (n)
Across – an travè, travè (adv)
Act – zak, aksyon, akt, (n), jwe (actor) aji (v)
Act as though – fè tankou, aji tankou
Act cowardly – fè lach
Acting – aji (n), ajisman, jwe teyat (v)
Action – aksyon (n)
Activate – aktive (v), demare, lage
Activation – akitivasyon, mobilizasyon
Active – aktif
Activity – aktivite
Actor – aktè (n)
Actress – aktris (n)
Actual – reèl
Actuate – balanse (v)
Acute – pwenti (adj), fò (mentally sharp)
Adapt – adapte (v)
Adaptation – adaptasyon (n)
Adaptor – adaptè (n)
Add – (v) ajoute, adisyone, ogmante
Add up – gen sans (make sense)
Addict – dwoge (n), adikte (adj)
Addiction – adiksyon, depandans
Addition – adisyon, ogmantasyon
Additional – (adj) adisyonèl, anplis
Address – adrès (n), (v) adrese, mete adrès (mail)
Adequate – adekwa (adj), sifizan
Adhesive tape – adezif
Adjective – adjektif (n)
Adjourn – ajoune, sispann
Adjust – ajiste (v)

Adjustable – ajisteman (adj)
Adjustment – ajisteman (n)
Adjust to – adapte
Admiration – admirasyon (n)
Admire – admire (v)
Admirer – admireatè, fanatik
Admissible – (n, adj) admisib, akseptab
Admission – admisyon, akseptasyon
Admission fee – antre
Admit – (v) admèt (to), aksepte (accept into, kite antre (allow in)
Admittance – pèmi, pèmisyon
Admonish – (v) joure, avèti
Adolescent – adolesan (n)
Adopt – adopte (v)
Adoption – adopsyon (n)
Adore – adore (v)
Adorn – (v) òne, dekore
Adult – granmoun, adilt (n)
Adultery – adiltè (n)
Advance – avans (n), avanse, vanse, bay avalwa (v)
Advancement – (n) avansman, pwogrè
Advantage – avantaj (n)
Advantageous – (adj) avantaje, ak benefis
Adventure – avanti, risk (n)
Adventurer – avantirye (n)
Advertise – fè reklam
Advertisement – (n) reklam, piblisite, notis
Advice – konsèy (n)
Advise – (v) bay konsèy, konseye
Advisor – konseye
Affable – afab (adj)
Affair – (n) afè, lyezon
Affairs - (personal affairs/ business) Afè
Affect – (v) aji sou, afekte, touche
Affirm – (v) afime, deklare
Affix – (v) afiche, plake
Afford – gen (jwenn) mwayen (v)
Affront – afwon (n)/afwonte (v)
Afoot – apye (adv)
Afraid – pè (adj), efreye
Afresh – ankò (adj), anouvo
Africa – Afrik
African – afriken
Afro – afwo
After – aprè (prep), dèyè
Afterbirth - delivrans
Afternoon- aprèmidi
Aftertaste – move gou
Afterwards – apre, apre sa
Again – ankò (adv)
Against – kont (prep), opoze
Age – laj (n), vyeyi (v)
Agency – ajans
Agenda – pwogram
Agent – ajan
Agile – (adj) ajil, lèst
Agreement – antant, dizon
Agriculture – agrikilti
Ago – pase (adj), depi (adv)
Agree – (v) konsanti, dakò
Ahead – (adj), devan, an anvan, pi devan
Aid – èd (n), sipò
AIDS – SIDA, katach
Ail – soufri (v)
Aim –vize (v), entansyon, objektif, bi (n)

Air – lè (n)
Air conditioner – èkondisyone
Airplane- avyon
Airport – ayewopò, èpòt
Alarm – alam, sirèn
Alarm clock – revèy
Album – albòm
Alcohol – alkòl
Alcoholic – tafyatè
Alcoholic drink - bweson
Ale – byè (n)
Alert – (adj) sou kiviv, eveye
Alien – etranje (n)
Align – fè aliman
Alignment - aliman
Alike – (adj) menm jan, tankou, menm, parèy
Alive – (adj) vivan, an vi
All- tout (adj)
All around – toupatou, toutotou
All Saints' Day – Latousen
All the time – tout tan
Allay – (v) soulaje, diminye
Alley – ale
Allow – (v) pèmèt, kite, otorize
Allure – attire (n)
Allusion – (n) alizyon, sipozisyon
Ally – alye (n)
Almond - zanmann
Almost – (adv) prèske , prèt pou
Alone – pou kont, menm sèl, sèl (adj)
Along – ansanm (adv)
Alongside – bò kòt
Aloof – (adj) apa, aleka, endiferan, lwen
Aloud – byen fò
Alphabet - alfabè, abese
Already - gen tan (before subject), deja (adv)
Also – (adv) tou, ositou
Altar – lotèl
Alter – (v) chanje, altere
Although – kwake, byen ke, malgre (adv)
Altogether – tout ansam
Aluminum – alimonyòm
Always (before adjective & verb) – toujou, tout tan
Am- Se (see Leson Twa)
Amateur – amatè (n)
Amazing – etonan (adj)
Ambassador – anbasadè (n
Ambiguous – pa klè
Ambition – anbisyon
Ambulance – anbilans
Amen – amen
Amend – korije (v)
Amenity – (n) konfò, amenajman
American – Ameriken
Amiable – emab (adj)
Among – pami ant, nan tout, pami, omilye
Amount – valè, kantite, total (n)
Ample – ase (adj)
Amplifier – anplifikatè
Amulet – potèj, poteksyon
Amuse – amize (v)
An – yon
Ancestor – zansèt
Anchor – lank
Anchovy – janchwa
Ancient – vye, ansyen (adj)
And - e, epi, ak (conj)
Anemia – anemi

Anesthesia – anestezi
Anew – anouvo
Angel – zanj
Anger – kolè (n), fè fache (v)
Angle – (n) ang, aspè
Angry- (adj) fache
Animal – (n) animal, bèt, zannimo (plural)
Animal hair – pwal
Ankle – jwenti pye
Anniversary – (n) fèt, anivèsè
Announce – anonse (v)
Announcement – anons
Announcer - espikè
Annoy- annwiye, nwi, anmède, anniye (v)
Annoying – anmègdan
Annual – (adj) anyèl, chak ane
Annually – chak ane
Another/Another one – lòt, yon lòt, onlòt (adj)
Answer - repons (n), reponn (v)
Ant – foumi (n)
Antenna – antèn
Anthill – nich fomi
Anticipate – prevwa
Anus – twou dèyè
Any – nenpòt (adj)
Anybody – nenpòt moun
Anyhow- kanmenm
Anymore – ankò
Anyone – nenpòt moun
Anything - nenpòt bagay, anyen (see Leson Kat)
Anytime – nenpòt lè
Anywhere – nenpòt kote
Apart – (adv) sou kote, a pa, (adj) separe, detache
Apologize – mande padon, eskize (v)
Apology – eskiz
Apostle – apot
Appalling – terifyan (adj)
Apparently – gen lè
Appear – sanble, parèt (v)
Appendix – apendis (n)
Appetite – apeti
Applaud – (v) bat bravo, aplodi
Applause – bravo
Apple – pòm (n)
Appliance – aparèy
Application – aplikasyon
Apply – fè aplikasyon
Appoint – (v) nonmen, deziyen
Appointment – randevou
Appraise – (v) fè estimasyon, evalye, estime
Appreciate – apresye (v)
Apprehend – (v) arete
Apprentice – apranti
Approach – apwoche (v), fason (n), apwòch (fig)
Approve – dakò, apwouve (v)
Approximate – apwoksimatif (adj), apwoksime (v)
Approximately – apeprè
Apricot – abriko (n)
April – avril (n)
Apron – tabliye
Architect – achitèk
Are - se (see Leson Twa)
Area – zòn
Argue – diskite (v)
Argument – (v) diskisyon (between)
Arise – leve (v)

Arithmetic - aritmetik, kalkil
Arm - bra, ponyèt (lower)
Armchair - dodin
Armed - ame
Armpit - anba, bra
Arms - zam (weapons)
Army - lame
Around - (adv) apeprè (numbers), zalantou (location), alantou, otou, anviwon
Arouse - eksite
Arrange - (v) ranje, òganize
Arrest - arete
Arrive - rive (v)
Arrogance - pretansyon
Arrogant - awogan (adj)
Arrow -flèch (n)
Arthritis - fredi
Artichoke - aticho
Article - bagay, atik (in newspaper) (n)
Artificial - atifisyèl (adj)
Artist - atis, pent
As - knowè, kouwè, piske, tankou (the same as) (adv), otan, menm ak
As if - konmsi
As long as - kòm
As of - patid
Ascend - monte (v)
Ascent - monte (n), pant
Ascertain - tcheke (v), ran kont
Ash - sann
Ashamed - wont (adj)
Ashtray - sandriye (n)
Aside - (adv) a pa, akote, sou kote
Ask - (v) mande, poze
Askew - kwochi (adj)
Asleep - nan dòmi (adj)
Aspect - aspè (n)
Asphyxiate - toufe
Aspirin - aspirin
Ass - bounda, bourik (n)
Assail - (v) atake
Assassin - asasen
Assassinate - asasinen
Assault - daso, atak, pran daso (v)
Assemble - rasanble, monte (object)
Assemble line - montay
Assert - revandike (v)
Assign - deziyen (v)
Assignment - misyon (n)
Assist - (v) ede, segonde
Assistance - èd
Associate - asosye
Assume - sipoze (v)
Assurance - asirans
Assure - garanti, asire (v)
Astonish/astound - (v) fè sote, pantan
Asylum - azil (n)
At all- ditou
Atmosphere - anbyans
Atonement - redanpsyon (n)
Attach - (v) tache, kole
Attack - atak, atake (v)
Attain - atenn (v), rive
Attainment - reyalizasyon (n)
Attempt - (v) eseye, pran chans
Attend - asiste (v)
Attention - atansyon (n)
Attest - ateste (v)
Attitude - atitid (n)

Attorney – avoka
Attract – atire (v)
Attribute – kalite (n)
Audience – asistans
Audit – verifye (v)
August – out (n), daou
Aunt – tant (n), matant
Author – (n) otè, lotè, ekriven
Authority - otorite
Auto - oto
Automobile – oto, mashin
Autopsy – otopsi
Autumn – otòn, lotòn (n)
Available – disponib (adj)
Avenge – vanje (v)
Avenue – avni (n)
Average – mwayènn, mwayèn (n)
Avert – detounen
Avocado – zaboka
Avoid – evite (v)
Awake – reveye (v)
Award – pri (n)
Away – (adv) absan/pa la (absent), lwen (far)
Awful – terib (adj)
Awhile – yon ti moman, on moman (adv)
Awkward – dwòl
Ax/axe – rach
Axis – aks (n)
Axle – aks

B

Baby – bebe, ti bebe (n)
Baby bottle – bibon
Back - do (n)
Back up – fè bak
Backache – do fè mal
Backbone – zo rèl do
Backbreaking – pete fyèl
Backfire – tounen mal
Backside – dèyè
Backwards – devan-dèyè
Bacon – bekonn, lakochon
Bad – (adj) move, pa bon, gate (spoiled)
Bad eyes (bad in the eyes) – malozye
Bad luck – devenn
Badly - mal
Bag - (n) sachè (plastic), valiz (non-plastic), sak
Baggy – laj
Bail – jete dlo
Bake – founen (v)
Balance – balans (n), balanse (v)
Balance sheet – bilan
Balcony – balkon
Bald – chòv (adj)
Ball – balon, boul (n), dans (dance)
Balloon – balon
Ballot – bilten vòt (n)
Bamboo – banbou
Ban –(v), elimine
Banana – fig
Bandage – banday, pansman (n), bande (v)
Bang – frape (v)
Banish – bani (v)
Bank – bank, labank, bò rivyè (river bank)
Bankbook- kanè

Banner – bandwòl, banyè (n), drapo
Banquet – gwo resepsyon, bivèt (n), bankè
Banter – fraz
Baptism – batèm (n)
Baptist – batis
Baptize – batize
Bar – ba, bar (n), kafe
Barbed wire – fil fè
Barber – kwafè (n)
Barber shop – kay kwafè
Bare – ni, touni, toutouni (adj)
Bareback – a pwal
Barefoot – pye atè
Bargain – bon afè, bonafè, piyay, machande (v), afè (n)
Bargaining – machandaj (n)
Bark – jape (v)
Barrel – barik
Base – baz, bounda, fondasyon (n)
Basement – sousòl (n)
Basin – basen (n)
Basket – panye (n)
Basketball – baskètbòl (n)
Bass – bas
Bass drum – kès
Baste – wouze
Bat – chòvsourit (n)
Bath – beny (n)
Bathe – benyen (v)
Bathing suit – kostim de ben
Bathroom - sal deben, twalèt (n)
Battery – batri, pil
Battle – batay (n)
Bawl – (v) braye, fè djòlè
Beach – plaj (n)
Bead – grenn kolye
Beady – pich pich
Beak – bèk
Beam – poto,
Bean – pwa (n)
Bear down – peze
Bear offspring – fè pitit
Beard – bab (n)
Beast – bèt sovaj (n)
Beat – (v) bat, kale (spank)
Beautiful – bèl (adj)
Beauty – bèlte
Beauty mark – siy
Because – paske (conj), akòz
Become – vin, vini (v), tounen
Bed – kabann (n)
Bedroom – chanm (n)
Bedspread – kouvreli
Bee – myèl (n)
Beef – vyann bèf (n)
Beehive – nich myèl
Beer – byè (n)
Beet – bètrav (n)
Before – avan (time), devan (placement)
Beg – (v) mande, sipliye
Beggar – mandyan (n)
Begin – kòmanse (v)
Behalf – anfavè (n)
Behave – kondwi tèt, konpòte (v)
Behind – dèyè (prep, n), an reta (late)
Being – egzistans (n)
Belch – wote (v)
Belie – demanti (v)
Believe – kwè (v)
Belittle – desann
Bell – klòch (n)

Bell pepper – piman dous
Belly – vant
Belong – pou
Belongings – afè
Below – anba (prep)
Belt – sentiwon(n)
Bench – ban (n)
Bend – koube, pliye (v)
Bend down – bese
Beneath – anba (prep)
Benediction – benediksyon
Beneficial – benefisyèl (adj)
Benefit – avantaj, benefis (n)
Benevolent – benevòl (adj)
Bereaved – an dèy
Beseech – sipliye (v)
Beside – akote (prep)
Besides – anplis, dayè (prep)
Best – pi bon pase tout, pi bon, pi byen, meyè (adj)
Best man – parenn nòs
Bet – parye (v)
Betray – trayi (v)
Better – pi bon (adj), pi byen
Between – mitan (n), nan, ant, nan mitan, omilye (prep)
Beyond - pi lwen pase (adv)
Bib – bavèt
Bible – Bib, Labib
Biceps – bibi
Bicycle – bisiklèt, bekàn
Bid – òf (n)
Big – gwo, gran (age and stature)
Big shot – gran nèg
Bill – bil,
Bind – (v) tache, mare, ini
Bird – zwazo (n)
Birth – nesans
Birth certificate – batistè
Birthday – fèt
Bishop – monseyè
Bit – moso
Bite – mòde (v)
Bitter – anmè (adj)
Blabbermouth – djòl alèlè
Black – nwa (adj)
Blackboard – tablo
Blacken – nwasi
Blacksmith – fòjon, fòjwon
Bladder – blad pise
Blame – bay tò, blame (v)
Bland – san gou
Blanket - lenn, kouvèti (n)
Blaze – flanm (n)
Bleach – blanchi (v), klowòks (n)
Bleak – fèb (adj)
Bleed – senyen (v)
Bless – beni
Blessing – benediksyon (n)
Blind – avèg (adj, n)
Blink – bat je
Blinker – siyal
Bloated – anfle, gonfle
Block – blòk, bare (v)
Blockhead – enbesil (n)
Blood – san (n)
Blood clot – san kaye
Blood pressure – tansyon
Blood vessel – venn
Bloom – fleri (v)
Blossom – flè (n)
Blot – tach (n)
Blouse – kòsaj

Blow – (v) kou (n), mouche (nose), soufle (with lips), vante (wind), sonnen (horn)
Blow up – eklate
Blue – ble(adj)
Blueprint – plan
Bluff – blòf (n), blofe (v)
Blunt – kare
Blush – wouji (v)
Board – planch (n), anbake, monte (v)
Boast – vante (v)
Boastful - djòlè (adj)
Boat – bato, batiman (n)
Bobby pin – epeng cheve
Body – kò (n)
Body hair – pwèl
Bogus – fo (adj)
Boil – bouton (n), bouyi (v)
Bold – kare, gen fòs/kouraj (adj)
Bomb – bonm
Bone – zo (n)
Book - liv (with text) (n)
Book cover – po liv
Bookkeeper – kontab
Bookstore – libreri
Boot – bòt (n)
Border – fwontyè (n)
Bore – annwiye (v)
Boring - raz (adj)
Born - fèt
Borrow - prete (v)
Bosom – tete (n)
Boss – bòs, patwon, chèf
Both – toulede (adj)
Bother - annwiye, anmède (v)
Bottle – boutèy (n), mete nan boutèy (v)
Bottle cap – bouchon
Bottle opener – kle kola
Bottom – dèyè (body), anba, fon (prep)
Bough – branch (n)
Bounce back – reprann
Bound – oblije (v, adj)
Boundary – limit, bòn
Boundless – san limit (adj)
Bountiful – (adj) jenere
Bouquet – boukè flè (n)
Bow – koube (v)
Bowl – bòl (n)
Box - bwat (n)
Boy – gason (n), ti gason
Boyfriend – mennaj
Bra – soutyen
Bracelet – goumèt, braslè
Brag – fè djòlè, vante (v)
Braid – très (n), trese (v)
Brain – sèvèl, sèvo (n), tèt
Brake – frennen (v)
Brakes – fren
Branch – branch (n)
Brand - tanpe (v)
Brand-new – tou nèf
Brave – brav (adj)
Brawl – diskisyon (n), goumen (v)
Bread – pen (n)
Breadfruit – lanm, lam veritab, veritab, polo
Breadfruit nut – labapin
Break - kase (adj), poze (take a break), kraze (shatter) (v)
Break down – defonse
Break up – kite
Breakdown – pàn, (machine)

Breakfast – kolasyon, dejne
Breast – tete, sen
Breast-feed – bay tete
Breath – souf (n)
Breathe – respire (v)
Breathless – san souf (adj)
Breed – ras, kwaze (v)
Breeze – ti van, van, briz (n)
Bribe – kòwonp (v)
Brick mason – bòs mason
Bride – lamarye
Bridge – pon (n)
Briefcase – valiz
Bright – klè, briyan, klere (light), eklere, entelijan (intelligence)
Brilliant – klere (bright), fò (strong in an area of study)
Brim – bouch, rebò, bò (n)
Bring – (v) pote/pot, mennen (person: see Leson Twa)
Brisk – (adj) anime
Brittle – frajil (adj)
Broad – laj (adj)
Bronze – bwonz
Brook – sous (n), pasdlo, ti rivyè
Broom – bale (n)
Broth – bouyon (n)
Brother – frè (n)
Brother-in-law – bòfrè
Brow – sousi (n)
Brown – mawon (adj)
Brown sugar – sik wouj
Brush - bwòs (n), bwose (v)
Brutal – brital (adj)
Brute – brital (adj), sovaj
Buck – ponpe (v)
Bucket – bokit
Buckle – bouk (n)
Bud – boujon (n)
Buddy – bon zanmi
Bug – (n) ensèk, fripit
Build – (v) bati, konstwi
Building – (n) kay, batiman
Bulge – gonfle (v)
Bull – towo (n)
Bulldozer – bouldozè
Bullet – bal (n)
Bump - chòk (n), pouse (v)
Bump into – tonbe sou, kwaze ak
Bumper – defans
Bunch – (n) pakèt
Bunion – zobòy
Buoy – bwe
Burden – chay (n)
Burglar – vòlè (n)
Burial – antèman (n)
Burlap – kolèt
Burlap sack – sak kolèt
Burn – pike (spicy), boule (n/v)
Burp – degobye, wote
Burst – (v) eklate, pete
Bury – antere (v)
Bus – otobis, bis (n)
Bus station – estasyon
Bus stop – stasyon
Bush – (n) raje, rak
Business – (n) afè (personal), okipasyon (job)
Busy (mentally preoccupied/ worried) – okipe (adj)
Busybody – fouyapòt
But – men (conj)
Butcher – bouche (n)
Butt – deyè, bounda (can be inappropriate)
Butter – bè (n)

Butterfly – papiyon (n)
Buttock – bò bounda
Button – bouton (n), boutonnen (v)
Buttonhole - boutonnyè
Buy – achte (v)
Buyer – achtè
Buzz – boudonnen
By – bò pa, a (at), bò kote (beside)

C

Cab – taksi (n)
Cabbage – chou (n)
Cabin – kabin (n)
Cable – kab (n)
Cacao – kakawo
Cackle – (v) kodase
Caesarean section – sezaryèn
Cafe – kafe (n)
Cage –(n) kaj
Cake – gato (n)
Calamity – kalamite (n)
Calculate – kalkile (v)
Calculator – kalkilatris
Caldron – gwo chodye
Calendar – almanak
Calf – ti bèf (n)
Call – rele (v)
Callous – gen kè di (heart), rèd, san pitye (adj)
Calm – trankil, kalm (adj)
Calm down – kalme
Camel – chamo (n)
Camera – kodak, kamera (n)
Camp – kan, kanpman (n)
Can – kapab/ka (able) (placed before verb/adj), bwat/mamit (tin) (n)
Canal - kanal
Cancel (activity) – kanpe (v)
Cancer – kansè (n)
Candidate – kandida
Candle – balèn, chandèl (n)
Candy – sirèt, bonbon
Cane – baton, kann (n)
Canister – kanistè
Cannon – kanno
Can't - pa kapab/paka/pa ka
Cantaloupe – melon frans
Canteen – kantin (n)
Canter – twote (v), ti galope (n)
Capable – (adj) kapab/ka (placed before verb/adj), konpetan
Capacity – kapasite (n)
Capital – capital (n)
Capsize – chavire
Capsule – grenn
Captain – kapitèn
Caption – antèt (n)
Captivate – kaptive (v)
Captive – kaptif (adj)
Capture – (v) kenbe, pran, kaptire, bare
Car- machin, oto, vwati
Card – (n) kat, kat jwe
Cardboard – katon
Care – swen (n), bay swen (v)
Care for – okipe, pran swen
Careful – atantif (adj), atansyon (v)
Careless – neglijan
Caress – karès (n)
Cargo – chajman

Carnival – kanaval
Carpet – tapi (n)
Carrot – kawòt (n)
Carry – pote/pot (v)
Cartoon – (n) komik, desen anime
Case – (n) kès, bwat
Cash – lajan, kach, kob (n)
Cash register – kès
Cashier – kesye
Casing – anvlòp (n)
Casket – sèkèy
Cast a spell – voye mò
Castle – chato (n)
Cat – chat (n)
Catch – (v) pran, bare, lapèch (n)
Catch fire – pran dife
Catch one's breath – pran souf
Cathedral – katedral (n
Cause – (n) kòz, lakòz, rezon
Caution – prekosyon (n)
Cease – (v) sispann, rete
Cede – (v) bay legen
Ceiling – plafonn (n)
Celebrate – selebre (v)
Cement – siman
Cemetery – simityè (n)
Census – resansman
Cent – santim
Center – milye (adj), sant (n)
Century – syèk (n)
Cereal – sereyal (n)
Ceremony – seremoni, sèvis
Certain – sèten (adj),
Certainly – sètènman (adv)
Certify – sètifye (v)
Chafe – (v) irite
Chain – chenn (n)
Chair – chèz (n)
Chairman – (n) presidant, direktè
Chalk – lakrè (n)
Chamber – chanm (n)
Chameleon – aganman
Champ – chanpyon (n)
Champion – chanpyon
Championship – chanpyonna
Chance – chans (n)
Change – chanje (v), chanjman, monnen (coins) (n)
Chapter – chapit (n)
Character – karaktè
Characterize – karakterize (v)
Charcoal – chabon (n)
Charge – fonse sou (v), chaj (n)
Charity – charite (n)
Charm – wanga, chame (v), cham (n)
Chase – pati dèyè, kouri dèyè, chase (v)
Chat – koze (v)
Chauffeur – chofè (n), fè chofè (v)
Cheap – bon mache (adj)
Check - chèk (n), tcheke, kontwole(v)
Checkbook – kanè chèk
Cheek – machwè, bò figi (n),
Cheer – (n) bravo, aplodisman, (v) ankouraje, aplodi
Cheese – fwomaj (n)
Cherry – seriz (n)
Chest - (n) pwatrin, lestomak (body part), kòf (furniture), tete (breast)

Chew – (v) bat bouch
Chewing gum - chiklèt
Chicken – poul (n)
Chicken pox – saranpyon
Child - (n) pitit (relational: his child, Mary's child), timoun (general)
Chill – fredi, rafredi (v)
Chimney – cheminen (n)
Chin – manton (n)
China – pòslèn (n)
Chitlins – andwi
Chives – siv
Chocolate – chokola
Choice – (n) chwa, seleksyon
Choir – koral
Choke – trangle, toufe (n)
Choose – chwazi (v)
Chop – (v) koupe
Christian – kretyen
Christmas – Nwèl (n)
Church – legliz (n),
Cigarette – sigarèt
Cinema – sinema (n)
Cinnamon – kanèl
Circle – sèk (n), wonn (adj)
Circular – (adj) won, ansèk
Circumstance – sikonstans (n)
Circus – sirk (n)
Citronella - sitwonnèl
City – lavil, vil (n)
Civilzed – sivilize
Claim – reclame (v), reklamasyon (n)
Clap – kou bravo (n), bat bravo, aplodi (v)
Clarify – (v) klarifye
Class - klas (subject), kou (course) (n)
Classroom – klas
Clay – (n) ajil
Clean - netwaye, pwòpte (v), pwòp (adj), pwòp (adj)
Cleanliness – pwòpte
Clear – (adj) klè, transparan, (v) debarase, regle (clear up)
Clever – (adj) gen lespri
Client – pratik
Climb - monte (v)
Cling - kole (to)
Clinic – klinik
Clip – taye (v)
Cloak – manto, mask (n)
Clock – revèy (n)
Clogged – bouche (adj)
Close (near) – prè, tou pre (adj), fèmen (n)
Closed – fèmen (adj)
Cloth – twal (n)
Clothe – abiye (v)
Clothes – rad
Clothes hanger – sèso
Cloud – nyaj (n)
Clumsy – agòch, maladwat, malagòch (adj)
Clutch – klòtch
Coach – antrenè (n), antrene (v)
Coal – chabon (n)
Coat – vès, manto (n), kouvri ak (v)
Coated – kouvri
Coax – kajole (v)
Cock – kòk (n)
Coconut – kokoye
Cod – aransèl (salted and dried)

Coefficient – koefisyan (n)
Coerce – (v) fòse
Coffee – kafe (n)
Coffee filter - grèp
Coffee pot – kafetyè
Coffin – sèkèy (n)
Cohabit – koabite (v), viv avèk
Coin – monnen (n)
Coincidence – konyensidans (n)
Coka – koka (n)
Cold - gripe (congested), frèt (weather) (adj), fè fret (weather) (v), grip (illness), fredi (weather) (n)
Collaborate – kolabore (v)
Collar – kòl (n)
Collateral – garanti
Collect – (v) rasanble, ranmase, kolekte
Collection – lakolèt
College – kolèj (n)
Colony - koloni
Color - koulè (n), bay koulè (v)
Comb - penyen (v), peny (n)
Combat – konba
Combination lock – kadna sekrè
Combine - melanje
Come – vini (v)
Come back – tounen, retounen
Come from – sòti
Come to (after fainting) – revini
Comfort – konsolasyon, konfò (n)
Comfortable – alèz, konfòtab (adj)
Command – kòmann (n), kòmande (v)
Commence – kòmanse (v)
Commerce – komès (n)
Commission – komisyon
Commit – komèt (v)
Committee – komite
Common – òdinè (adj)
Common law marriage – plasau
Common sense – bon sans
Communicate – kominike (v)
Communion – lasentsèn
Company – konpayi (business), sosyete (social)
Compare – konpare (v)
Compartment – konpòtman
Compassion – pitye
Competition – (n) konpetisyon
Complain – fè plent, plenyen (v)
Complete – konplete, fini (v), konplè (adj)
Completely – toutafè, nèt, konplètman
Complicated – konplike
Compliment – konpliman (n)
Complimentary – gratis
Compose – konpoze (v)
Comprehend – konprann (v)
Compress - konprès
Computer- kompitè, òdinatè
Comrade – kanmarad (n)
Conceal - sere, kache (v)
Concern – tèt chaje, pwoblèm (n)
Concept – konsèp (n)
Conch – lanbi
Conch shell – kòn lanbi
Condemn – kondane (v)
Condition – eta, kondisyon (n)
Conduct – kondui/kondwi (v), konduit/kondwit (n)
Confess – konfese (v), admèt
Confession – konfesyon

Confidence – konfyans
Confident - (adj) gen konfyans
Confidential – sekrè
Confirm – konfime (v)
Confirmation – konfimasyon
Conform – konfòme (v)
Confusion – konfizyon (n)
Congest – (v) bloke, konjeste, bouche
Congratulate – konplimante, fè konpliman (v)
Congratulations – konpliman
Congregate – (v) reyini, rasanble
Conjecture – konjekti (n)
Connect – konekte (v)
Connection – koneksyon
Conscience – konsyans (n)
Conscious – gen konesas (adj)
Consciousness – konnesans
Consecutive – youn dèyè lòt, youn apre lòt
Consent – konsanti (v)
Consequence – konsekans (n)
Consider – kalkile, konsidere (v)
Consist – konsiste (v)
Consistent – konsistan (adj), konfòm
Console – konsole (v)
Consolidate – konsolide (v)
Conspire – fè konplo
Constant – konstant (n), konstan (adj)
Constipated – konstipe
Constipation – konstipasyon
Constitute – konstitye (v)
Constitution – konstitisyon
Construct – konstwi (v)
Construction – konstriksyon
Consult – (v) konsilte, mande konsèy
Consultation – konsiltasyon
Contact – kontak
Contagious – atrapan
Contain – kenbe
Contaminate – kontamine (v)
Contempt – mepri (n)
Content – (adj) satisfè, kontan
Contest – konkou, konpetisyon (n)
Continue – kontinye (v)
Contort – kontòsyone (v)
Contraband – kontrebann
Contract – kontra (n)
Contradict – kontredi (v)
Contraction – tranche
Contrary – (adj) kontrè, opoze
Contribute – (v) kontribye, patisipe
Control – kontwòl
Convene – (v) reyini
Convention – konvansyon (n)
Conversation – pale, koze, konvèsasyon (n)
Convert – konvèti (v)
Convey – transmèt (v)
Convict – kondane (n, v)
Convince – konvenk (v)
Cook – kizinyè (n), kwit/kuit, fè manje (v)
Cooked – kuit (adj)
Cookie - bonbon
Cool – fre, frèt (adj)
Cop – jandam, polis (n)
Copy – kopye (v), kopi (n)
Cord - kòd
Copper – kuiv/kwiv

Core – kè, mitan
Corn – mayi (n)
Corner - kwen (n), fèmen, kwense, bare (v)
Cornmeal – mayi moulen
Corpse – kadav (n)
Correct – korije (v), kòrèk (adj)
Correspond – koresponn (v)
Corrode – manje, wouye (v)
Cost – koute (v), pri (n)
Cotton – koton (n)
Couch – fotèy, kanape (n)
Cough - tous (n), touse (v)
Could - ta ka
Could have - te ka
Couldn't - pat ka/kapab
Council – komite (n)
Count – konte (v)
Country - peyi (Haiti, U.S.) (n)
County – depatman (n)
Couple – koup (n),
Courage - kouraj (n)
Course (school)– kou (n)
Court – tribinal (n)
Cousin - kouzin (female), kouzen (male) (n)
Cover – kouvèti (n), pwoteje (v)
Covered – kouvri
Cow – vach, bèf (n)
Coward – kapwon (n)
Cowardly – lach
Crab – krab
Cram – boure (v)
Crash – fraka (n), kraze (v)
Crave – anvi (v)
Crawfish/crayfish – kribich
Crawl – rale, mache (v)
Crazy – fou (adj)
Cream – krèm (n)
Create – kreye (v)
Creature – kreati (n)
Credit – kredi (n)
Creole – kreyòl (adj)
Crew – ekip (n)
Crib – bèso (n)
Cricket – krikèt
Crime – krim (n)
Cripple – kokobe, estropye (v), enfim (n)
Crippled – (adj) enfim, kokobe
Criticize – kritike
Crook – vòlè (n)
Crooked – kwochi
Crop – rekòlt (n)
Cross – kwa (n), kwaze, travèse (v)
Crouch – koupi
Crowd – foul (n), ankonbre (v)
Crown – kouwòn
Crucifix – krisifi
Crucify – krisifye (v)
Crud – kras
Cruel – mechan (adj)
Cruelty – mechanste
Crumb – myèt
Crush – kraze (v)
Crutch – beki
Cry – kriye (v)
Cucumber – konkonm (n)
Cult – kilt (n)
Culture – kilti (n), koutcha
Cunning – malen (adj)
Cup – gode (metal), tas (mug) (n)
Cupboard – bifèt
Curd – lètkaye (n)

Curdle – kaye
Cure – tretman, remèd (n), geri (v)
Curious – kirye (adj)
Curl – bouklèt (n)
Current – kouran (adj, n)
Currently – kounye a
Curse – madichon, malediksyon (n), di betiz, joure (v)
Curtain – rido (n)
Cushion – kousen (n)
Cushy – dous
Cuss- joure
Custodian – jeran
Custom – koutim, abitid (n)
Customer – kliyan, pratik
Customs - ladwann
Cut – koupe (v)
Cute – bèl (adj)
Cyst - kis

D

Daddy – papa (n)
Dagger – ponya
Daily – chak jou, toulejou (adj), lanbinen (v)
Dam – baraj (n)
Damage – dega, domaj (n)
Damn – modi (v)
Damp – imid, mouye (adj)
Dance - danse (v), dans, bal (event) (n)
Dandruff – kap
Danger – danje (n)
Dark – nwa, fè nwa, fonse (adj), fè nwa (n)
Darling- cheri (adj)
Dashboard – dach
Date - dat
Daughter - pitit/ti fi
Daughter-in-law – bèlfi
Dawn – avanjou, douvanjou (n)
Day – jou, jounen (during day) (n)
Day after tomorrow – aprèdemen
Day and night – lajounen kou lannuit
Day before yesterday – avanyè
Daytime - la jounen
Dead – mouri (adj), mò (n)
Deaf – soud (adj)
Dear – cheri, chè (adj)
Death – lanmò (n)
Debase – abese (v)
Debate – (v) diskite
Debauch – debòch (n)
Debt – dèt (n)
Decay – pouriti (n), pouri (v)
Deceive – twonpe (v)
December – desanm (n)
Decent – debyen
Deception – desepsyon (n)
Decide – deside (v)
Decision – desizyon (n)
Declare – deklare (v)
Decline – refize (v)
Decorate – dekore (v)
Decrease – diminye (v)
Decree – dekrè (n)
Deed – papye, aksyon (n)
Deep – fon (adj)
Default – defo (n)
Defeat – bat, kale (v)
Defect – defo (n), defo fabrik
Defend – defann

Defense – defans (n)
Defer – ranvwaye (v)
Defiance – defi
Definite – definitif (adj)
Definitely – san mank
Deflate – pèdi van, retire van nan
Deflect – devye
Deft – ajil (adj)
Defy – (v) pini
Degree – (n) degre, diplòm
Delete – retire, efase (v)
Deliberate – esprè (adj), reflechi (v)
Deliberately – espre
Delicate – (adj) delika, frajil
Delicious – bon gou (adj)
Delight – plezi (n)
Delirious – (adj) fou
Deliver – delivre (v)
Delivery – akouchman
Deluge – (n) inondasyon
Delve – fouye (v)
Demand – demann (n), mande (v)
Democracy – demokrasi
Demolish – demoli (v)
Demonstrate – montre
Demote – degrade, desann grad
Denim – abako
Denounce – denonse
Dense – epè (adj)
Dent – kolboso, fè kolboso (v)
Dentist – dantis
Dentures – atelye
Deodorant - dezodoran
Depart – pati
Department – depatman (n)
Departure – depa (n)
Depend – konte, depann (v)
Dependable – serye
Deport – voye tounen, depòte (v)
Depose – dechouke (v)
Deposit – fè deop, depoze (v)
Depot – depo (n)
Deprave – detounen (v)
Depraved – deprave (adj)
Depress – peze (v)
Depressed – deprime (adj)
Depression – (n) depresyon
Depth – fondè, pwofondè (n)
Descend – desann (v)
Describe – dekri (v)
Desert – pati kite, savann dezole, kite, dezè (n)
Deserve – merite (v)
Design – desen (n), desine (v)
Desire – dezi, vle, anvi, dezire (v)
Desk – biwo (n)
Despair – dezespwa, dezespere (v)
Desperate – dezespere (adj)
Despite – malgre (adv)
Dessert – desè (n)
Destiny – desten, destine (n)
Destroy – detwi (v)
Detach – detache (v)
Detail – detay (n)
Detain – kenbe (v)
Detect – detekte (v)
Deter – anpeche (v)
Deteriorate – vin pi mal
Determination – volonte
Determined – detèmine (adj)
Detest – (v) rayi
Detour – detou (n)

Devastate – kraze moral, devaste (v)
Develop – devlope (v)
Device (CD player, MP3, record player) – aparèy, enstriman (n)
Devil – dyab, satan, demon (n)
Devout – devwe (adj)
Dew – lawouze (n)
Diabetes - fè sik
Diamond – diaman
Diamonds - kawo
Diaper – kouchèt
Diarrhea – djare
Diary – jounal (n)
Dibble – pens
Dictation – dikte
Dictator – dictatè
Dictionary – diksyonnè, diksyonne, diksyonè (n)
Die (dice) – mouri (v), zo (dice)
Diesel – dizèl
Diesel fuel – gazòy
Differ – gen diferans, pa dakò (v)
Different – lòt, diferan (adj)
Differently – yon lòt jan
Difficult – difisil (adj)
Dig – fouye (v)
Dig up – detere
Digest – ekstrè (n), dijere (v)
Dignitary – gwo chabrak
Dignity – diyite (n)
Diligent – debouya (adj)
Dilute – dekoupe, delye (v)
Dim – fèb, pal (adj)
Dimple – tou bote
Dining room - sal a manje
Dinner – (n) dine,
Dip – plonje, tranpe (v)
Diploma – diplòm, sètifika
Dipstick – gedj
Direct – dirije (v)
Direction – sans
Direct – dirèk (adj), dirije (v)
Directly – direk, tou dwat
Director – direktè
Dirt – kras (n), salte, pousyè
Dirt cheap – piyay
Dirt road – wout tè
Dirty – sal adj/v
Disable – deranje (v)
Disabled – (adj) andikape, enfim
Disagree – pa dakò (v)
Disagreeable – (adj) dezagreyab, anmèdan
Disappear – disparèt (v)
Disappoint - desevwa (v)
Disapprove – pa dakò, dezapwouve (v)
Disarm – dezame
Disarray – (n), tètchaje
Disaster – dezas (n)
Disburse – debouse (v)
Discard – jete
Discern – (v) dekouvri, disène
Discharge – revokasyon, revoke (v)
Discharged – bay egzeyat
Discipline – disiplin, korije (v)
Discontent – mekontantman (n)
Discontinue – sispann
Discord – dezakò (n)
Discourage – dekouraje
Discouraged – dekouraje
Discover – dekouvri (v)
Discrete – diskrè (adj)
Discretion – diskresyon (n)

Discuss – diskite (v), pale
Disdain – deden (n)
Disease – malady (n)
Disfigure – defigire
Disgrace – fè wont, dezonè (n)
Disgust – degoute (v), degou (n)
Dish – pla, manje, asyèt (n), plat
Dishes – vèsèl
Disobey – dezobeyi
Dishonest – malonnèt
Dishpan – kivèt
Dishtowel – twal asyèt, tòchon
Disk – dis
Diskette – diskèt
Dislike – pa renmen
Dismiss – lage (v)
Disorder – dezòd (n)
Disorderly – an dezòd
Disown – deposede (v)
Dispensary – dispansè (n)
Display – expoze, espozisyon, etale (v)
Dissipate – gaye (v)
Disqualify – elimine
Dissolve – fonn
Distance – distans (n)
Distant – lwen
Distinct – (adj) klè
Distillery – gilfiv
Distort – defòme (v)
Distract – fè distrè, distrè (v)
Distribute – separe, distribye (v)
District – distrik, distri (n)
Disturb – enmède, deranje (v)
Ditch – ravin (n)
Dive – plonje (v)
Diver – dayvè (n)
Diverse – divès (adj)
Divide – separe, pataje, divize (v)
Division – divizyon
Divorce – divòs (n), divòse (v)
Dizzy - tèt (subject+tense) vire, toudi, gen vètij, gen tèt vire (adj)
Do – fè (v)
Do business – fè afè
Do one's duty – fè devwa ou
Do one's homework – fè devwa ou
Dock – waf, kochte (v)
Doctor – doktè
Document – papye
Dodge – eskive
Doesn't/does not - pa (usually before verb)
Dog – chen (n)
Doll – poupe (n)
Dollar – dola (n)
Domestic – peyi (adj), restavèk (n)
Dominican – dominiken, panyòl
Dominican Republic - Sendomeng
Done - fini
Donkey – bourik (n)
Don't - pa (usually before verb)
Don't mention it – pa dekwa
Doom – fayit (n)
Door – pòt (n), antre
Doorstep – machpye
Doorway – papòt
Dormitory – dòtwa (n)
Dot – (n) tach
Double – doub (adj), double (v)
Double arm width – bras
Double chin – babin
Doubt – dout (n), doute (v)

Dough – pat, pat farin (n)
Dove – toutrèl, pijon (n)
Down – ba, an ba, anba (adv), desann (v)
Downstairs- anba a
Downtown – lavil la
Doze – kabicha
Dozen – douzèn
Draft – kourandè, bouyon (n), anwole (v)
Drag – rale, trennen (v)
Drag ones feet – trennen pye
Dragonfly – demwazèl
Drian – dren, egou (n), itilize (v)
Draw - fè desen, fè potre (picture), rale (pull)
Drawer – tiwa
Drawing – desen
Dream – rèv (n), reve (v)
Dreary – tris (adj), sonm
Drenched – mouye tranp
Dress – wòb (n), abiye (v)
Dress a wound – panse
Dress shirt - kòsaj
Dress suit – kostim
Dressed up – bòzò, bwodè
Dressing – pansman (wound)
Dressmaker – koutiryè (n)
Drift – drive, flote (v)
Drill – fè egzèsis (v), dril (n)
Drink - bwè (v), bwason, bweson (n)
Drinking straw – chalimo
Drip – degoute (v)
Drive – kondwit, mennen nan machin, kondi (v)
Drive someone crazy – fè fou
Driver – chofè (n), kondiktè
Driver's license – lisans
Drizzle – farinen (v)
Drool – bave
Drop – gout (n), lage, kite tonbe, lese tonbe (v)
Drought – sechrès (n)
Drown – neye, nwaye (v)
Drug – (n) medikaman, remèd, (v) dwoge
Drugstore – fanmasi
Drum – (n) doum, dwòm, tanbou
Drummer – tanbouyè
Drums – batri
Drumstick – pye poul
Drunk – sou (adj)
Drunkard – soula (n)
Dry - sèch, sèk (dried up) (adj), seche, siye (v)
Duck – kanna (n)
Dumb – sòt, bèbè, enbesil (adj)
Dump – lage (v), pil fatra (n)
Dumpling – bòy, doumbrèy
Dung – kaka (n)
Dunk – tranpe
Duplicate - doub
During – pandan (prep)
Dusk – (n) solèy kouche, bren
Dust – pousyè (n)
Duty – (n) taks, obligasyon
Dwarf – tinen (n)
Dwell upon – kalkile sou
Dwelling – kay (n)
Dye – kolore (v)
Dyke – madivinèz
Dysentery - kolerin

E

Each – chak (adj)
Eager – enterese (adj)
Ear – (n) zòrèy, zepi (corn)
Ear wax – kaka zòrèy
Eardrum – tande zòrèy
Earlobe – boul zòrèy
Earlier - pi bonè
Early – (adv) bonè, anvan lè, annavans
Earn – (v) merite, fè lajan
Earnest – bònfwa (adj)
Earphone – kònè
Earring – zanno (n)
Earth (planet and soil) – tè, Latè (n)
Earthquake – tranblemann tè
Earthworm – vètè
Ease – kalme
East – lès (n)
Easter – Pak (n)
Easy – (adj) fasil, senp
Eat – manje (n)
Eater – manjè
Eavesdrop – koute anbachal
Echo – repete, eko (n)
Eczema – egzema
Edge – arebò, rebò, bò, kwen (n), bout
Edit – edite (v)
Editor – editè (v)
Educate – edike (v)
Eel – zangi (n)
Efface – efase (v)
Effort – efò (n)
Egg – ze (n)
Egg-beater – batèz
Eggplant – berejèn
Eight – wit (adj)
Eighth – uityèm
Eighteen – dizuit (adj)
Eighty – katreven (adj)
Either – seswa, youn ou lòt, swa, ni (or), oswa, nenpòt
Eject – retire (v), pouse soti
Elaborate – konplike (adj), elabore (v)
Elastic – elastic
Elbow – koud (n)
Elder – grandèt, granmoun (n)
Eldest – lene, pi gran, premye
Elect – chawazi (v)
Election – eleksyon
Electric – elektrik
Electric wire – fil kouran
Electrician – elektrisyen
Electricity – kouran
Electronic – elektwonik
Elementary school – lekòl prime
Elephant – elefan (n)
Eleven – onz (adj)
Eliminate – elimine (v)
Elite – lelit
Else – osinon (conj)
Elsewhere – lòt kote, yon lòt kote
Embarrass – anbarase, fè wont
Embarrassment – wont
Embassy – anbasad (n)
Embellish – anbeli (v)
Embolden – bay kouraj (v)
Embrace – anbrase (v)
Embroider – bwode (v)
Emery paper – papye emri
Emit – emèt (v)
Emotion – emosyon (n)

Employ – bay travay, anplwaye (v), djòb, travay (n)
Employee – anplwaye
Employment – travay
Empower – otorize (v)
Empty – vid, vide (v)
Empty-handed – de men vid
Enclose – mete, fèmen (v), bouche
Encounter – tonbe sou
Encourage – ankouraje (v)
Encouragement – ankourajment
End – fen
Endurance – rezistans, andirans (n)
Endure – sipòte
Enema – lavman
Enemy – lennmi (n)
Energy – kouray
Engage – angaje (v)
Engaged – fiyanse
Engine – motè (n)
Engineer – enjennyè
English – angle (adj)
Engrave – grave
Enigma – enigma (n)
Enjoy – pran plez, jwi, rejwi (v)
Enlarge – agrandi
Enormous – enòm, manman/ papa (adj)
Enough – ase, kont (adv)
Enrage – enève (v)
Enrich – anrichi (v)
Enroll – enskr, anwole (v)
Ensure – asire (v)
Entangle – (v) mele
Enter – antre (v)
Enter someone's mind - vin nan tèt yon moun
Enterprise – antrepirz (v)
Entertain – (v) resevwa
Entire – (adj) antye, tout
Entirely – nèt
Entrails – zantray (n)
Envelope – anvlòp (n), vlope (v)
Envious – anvye (adj)
Envy – jalouzi, anvi (n)
Epilepsy – malkadi
Epiphany – Lewa
Equal – egal (adj), menm, egale (v)
Equally – egal-ego
Equip – ekipe (v)
Equipment – ekipaman (n)
Erase – efase (v)
Eraser – chiffon, gonm
Erect – kanpe, vètikal, dwat (adj), drese (v)
Erode – manje
Err – fè erè
Errand – konmisyon (n)
Error – (n) erè, fòt
Erupt – pete, eklate (v)
Eruption – eklatman (n)
Escape – chape, sove (v)
Escourt – konpayon (n), eskòte (v)
Especial – epesyal (adj)
Especially – sitou, espesyalman (adv)
Espionage – espyonay (n)
Esquire – avoka (n)
Essence – esans (of vanilla)
Establish – etabli (v)
Esteem – estim (n)

Estimate – estimasyon (n), estime (v)
Evade – (v) sove
Evangelist – levanjil (n), paste
Evangelize – (v) preche, evanjelize
Evaporate – vante
Even – menm (adv), egal, jis (adj)
Even if - menmsi
Evening – aswè, swa, leswa, aswè a (this eve.)
Event – evenman (n)
Ever – janmen
Ever Since - depi
Every – chak (adj)
Every bit – tout nèt
Every now and then – yon lè konsa
Every once in a while - tan-zan-tan
Every time - chak tan/Chak fwa
Everybody/Everyone - tout moun
Everything - tout bagay
Everywhere – toupatou, tout, kote
Evict – (v) mete deyò
Evidence – prèv
Evident – evidan, aklè (adj)
Evil – mal, move (adj)
Ewe – fenmèl mouton
Exact – egzak (adj)
Exactly – jis, won
Exaggerate – egzajere (v)
Examination – egzamen, konpozisyon, konsiltasyon (medical)
Examine – kontwole, egzamine
Example – egzanp (n)
Exceed – depase (v)
Excellent – trè byen/bon
Except – eksepte (prep), sòf
Excepting – anwetan
Exception – eksepsyon (n)
Excess – anplis, twòp
Exchange – chanje, twoke, boukante, echanje (v)
Excite – eksite (v)
Excited – eksite (arouse)
Excuse – eskiz (n), eskize (v)
Execute – egzekite, akonpli (v)
Exemplar – egzanplè (adj)
Exempt – egzan (adj)
Exercise – egzèsis (n), fè egzèsis, egzèse (v)
Exert – fè egzèsis (v)
Exhale – lage souf ou, ran souf, egzale (v)
Exhaust – kraze kò ou, mòflè (n)
Exhausted – bouke nèt, mouri, bouke (adj)
Exile – egzile, egzil (n)
Exist – egziste (v)
Expect – tann (v), alatant
Expecting – ansent, gwòs (adj)
Expel – desitire, mete deyò, ranvwaye (v)
Expense – depans (n)
Expensive – chè (adj)
Experience – esperians, eksperyans (n)
Experiment – esperians
Expert – ekspè (n)
Explain – esplike (v)
Explanation – esplikasyon
Explicit – eksplisit, klè (adj)

Explode – eklate, sote, eksploze (v)
Explore – egzamine, eksplore (v)
Explosion – eksplozyon, eklatman (n)
Export – ekspòtasyon (n), ekspòte (v)
Expose – expoze (v)
Exposition – ekspozisyon (n)
Express – eksprime (v)
Extend – (v) ouvri
Extent – limit (n)
Exterior – deyò, eksteryè (n)
External – andeyò (adj)
Extort – peze (v)
Extra – degi
Extract – esans, ekstrè (n), rale (v)
Extraordinary – ekstraòdinè (adj)
Extreme – ekstrèm (adj)
Extricate – rache (v)
Eye – zye, je (n)
Eyeball – boul je
Eyebrow – sousi (n)
Eyelash – pwèl, plim
Eyelid – po je, pòpyè

F

Fable – istwa (n)
Face - figi (n), bay sou, gade sou, (v), anfas (adj)
Face down – fas anba
Facile – fasil (adj)
Fact – verite (n)
Factory – faktori, izin
Fad – kapris (n)
Faint – dekonpoze, endispoze, fè endispozisyon, pèdi konnesans, pal (adj)
Fainting spell – endispozisyon
Fair – klè, jis (adj)
Faith – lafwa (n)
Faithful – fidèl
Fake – fo (adj)
Fall – tonbe (v), otòn (n)
Fall behind – gen reta
Fall for – tonbe pou
Fall off – sot tonbe
False – (adj), pa vre, manti
False teeth – fo dan
Familiar – òdinè, abitye
Family – fanmi (n)
Family name – non
Famine – grangou, famin (n)
Famous – fame, enpòtan (adj), gran
Fan – evantay, fanatik, vantilatè (n), vante, soufle (v)
Fancy – anpenpan (adj), imajine (v)
Fang – (n) dan
Far – lwen (adv)
Farm – travay tè, fè kilti (v), jaden (n)
Farmer – kiltivatè
Far-sighted – pa wè pre
Fart – pete, fè van
Farther – pilwen (adv)
Fascinate – entrige, fasine (v)
Fascinating – entresan anpil
Fashion – mòd, lamòd (n)
Fasionable - alamòd
Fast – vit (adj), rapid (adj)
Fasten – (v) tache, mare

Fat – gra (adj)
Fate – desten (n)
Father – papa (n)
Father-in-law – bòpè
Fatigue – fatig (n)
Fatten – angrese
Faucet – tèt tiyo, wobinèt
Fault – fòt, defo(n), bay tò (v)
Favor – favè (n), prefere (v)
Favorite - pi pito (compound word: more prefer)
Favoritism – paspouki
Fear – pè (v), perèz (n)
Fearful – krentif
Fearless – pa pè anyen
Feasible – ka fèt, posib
Feast – fèt, babako, banbòch (n)
Feather – plim (n)
February – fevriye (n)
Feces – poupou, kaka (can be inappropriate)
Fed up – bouke
Fee – (n) frè
Feeble – fèb (adj)
Feed – manje bèt (n), bay manje, nouri (v)
Feel – (v) manyen, santi (feel like) (see Leson De)
Feel up to – santi ou kapab
Feign – (v) pran pòz
Felon – kriminèl (n)
Female – femèl (adj), fi, fanm (n)
Fence – bare (v), baryè (n)
Fend for oneself – degaje (+ subject)
Fender – zèl
Fern – foujè (n)
Ferocious – fewòs (adj)
Fertile – donnen (adj)
Fertilizer – angrè
Fetch – chèche (v)
Fetish – wanga, fetich
Feud – ying-yang
Fever – lafyèv (n)
Few – kèk (adj)
Fiancé – fiyanse
Fib – manti (n), bay (fè) manti (v)
Fiction – fiksyon (n)
Fiddle – jew ak (v)
Field – jaden, tè, teren (n)
Fifteen – kenz (adj)
Fifth – senkyèm
Fifty – senkant (adj)
Fight – goumen (n/v), batay (n)
File – dosye (n)
Fill – plen (v)
Fill a tooth – plonbe
Fill in – bouche
Fill in for – kenbe pou
Film - fim (n)
Filter – filt, koule (v)
Filth – salte
Filthy – sal (adj)
Fin – zèl
Final – dènye, final (adj)
Finally – anfen
Find - chèche (to look for), jwènn (to find) (v)
Fine – anfòm (adj)
Finger – dwèt (n), tate (v)
Fingernail - zong dwèt
Finish, done – fini (v)/Fin, kaba
Finished – fini, kaba
Fire – dife (n), revoke (job), tire (weapon) (v)

Fire engine – machin ponpye
Fire station – kazèn ponpye
Firecracker – peta
Firefly – koukouy
Fireman – ponpye
Firm – fèm, konpayi, entrepriz (n), solid (adj)
First – premye (adj)
First name - prenon
Fish – pwason, peche (v)
Fish trap – nas, pwason (n)
Fisherman – pechè
Fishhook – zen
Fishing – lapèch
Fishy – dwòl, pa klè
Fist – pwen (n)
Fit – anfòm, ajiste
Fit as a fiddle – anfòm kou yon bas
Fitting – nòmal
Five – senk (adj)
Five cents – senk kòb
Fix – ranje (v)
Flabbergasted – rete bèkèkè
Flag – drapo (n)
Flagpole – ma drapo
Flame – flanm (n)
Flank – koulin
Flap – bat (nan van) (v)
Flash – flach (n), klere (v)
Flashlight – flach
Flat – plat (adj)
Flatten – plati
Flavor – gou (n)
Flaw – defo
Flee – sove
Flesh – chè, nannan, vyann (n)
Flight – etaj, vòl (n)
Flimsy – branlan (adj)
Fling – voye jete (v)
Flint – pyè brikè, silèks (n)
Flint stone – pyè
Flip – baskile (v)
Flipped left and right – dwat e gòch
Flirt – file (v)
Float – (v) flote, ret sou dlo
Flock – twoup, bann(n)
Flood – inondsyon (n)
Floor – atè, planche
Flour – farin (n)
Flow – koule (v)
Flower – flè (n), fleri (v)
Flu – grip (n)
Fluent – kouran (adj)
Fluid – likid (n)
Flute - flit
Fly - vole (v), bragèt, fripit, mouch (n),
Foal – poulich
Foam – kim, kimen (v)
Foe – lenmi (n)
Fog – bouya (n)
Fold – pliye (v), pli (n)
Folder – katab
Folk – peyi (adj)
Follow – suiv, swiv (v)
Fond – fanatik (adj)
Food – manje (n)
Fool – egare, moun sòt, enbesil (n), twonpe (v)
Foot – pye (n)
Footprint – mak pye
For ("to" and "so" when it's used as for) – pou (prep), paske
For certain – sèten, serye

For free – pou granmesi
For good – pou toutbon
For long – lontan
For nothing – pou granmesi
For someone's own good – pou byennèt yon moun
For the moment – pou kounye a
Forbid – defann (v), entèdi
Force – fòs (n), fòse, oblije (v)
Forehead – fwon
Foreign – etranje (adj)
Foreigner – etranje
Foreman – fòmann, bòs (n)
Foresee – prevwa
Forest – fore (n), rakbwa
Forever – toujou, pou tout tan, ajamè (adv)
Forewarn – prevwa, avèti
Forge – fòj
Forget – bliye (v)
Forgive – padonnen (v)
Forgiveness – padon
Fork – fouchèt (tableware) (n), fouch (other than tableware), ranmase
Form – fòm (n), fòme (v)
Former – ansyen (adj)
Forsake – lage (v), abandone
Fortunate – ere
Fortune- richès, fòtin (n)
Forty – karant (adj)
Forward – devan (adj), avanse (v)
Foundation – fondasyon
Four – kat (adj)
Fourteen – katòz
Fourth – ka, katriyèm
Fowl – volay (n)
Fracture – frakti (n)
Fragile – frajil (adj)
Fragrance – sant, odè
Frank – kare (adj)
Fraud – fwòd (n)
Free - gratis, granmesi, (no expense), lib (freedom) (adj) lage, bay libète (v)
Freedom – libète (n)
Freeze – glase, konjle (v)
Freight – machandiz
French – franse, frans
Frequent – dri, ki fèt souvan, rapid, souvan (adj)
Frequently - souvan
Fresh – fre (adj)
Friday - vandredi (n)
Fried/Fry - fri
Friend – zanmi (n),
Fright – (n) laperèz
Frighten – fè pè
Frog – krapo (n)
From - nan (part of something), nan men (from a person)
Front/in front of – devan (n)
Front yard – lakou
Frost – glas (n)
Frown – gwonde (v)
Frozen - glase
Fruit – fwi (n)
Frustration – fristrasyon (n)
Fry – fri (v)
Frying pan – pwelon
Fuel – gaz (n)
Fulfil – (v) akonpli
Full – plen (adj)
Full and overflowing – plen jouk nan bouch

Full well – byen pwòp
Fume – vapè (n)
Fun – (n) amizman, plez, distraksyon, amizan (adj)
Funeral – antèman, fineray (n)
Funnel – antònwa
Funny – komik (adj)
Fur – pwal
Furious – firye (adj)
Furnish – founi
Furniture – mèb (n)
Further – pilwen (adv)
Future – fiti, avni (n)

G

Gall bladder – fyèl
Gallon – galon (n)
Gallop – galope
Game – jwèt (n)
Garage – garaj (n)
Garbage – fatra
Garden – fè jaden (v), jaden (n)
Gardener – jadinye (n)
Gargle – gagari
Garlic – lay (n)
Garment – (n) rad
Gas – gaz (n)
Gas station – estasyon gazolin
Gas tank – tank gaz
Gasoline – gazolin
Gate – baryè, pòtay (n)
Gather – rasanble, sanble, ranmase (v)
Gather fruit – keyi
Gaudy – djandjan
Gauge – (v) mezire
Gauze – twal gaz
Gaze – fikse (v)
Gear – vitès
Gearshift – levye
General – jeneral (adj/n)
Generate – jenere, pwodui (v)
Generator – dèlko, mayeto
Generous – donan, jenere (adj)
Genesis – Jenèz (n)
Genitals – afè, pati
Gentle – janti, dou(adj),
Gentleman - mesye
Gently – Dousman
Germ – mikwòb, jèm
German – alman
Germinate – jèmen, parèt, leve
Gesture – fè siy (v), siy (n)
Get - jwènn (receive), chèchè (to go get/pick up something), gen, pran (v)
Get by – pase, degaje
Get down/Off – desann
Get even – pran yon moun
Get on - monte (vehicle, etc)
Get one's hands on – met men sou
Get out – sòti, lage
Get up from – leve
Ghost – (n) zonbi
Giant – jeyan (adj)
Gift – kado, don (n)
Giggle – griyen dan(v)
Gin – djin (n)
Ginger – jenjanm
Girdle - gèn
Girl – fi, pitit fi, tifi (n)
Give - bay (see Leson Kat) (v)
Give away – fè kado
Give back – remèt

Give notice – avèti
Give oneself up – ran tèt ou
Give out – separe
Give up – abandone, lage (v)
Given – etan
Gizzard – zizye
Glad – kontan (adj)
Glance – gade (v)
Glare – ekla (n)
Glass - vè (drinking glass), vit (n)
Glasses – linèt
Gleam – miwate (v)
Glide – glise (v)
Glitter – ekla (n)
Globe – glob (n)
Gloom – tenèb (n)
Glory – glwa, laglwa (n)
Glove – gan (n)
Glow – klere
Glue – lakòl (n), kole (v)
Glutton – saf
Gluttony – safte
Gnat – bigay, papiyon lanp (n)
Gnaw - wonyen
Go – ale/al (v)
Go away - ale
Go back – tounen, retounen
Go blind – vin avèg
Go down – desann, dezanfle, pèdi vale
Go into – anter, antre nan
Go on foot – ale a pye, rale sou pye
Go out – sòti
Go through – pase
Go to bed – kouche
Go to the dogs – tonbe nèt
Go to waste – gaspiye
Go together – mache ansanm
Go up – monte
Go with – mache avèk
Go wrong – fè erè, pase mal
Goal – bi, gòl, objektif (n)
Goalie - gadyen
Goat – kabrit (n)
God – Bondye (n)
Godchild – fiyèl
Godfather – parenn
Godmother - marenn
Gold – lò (n)
Golden – annò (adj)
Gonorrhea - gratchalè
Good – bon (adj)
Good day – bonjou
Good Friday – Vandredi Sen
Good morning – bonjou
Goodbye – orevwa, babay
Goods – machandiz, byen, danre (n)
Goose – zwa (n)
Goose bumps – chèdepoul
Gospel – levanjil
Gossip – tripotay (n), fè tripotay (v)
Gourd – kalbas
Gourd bowl – kwi
Govern – gouvènen (v)
Government – leta
Gown – wòb (n)
Grab – rape, pran pa fòs(v)
Grace – gras, lagras (n)
Grade – klas, grad (n), evalye (v)
Graddually – piti piti
Graduate – diplome (adj/v)
Graduation – pwomosyon

Graft – grefe
Grain – grenn (n)
Grand – mayifik, gwo
Grandchild – pitit-pitit (n)
Grandpa/grandfather - gran papa/granpè
Granny/grandmother – grann/ granmè
Grape – rezen (n)
Grapefruit – chadèk
Grapevine – pye rezen, radyodyòl
Grasp – sezi (v)
Grass – zèb (n)
Grasshopper – chwal bwa
Grassland – savann
Grate – graje (v)
Grater – graj
Gratitude – rekonnesans (n)
Gratutity – poubwa
Grave – grav (adj), tonm (n)
Gravy – sòs (n)
Gray – gri (adj)
Grease – grès (n), grese (v)
Great – gran (adj)
Greedy – visye, gouman (adj)
Green – vèt (adj)
Green bean – pwa tann
Greens – fèyay
Greet – akeyi, salye (v)
Grief – chagren, lapenn (n)
Grill – gri, griye (v)
Grilled meat – griyad
Grime – kras (n), salte
Grin – griyen (v)
Grind – moulen (v, n)
Grindstone – mèl
Grocery – pwovizyon (n)
Ground – atè, teren, tè (n)
Groundless – san prèv
Grounds – ma
Group – gwoup (n), rasanble, reyini, gwoupe (v)
Grow – pouse, grandi (v)
Growl – gwonde
Grown-up – granmoun
Grubby – sal
Grudge – kont
Grumble – babye
Gauge – gedj
Guarantee – bay asirans, bay garanti (v)
Guard – gad, jandam (n), veye, siveye, gade (v)
Guava – gwayav
Guess – devine (v)
Guest – envite (n)
Guide – gid (n), mennen, gide (v)
Guilty – koupab (adj)
Guinea fowl – pentad
Guinea pig – kochondenn
Guitar – gita
Gulp – vale (v)
Gum – (n) gonm, jansiv, chiklèt (chewing)
Gun – revolvè (n)
Gut – zantray (n)
Guts – trip
Guy – mesye, nèg (n)

<u>H</u>

Habit – (n) abitid, koutim
Haggle – (v) negosye
Hail - lagrèl

Hair – cheve (n)
Hair brush - bwòs cheve
Haiti – ayiti
Haitian – ayisyen
Half – demi (adj), mwatye (n)
Hall – (n) koridò, òl
Hallway – koulwa
Ham – janbon (n)
Hamburger - anmbègè
Hammer – mato (n)
Hammock – ranmak
Hamper – kontrarye
Hand - (n) men, koutmen
Hand brake – brek
Handbag – valiz
Handcraft – atizana
Handcuff – minote (v), menòt (n)
Handcuffs – menòt
Handful – ponyen
Handgun – revolve
Handicapped – kokobe
Handerchief – mouchwa (n)
Handle – manch (n), okipe (v)
Handlebars – gidon
Handout – lacharite
Handsaw – goyin
Handshake - lanmen
Handsome – bo, bèl gason (adj), ti pouchon
Handwriting – ekriti
Handy – itil (adj)
Happen – rive, pase (v)
Happy – kontan (adj)
Hard – di (adj)
Hard drive – dis lou
Hard hearted – gen kè di
Harden – vin di
Hardly – apèn, prèske pa
Hardship – difikilte
Harm – fè mal, malmennen (v)
Harmonica – amonika
Harness – kipay, lekipay
Harsh – di
Harvest – rekòlt (n), rekòlte (v)
Has - genyen/gen
Hasp – kouplè, kouplè kadna
Hassle – tèt chaje
Haste – anpresman (n)
Hat – chapo (n)
Hatch – kale (v)
Hate – rayi (v), rayisman (n)
Haughtiness – pretansyon
Haul – rale (v)
Haunted - ante
Have – genyen/gen
Hay – zèb chèch/sèch, pay, zèb (n)
He – li (pron)
Head – tèt (n), prezide, chèf, dirije (v)
Headache - tèt fè mal, maltèt (n), modtèt
Headboard – tèt kabann
Headlight – limyè machin
Head start – gabèl
Heal – geri (v)
Health – sante, lasante (n)
Healthy – ansante (adj)
Heap – pil (n)
Hear – tande
Hearse - kòbiya
Heart – kè (n)
Heart attack – kriz kè
Heart of stone – kè di
Heartburn – zègrè
Heat – chalè, chofe (v)

Heat rash – bouton chalè, chofi, lota, tife, bann chalè
Heaven – syèl (n)
Heavy – lou (adj)
Heed – pote atanson, byen tande, koute konsèy (v)
Heel – talon (n)
Heifer – gazèl
Height – wotè (n)
Helicopter – elikoptè
Hell – lanfè (n)
Hello – alo
Helmet - kas
Help – ede (v), èd (n)
Hem – woulèt (n), fè woulèt (v)
Hemorrhage – emoraji
Hemorrhoid – emowoyid
Hen – manman poul (n)
Her(s) – li (pron)
Herb – epis (n)
Herbal tea - tizan
Here - la (general), isit (at location) (adv), isit la (present at location), isi, prezan
Here is\are – men
Hernia – madougoun, maklouklou, èni
Herring – aran (n)
Hers – pou li, pa li, li (pron)
Herself – li-menm (pron)
Hesitate – ezite (v)
Hibiscus – choublak
Hiccup – òkèt (n)
Hide - kache (a person) (v), sere (an item for safe keeping), po bèt, po (n)
Hideous – lèd (adj)
High – wo (adj),
High blood pressure - fè tansyon (v), tansyon (n)
High noon – gwo midi
High school – segondè
Higher than – pi wo pase
Hijack – detounen (v)
Hike – pwomnad
Hill – mòn (n)
Hillbilly – nèg mòn
Him – li (pron)
Himself – li-menm (pron)
Hinder – jennen
Hinge – kouple, gon
Hip – ranch
Hire – anplwaye (v)
His - li (see Leson Wit) (pron) pa li, pou li
Hit – (v) frape, bay kou
Hitch a ride – pran yon woulib
Hoard – sere
Hoarse – anwe (adj)
Hobble – bwete, rale soup ye
Hock – mete nan plàn
Hoe – wou (n), sekle ak wou (v)
Hog – kochon (n)
Hoist – ise
Hold – kenbe (v),
Hole – twou (n)
Holiday – fèt, vakans, konje (n)
Hollow – vid, kre (adj)
Holster – pòch
Holy – sakre, sen (adj)
Holy Spirit - Sentespri
Home, at home – lakay (n)
Homeland – peyi pat
Homework – devwa
Homosexual – masisi, madoka, desiskole

Honest – onèt (adj)
Honey – siwo myèl, cheri, siwo (n)
Honk – klaksonnen
Honor – lonè (n)
Hoodlum – brigan
Hoof – zago, pat zannimo (n)
Hope - espwa (n), espere, swete (v)
Hornet – gèp (n)
Horse – (n) chwal/cheval
Horse-shoe – fè
Hose (stocking) – ba
Hose (for water) – kawoutchou
Hospital – lopital
Hospitality – ospitalite (n)
Hospitalize – entène
Host – mètkay, losti, animatè (n)
Hostess – otès (n)
Hot - cho, pike (adj), fè Cho (v)
Hotel – otèl/lotèl (n)
Hour – lè (n), è
House – kay (n)
Housekeeper - bòn
How - ki jan/kijan (adv), kouman/kòman
How far – jis ki bò, jis ki kote
How many of/how much of - konbyen nan, konbyen
How many times - konbyen fwa
How many - konbyen
How much time - konbyen tan
How much – konbyen
However – sepandan
Howl – rele (v), ranni
Hub – mwaye
Hubcap – kapo wou
Hug – anbrase (v)
Huge – gwo (adj)
Hull – kòk bato
Human – imen (adj), moun (n)
Human being – kretyen vivan
Humble – san pretansyon, abese (v), modès (adj)
Humid – imid (adj)
Humiliate – fè wont, imilye
Hummingbird – wanga nègès, zwazo wanga
Humor – imè
Hump – bòs
Hunch – lide
Hunchback – bosi, do bosi
Hundred – san (adj)
Hunger – grangou (n)
Hungry – grangou
Hunt – lachas (n), chase (v)
Hunter – chasè
Hurricane – siklòn
Hurry – prese, fè vit, kouri (v)
Hurt - fè mal (ache) (v)
Hurt - blese (cut or bruise) (adj,v)
Husband – mari (n)
Hush – silans (n)
Husk – pay
Hymn – kantik, chan
Hyphen – tire (n)
Hypocrite - ipokrit

I

I – Mwen (pron
Ice – glas (n)
Ice box – glasyè
Ice cream – krèm
Ice cube – glason

Ice pick – pik
Ice water – dlo glase
Ice-cold – byen frape
ID card – kat didantite
Idea – lide
Identity – idantite, idantifye (v)
Idiot – egare, bègwè, moun sòt, idyo (n)
Idle – flanen (v), aryenafè (adj)
Idler - flannè
If – si (conj)
If I were you – si m' te ou
Ignore – meprize, pa okipe
Ill – malad (adj)
Ill mannered - Move jan (bad manners)
Illegitimate –(adj) pitit deyò
Illness – maladi
Image – imaj (n)
Imagination – imajinasyon (n)
Imagine – imajine (v)
Imbecile – enbesil (n)
Imitate – imite (v)
Imitation – imitasyon (n)
Immediate – touswit (adj), bridsoukou
Immediately – toutswit
Immense – gran, gwo anpil, imans (adj)
Immersed – koule, kouvri ak dlo
Immigration – imigrasyon
Immoral – imoral (adj)
Immortal – imòtèl (adj)
Immunize – vaksinen
Impart – montre (v)
Impatient – enpasyan (adj)
Impeach – anpeche (v)
Impertinent – frekan
Implicate – enplike (v)
Imply – vle di
Impolite – maledve
Important – enpòtan (adj)
Importance – enpòtans
Important – enpòtan
Impossible – enposib (adj)
Impress – enpresyone (v)
Impression – enpresyon
Imprison – fèmen nan prizon
Improve – amelyore (v)
Impurity - salte
In – (prep), lan, an, nan, andan
Incense – lansan
Inch – pous
Incise – koupe (v)
Incite – ensite (v)
Inclination – pant (n), enklinasyon, panchan, tandans
Income – salè (n)
Inconvenience – deranje (v)
Incredible – enkwayab (adj)
Indeed – toutbon (adv)
Indefinitely – pou tout tan
Independence – endepandans
Independent – endepandan (adj)
Index finger – dwèt jouda
Indicate – endike (v)
Indict – akize (v)
Indigestion – gonfleman
Indignation – endiyasyon (n)
Indigo – digo
Individual – moun (n), poukont (adj)
Indoor – anndan
Industry – endistri
Inexpensive – pa chè
Infect – bay malady, enfekte (v)

Infectious – atrapan
Infertile – arid (adj), ki pa donnen
Infested – chaje
Inflamed – wouj
Inflate – bay van
Inform – bay nouvèl, fè konn
Inform on – denonse
Information – enfòmasyon
Inhabitant – moun
Inhale – aspire, rale
Inherit – eritye (v)
Inheritance – eritay, eritaj (n)
Inhibited – jennen
Initial – (n) inisyal, (adj) premye
Initiate – inisye
Injection - piki
Injure – blese
Ink – lank (n)
Innards – zantray
Innocent – inosan (adj)
Inquire – chache konnen (v)
Insane – fou (adj)
Insect – bèt, ti bèt
Insert – foure (v)
Inside – anndan, ann dan, andedan (n/adv)
Inside out – lanvè
Insinuate – vle di
Insist – ensiste (v)
Instantaneous – menm kote (a)
Insistent – pèsistan
Insolence – radiyès
Insolent – derespektan, radi, maledve, ensolan (adj)
Install – mete
Installment – vèsman
Instant – moman (n), enstantane (adj)
Instantly – menm kote a
Instead – olye, pito (prep)
Instruct – (v) bay lòd, montre
Instructions – lòd
Instrument – enstriman
Insufficient – pa ase
Insult – ensilt (n), ensilte, derespekte, joure (v)
Insurance – asirans
Insure – asire
Intelligence – lespri
Intelligent – entelijan
Intend – fè lide, gen lide, gen lentansyon (v)
Intent – lentansyon (n)
Intention – entansyon
Intentionally – espre
Interest – enterè
Interested – enterese
Interesting – enteresan
Interfere – mele, entèfere (v)
Interference – bouyay
International – entènasyonal
Internet – entènèt
Intersection – kafou
Intestine – trip
Into – nan (prep)
Introduce – prezante (v)
Intrude – deranje (v)
Invade – anvayi
Invent – envante (v)
Inventory – envantè
Invisible – envizib (adj)
Invitation – envitasyon
Invite – envite (v)
Invoke – envoke (v)

Involved – annafè, konplike
Iodine – yòd (n)
Iron - pase (v), fè (n)
Ironing board – planchèt
Irrigate – wouze, irige (v)
Irritate – enmède, irite (v)
Irritating – anmèdan
Is - se (see Leson Twa)
Island – il (n), zil
It – li
Itch – grate (v), gratèl (n)
It's - se (v: see Leson Twa), li (n)
It's tasty/It tastes good - li gou / li gen bon gou
Itself – li-menm (pron)

J

Jab – koutpwen (v)
Jack – djak
Jack fish – karang
Jacket – jakèt (n), kostim
Jackpot – gwo lo
Jag – dechikte (v)
Jail – prizon, mete nan prizon (v)
Jam – konfiti, anbouteyaj (n)
Jammed up against – tou kole ak
January – janvye (n)
Jar – bokal (n)
Jargon – jagon (n), galimatya
Jasmine – jasmendawi
Jaundice – lajònis
Jaw – machwè, machwa (n)
Jealous – jalou (adj)
Jealousy – jalouzi
Jeep – djip
Jeer – chalbari, bat chalbari dèyè
Jelly – jele (n)
Jerk - enferyè
Jesus – Jezi
Jew – jwif
Jewel – bijou (n)
Jewelry – bijou
Jewish – jwif (adj)
Jingle – sonnen
Jinx – devenn, lage
Job – travay, djòb (n)
Jog – pouse (v)
Jogging – djògin (n)
Join – antre nan, mete ansanm, fè jwen, jwenn, rankontre (v), reyini, koud
Joint – jewn, jwenti
Joke – balg, bay blag (v), blag (n)
Joker – joke
Jolly – (ak) kè kontan (adj)
Journalist – jounalis
Journey – vwayaj (n)
Joy – jwa, kontantman (n)
Judge – jij (n), jije (v)
Judgment – jijman
Jug – krich (n)
Juice – ji (n)
July – jiyè (n)
Jump – sote, ponpe (v), vole
Jump rope – sote kòd
Jump to it – depeche ou
June – jen (n)
Junior – jinyò (adj)
Junk – batanklan
Jurisdiction – kontwòl
Jury – jiri (n)
Just - fèk (recently), jis (only), sèlman (adv), legal (adj)
Justice – jistis, lajistis (n)

Justification – rezon
Justify – jistifye (v)

K

Keep – kenbe (v)
Kettle – bonm, kastwòl
Key – kle (n)
Keyboard – klavye
Keyhole – twou pòt
Kick – kout pye (n), bay kout pye, choute (v)
Kid – timoun (n), pitit
Kill – touye, tiye (v)
Killer – asasen (n)
Kin – fanmi (n)
Kind – janti (adj), kalite (n)
Kindness – bonte
King – wa (n)
Kingdom – wayòm
Kiss – bo (n), ti bo
Kitchen – kizin (n)
Kitchenware – batri kizin
Kite – kap, sèvolan (n)
Kitten - ti chat (n)
Knack – talan (n)
Knave – koken (n)
Knee – jenou (n)
Kneel – met a jenou
Knife – kouto (n)
Knit – bwode (v)
Knob – bouton
Knock - fwape/frape (v)
Knot – ne (n)
Know – konnen/konn (v)
Knowledge – konesans (n)
Known – rekoni (adj)
Knuckle – jwenti dwèt

L

Label – etikèt, make (v)
Labor – travay (n/v), doulè akouchman (n)
Laboratory – laboratwa
Lace – dantèl, lase (v)
Lack – mank (n), manke (v)
Lacking – manke
Ladder – nechèl
Ladle – louch (n)
Lady – (n) madanm, dam
Lake – lak (n)
Lamb – mouton (n)
Lamp – lanp
Lampshade – abajou
Land – tè ateri (v), tè (n), teren
Landlord – pwopriyetè (n)
Landscape – peyizaj (n), jaden flè
Landslide – lavalas
Lane – liy (n)
Language – lang
Large – laj (adj)
Large quantity – voum
Larynx – gagann
Lash – kout fwèt (n)
Last - dènye (nominal) (adj), dire (v)
Last month - mwa pase
Last name - siyati
Last night - yè swa
Last week - semèn pase
Last year - ane pass
Latch – take (v)
Late – ta (adv), anreta (adj)

Later – pita
Latest – dènye
Lather - kim
Laugh – ri (v)
Laughter – ri
Law – (n) lwa, dwa (right)
Lax – neglijan (adj)
Lay – poze, kouche (v)
Laziness - parès
Lazy – parese (adj)
Lead – mennen, pran devan, dirije (v)
Leader – chef
Leaf – fèy (n)
Leak – koule (v)
Lean – panche (v), mèg, apiye (v)
Learn – aprann (v)
Lease – fèm, lwaye (n), lwe (v)
Least – pi piti, mwens (adj), mwenn
Leather – kui/kwi (n)
Leave – kite (v), pati (v)
Lecture – konferans
Leek – powo (n)
Left (directional) – gòch (adj)
Leftover – rès
Leg – janm, pye (n)
Leg of meat – jigo
Legible – lizib (adj)
Leisure – pastan (n)
Lemon – sitwon, sitron (n)
Lend – prete (v)
Length – longè (n)
Lens – vè
Less - mwens (before noun & after verb) (adj), mwen (before adjective)
Lesson – leson (n)
Let - kite (to allow)
Let's/let us – ann (v)
Letter – lèt (n)
Lettuce – leti
Liar – mantè (n)
Liberty – libète
Library – bibliyotèk
License – lisans, patant
License plate – plak
Lick – niche (v)
Lid – (n) kouvèti, bouchon
Lie – manti (n), bay manti (give a lie), fè manti (do/make a lie) (v)
Lie down – kouche
Life – (n) lavi, vi
Lifetime – lavi, vi
Lift – (n) woulib (car ride), monte, leve (v)
Light - limyè (n), lejè (adj), pal, limen (v)
Light as a feather – lejè tankou yon pay
Light bulb – anpoul
Lighten – soulaje, fè pi pal
Lightening – zeklè
Lightning – zeklè (n)
Lighthouse – fa
Lightly – konsa konsa
Like – renmen (v), konwè, tankou (adj), kon
Like it or not – vle pa vle
Likeable – emab
Lima bean – pwa tchous
Limb – manm, branch
Lime – sitwon, lacho (n), sitwon vèt

Limeade – sitwonad, limonnad
Limit – limit
Limp – bwete (v), fennen
Line – liy (n), ran, fil
Linen – dra (n), lenn
Liner – doubli
Lining – doubli
Link – may, lyen (n), relye (v)
Lion – lyon (n)
Lip – pobouch (n), lèv
Lips – lèv, po bouch
Lipstick – fa
Liquid – likid (n)
Liquor – tafya
List – lis (n)
Listen – koute
Lit up – klere
Liter – lit
Littler - fatra
Little – piti (adj), ti, enpe
Live – rete, viv (v), abite, (layv) vivan (adj)
Liver – fwa (n)
Living - vivan
Living room – salon, lasal
Lizard – zandolit, mabouya, leza (n)
Load – chay, chajman, mete (v)
Loaded – chaje
Loaf – pen (n), kalewès (v), flannen
Loan – anpren (n), prete (v)
Lobster – wonma
Local – local (adj), peyi, natif-natal
Locate – lokalize (v), jewnn
Lock – seri, lòk (v), bloke (v), fèmen a kle (v), kadna (n), kadnase
Lock someone out – fèmen deyò
Locked – fèmen
Lodge – lòj (n), ebèje (v), bay ladesant
Loft – galata (n)
Log – bout bwa (n), jounal, dosye, note (v)
Lollipop – piwili
Lone – sèl genn (adj)
Long – long (adj), lontan
Long ago – gen lontan
Look, look at – gade/gad (v)
Look after - okipe
Look alike/looks like – sanble
Look for – chèche/chache
Loose – lach (adj)
Lord – Senyè
Lose – pèdi (v)
Lossen – lage
Lost - pèdi
Lotion - losyon/krèm
Lots – anpil, yon pakèt
Lottery – lotri (n)
Loud – fò (adj), gwo bri
Love – renmen (v), lanmou, amou (n)
Lover – amourèz (female), amoure (male)
Low – ba (adj)
Loyal – fidèl
Lubricate – grese
Luck – chans (n)
Lucky – gen chans
Lug – trennen (v)
Luggage – malèt

Lukewarm – kèd
Lumber – bwa (n)
Lunch – (n) manje midi
Lunge at – plonje sou
Lungs – poumon

M

Macaroni – makawoni
Machete - manchèt
Machine – machin (n)
Machine gun – mitrayèz
Mackerel - makwo
Mad – fache (adj)
Madness – foli, bagay moun fou
Magic – majik (adj)
Magnet – leman
Magnifying glass – loup
Mahogany – kajou
Maid – bòn (n)
Majority –pifò
Make – fè (v), mak (brand) (n)
Makeup- makiyaj
Male – mal (adj)
Malice – malis (n)
Malnourished – malnouri
Mama - manman
Man - (n) mesye, nèg (informal), nonm (formal)
Manage – dirije (v)
Manager – direktè
Mango – mango
Mankind – imanite (n)
Manner – jan, fason
Mansion – (n) chato, gwo kay
Manuscript – manoskri (n)
Many – (adj) anpil, bann, pakèt
Map – kat (n)
Marble – mab
March - mas (month) (n)
Mare – jiman, manman, chwal
Marinate – tranpe
Marine – maren
Mark – mak, tach (n), make (v)
Market – mache (n)
Marriage – maryaj (n)
Married – marye
Marry – marye (v)
Marvelous – mèveye (used for God)
Mason – mason
Massage – masaj
Master – mèt
Match – (n) alimèt (fire), match (sport), (v) matche
Matchstick – bwa alimèt
Material – materyèl (adj), materyo (n)
Maternity – matènite (n)
Matter – (n) matyè, pwoblèm
Mattress – matla
May - me (month)
May – mèt (v), me (n)
Maybe – pètèt (adv), gen dwa
Mayonnaise – mayonnèz
Mayor - majistra
Me – mwen
Meal – repa, manje (n)
Mean – vle di (v), move, mechan (adj)
Meaning – (n) siyifikasyon
Means – mwayen (n)
Meanwhile – pandansetan
Measles – lawoujòl
Measure – mezi(n), mezire (v)
Measurement - mezi

Meat – vyann (n)
Meatball – boulèt
Mechanic – mekanisyen
Medal – meday
Medallion – meday
Medication - medikaman
Medicine – remèd, medikaman, la medsin
Meet – fè konnesans, fè reyinyon, kontre, rankontre (v), rankont (n)
Meeting – reyinyon
Melon – melon
Melt – fonn (v)
Member – manm (n)
Memory – memwa
Mend – repare, rapyese (v)
Menstruation – règ
Mental – mantal (adj)
Mention – mansyone (v)
Merchandise – machandiz
Mercury – mèki (n)
Mercy – mizerikod, pitye (n)
Mere – sèlman (adj), apèn (adv)
Merit – merit (n), merite (v)
Mermaid – siren
Mess – (n) dezòd
Message – mesaj (n)
Messy – sal
Metal – metal
Meter – mèt
Microphone – mikwo
Middle – mitan (n), milye, omilye (adv)
Midnight – minui/minwi
Might – gen dwa, petèt (adv), pisans (n)
Mild – (adj) dou
Mild-mannered – dou
Milk – lèt (n), tire (v)
Mill – moulen
Millet – pitimi
Million – milyon
Mimic – chare
Mind – lespri (n)
Mine – pa mwen (n)
Miniskirt – jip kout
Mint – mant (n)
Minute – minit
Miracle – mirak (n)
Mirror – glas, miwa (n)
Misbehave – fè dezòd
Miscarriage – foskouch
Miserable – mizerab
Misery – mizè (n)
Misfortune – malè (n)
Misguide – (v), mal dirije, twonpe
Miss - (v) manke (to almost do something), sonje (to miss a loved one), chonje
Missionary – misyonè
Mist – farina, labrim (n)
Mistake – fot, erè (n)
Mister – mesye
Mistress – (n) fanm deyò, metrès, fanm sou kote
Misunderstanding – malkonprann
Mix – melanje (v), melanj (n)
Mix up – mele, konfonn
Mock – chare, moke (v)
Model – modèl, bay fom (v)
Moderate – modere (adj/v)
Modern – modèn, a la mòd, nouvo
Modest – modès (adj)
Moisten – mouye, mikte

Molasses – melas
Mold – moul
Moment - moman
Monday - lendi (n)
Money – (n) lajan, kòb
Monkey – makak (n)
Month – mwa (n)
Mood – (n) atitid
Moon – lalin (n)
Moral – moral
More (adjective) - pi (before adjective), plis (after verb, before noun) (adj), pi...pase (adv)
Morgue - mòg
Morning – (n) maten, maten an (this morning)
Mortar – pilon, mòtye
Mortgage – ipotèk, ipoteke (v)
Mosquito – moustik, marengwen, mayengwen
Mosquito net – moustikè
Most – plis
Mother – manman (n)
Mother-in-law – bèlmè
Motion – mouvman (n)
Motivate – ankouraje
Motor – motè
Motorcycle – motosiklèt
Mound - pil
Mount (a vehicle) – monte, mòn (n)
Mountain – mòn (n)
Mourn – pote dèy (v)
Mourning – dèy
Mouse – sourit (n)
Mustache – moustach (n)
Mouth – bouch (n)
Mouthful – bouche
Move – chanje plas, deplase (v)
Movement - mouvman
Movie – fim, sinema
Movie theater – sinema
Mr. – misye
Mrs. – madan
Much – anpil, bann
Mucus – larim
Mud – labou (n)
Muffler - mòflè
Mug – tas
Mulatto – milat (male), milatrès (female)
Mule – milèt
Multiplication – miltiplikasyon
Mumps – malmouton
Murder – asasinen
Museum – mize
Mushroom – djondjon (n)
Music – mizik
Musician - mizisyen
Must – fòk, fò (see Leson Twa), dwe (v), nesesite (n)
Mustache – moustach
Mustard – moutad
Mute – bèbè (adj)
My – mwen
Myself - mwen menm

N

Nail - (n) zong (body part), klou (tool), kloure (v)
Nail polish - kitèks
Naked – toutouni (adj)
Name – non (n), bay non, nonmen (v)

Nap - kouche (v), kabicha (n)
Napkin – sèvyèt (n)
Narrate – rakonte (v)
Nasty – (adj) degoutan, malpwòp
Nation – nasyon (n)
Nationality – nasyonalite (n)
Natural – natirèl, nòmal
Nature – nati
Navel – lonbrit
Near – prè, toupre, akote (adv)
Nearby – tou pre
Nearly – prèske
Neat – pwòp (adj)
Necessary – nesesè (adj)
Necessity – nesesite
Neck – kou (n)
Necklace – kolye
Necktie - kravat
Need – bezwen (n/v)
Needle – egwi (n)
Needle Shot – piki
Negative – negatif
Neglect – neglije (v)
Neighbor – vwazen (n)
Neighborhood – katye, vwazinay
Neither – ni ... ni (adv)
Nephew – neve (n)
Nerve – nè
Nest – nich (n)
Net – filè, privye
Never - pa janm, janmen, janm, jamè (adv)
Nevertheless - sepandan
New - nèf (brand new), nouvou (new to you) (adj), lòt
News – nouvèl (n)
Newspaper – jounal
Next – pwochen (adj)
Next month - mwa pwochèn
Next to – kole ak
Next week - semèn pwochèn
Next year - ane pwochèn
Nice – janti , bon (adj)
Nickname – non jwèt, ti non
Niece – nyès (n)
Night - nwit (swa- when modified, see Leson Sèt), lanuit (n)
Nighttime - lannwit/lannuit
Nightingale – wosiyòl
Nightly – chak swa
Nightmare – move rèv
Nights – denui, le swa
Nimble – ajil (adj)
Nine – nèf (adj)
Nineteen – disnèf (adj)
Ninth – nevyèm
Ninety – katrevendis (adj)
No – non (adv)
Nobody/no one – pèsonn
Nod – souke tèt (v)
Noise – bri, son, bwi (n)
None – ditou, nanpwen, okenn (pron)
Nonsense – radòt, tenten, rans, nonsans (n), pawòl dwategòch
Non-stop – san rete
Noodles – makawoni
Noon – midi (n)
Nor – ni (adv)
Normal – nòmal
North – nò, direksyon nò (n)
Nose – nen (n)
Nostril – twou nen (n)
Not (usually before the verb) – pa (negasyon) (adv)

Not yet (usually placed before verb) – poko
Notary public – notè'
Note – nòt (n), note (v)
Notebook - kaye
Nothing – anyen (pron), pa anyen
Notion – nosyon (n)
Nourish – nouri (v)
November – novanm (n)
Now - kounye a, kounyeya (adv)
Nowhere – okenn kote (adv)
Nude – ni, touni, toutouni (adj)
Nuisance – anmèdan (adj), nwizans (n)
Number – nimewo, chif, nonm (n)
Nun – mè, mamè
Nurse - (n) enfimyè, mis
Nursery – pepinyè
Nutmeg – miskad
Oat/oatmeal – avwàn (n)
Oath – sèman (n)
Obedient – obeyisan
Obey – obeyi (v)
Object – bagay (n), pwoteste (v)
Obligate – oblieje (v)
Obscene – obsèn (adj)
Obscure – fènwa (adj)
Observation – obsèvasyon (n)
Observe – remake, wè, obsève (v)
Obsess – obsede (v)
Obsolete – demode (adj)
Obstacle – obstak (n)
Obstinate – obstine (adj),
Obstruct – bare (v), bouche
Obtain – pran (v), obteni
Obvious – (adj) evidan, aklè
Occasion – okazyon (n)
Occasionally - tan-zan-tan
Occupy – okipe (v)
Occur – rive, vin pase
Ocean – lanmè (n)
October – oktòb (n)
Octopus – chatwouy
Odd – dwòl (adj)
Odor – (n), sant, lòdè
Of - Nan (a part of something)
Off – etenn (adj)
Offer – ofri (v)
Office – biwo (n)
Officer – ofisye (n)
Offspring – pitit
Often – souvan (adv)
Oil – lwil (n), lwile (v)
Ointment - pomad
Okay (used also as "you're welcome") – dakò
Okra - gonbo
Old – (adj) vye, ansyen (age)
Old maid – vyèy fi
Olive – oliv (n)
Omit - neglije
On – sou (prep), limen (adj)
On all fours – a kat pat
On foot – a pye
On the dot – won
On time - A lè
Once – yon sèl fwa, yon fwa/ onfwa, depi (since) (adv)
Once in a while - tan-zan-tan
One - en (numerical number), youn (n), yon (art)
Onion – zonyon (n)
Only - sèlman (adv)

Onto – sou (prep)
Open – (v) debouche, ouvri
Operation – operasyon
Opinion – lide, opinyon (n)
Opportunity – chans, ikazyon, opòtinite (n)
Opposed – pa dakò
Opposite – vi-za vi
Or – oubyen/ou, ni, oswa (conj)
Orange – zoranj (fruit & color), jòn abriko (color) (n)
Order – (n) kòmann, lòd, (v) bay lod, fè kòmann, kòmande, pase lòd, bay fè
Ordinary – òdinè (adj)
Origin – orijin (n)
Orphan – òfelen (n)
Orphanage - òfelina
Other – lòt (adj)
Others – lezòt
Other day (the) – lòtjou a
Ought – dwe, ta dwe
Ought to have - te dwe
Our/ours – nou
Ourselves - nou menm
Oust – mete deyò
Out – deyò (n)
Outcome – rezilta (n)
Outdated – demode (adj)
Outdoor market – mache
Outlook - pèspektiv
Out loud – byen fò
Outlook – pèspektiv (n)
Outright - kareman
Outside – deyò (n)
Oven – fou (n)
Over – anwo (above), fini (done) (prep)
Over there - lòt bò a, laba a
Overdue – anreta (adj)
Overflow – debòde (v)
Overloaded – chaje depase
Overturn - chavire
Owe – dwe (v)
Owl – koukou (n)
Own – posede (v), pa (before subject)
Owner – mèt
Ox – bèf (n)
Oyster – zwit (n)

P

Pace – apante (v)
Pacifier – sousèt (baby)
Package – bwat
Packed – plen, chaje (adj)
Pad – tanpon
Padlock – kadna (n)
Page – paj
Pail - bokit
Pain – doulè (n)
Paint – penti (n), pentire (v)
Paintbrush – penso
Painter – bòs pent
Painting – tablo
Pair – pè (n), doub (adj)
Pajamas - chemiz dennwit/pijama
Palace – palè (n)
Pale – pal (adj)
Palm – pla men (hand), pye palmis (tree) (n)
Pan – chodyè, kastwòl, bonm (n)
Pang – (n) kèsere
Panic – panik (n), panike (v)
Panties – kilòt

Pant leg – janm pantalon
Pantry – gadmanje (n)
Pants – pantalon (n)
Papaya - papay
Paper – papye (n)
Paper bag - sache/chache papye
Paradise – paradi (n)
Paralysis – paralizi (n)
Parcel – pake (n)
Pardon – padon, gras (n), fè gras, padonnen (v)
Parent – paran (n)
Parish - pawas
Park - kanpe (briefly), pake (in parking spot) (v)
Parrot – jako (n)
Parsley – pèsi (n)
Part – pati, pa, moso (n)
Partake – patisipe (v)
Participate – patisipe (v)
Particular – (adj) patikilye
Particularly – sitou
Party - fèt (n), fete (v)
Pass – pase (v)
Pass out – dekonpoze, endispoze, fè endispozisyon
Passenger – pasaje (n)
Passion – pasyon (n)
Passport – paspò
Past – lepase (n)
Paste – pat
Pastor – pastè
Pastry – patisri (n)
Path – chemen, wout
Pattern – modèl (n)
Pauper – pòv (n)
Paw – pat (n)
Pay – peye (v)
Pay back – remèt
Pay off – fin peye
Peas – pwa (followed by variety)
Peace – lapè (n)
Peaceful – trankil, kalm
Peach – pèch (n)
Peanut - pistach
Peanut butter - manba
Peanut butter sandwich - pen ak manba (bread with peanut butter)
Peck – beke (v)
Peel – po (n), kale (v)
Pelican – grangòzye
Pen – plim (n)
Pencil – kreyon (n)
Penis – gigit, pijon, pati gason (appropriate)
Pension – pansyon
People – pèp, moun (n)
Pepper – piman (fresh), pwav (black) (n)
Peppermint – mant
Percent – pousan, pousantaj (n)
Perfect – bon nèt
Perform – egzekite (v)
Perfume – pafen (n)
Perhaps – pètèt (adv)
Peril – danje (n)
Perish – peri (v)
Period – sezon, epòk
Permanent – pèmanant, pou tout tan
Permanently – nèt, nèt ale
Permission – pèmisyon
Permit – (n) lisans, pèmi, pèmèt (v)
Persecute – pèsekite (v)

Persist – pèsiste (v)
Person – moun (n)
Personality – tanperaman
Persuade – pèsuade (v)
Pet – karese (v), bèt domestik (n)
Petrol – petwòl (n)
Pew - ban
Pharmacy – famasi, fanmasi
Photograph – foto, pòtre, fè potre (v)
Phrase – fraz
Piano – pyano
Pick – chwazi (to choose)
Pickles (hot) – pikliz
Pickup truck – pikòp
Picture – foto (n), imajine (v)
Pie – tat (n)
Piece – (n) bout, moso,
Pierce – pèse (v)
Pig – kochon (n)
Pigeon – pijon (n)
Pile – (v), fè pil
Pill – grenn
Pillar – poto (n)
Pillow – zòrye (n)
Pimple – bouton (n)
Pin – epeng, (n), tache (v)
Pinch – penchen (v), ti kras (n)
Pine – (pye) bwapen (n)
Pineapple – anana (n)
Pink – woz (adj)
Pitcher – po (n)
Pity – domaj, pitye (n)
Place – kote/kot (location), plas (space/seat in a room) (n), mete (v)
Plain – òdinè (adj)
Plan – fè preparasyon (v), plan (n)
Plank - planch
Plant – plant (n), plante (v)
Plantain – bannann
Plaque – plak
Plaster – plastè (medical), krepi (v)
Plastic - plastik
Plate – asyèt (n)
Play – jwe (v), pyèsteyat (n)
Player – jwè
Pleasant – agreyab (adj)
Please – silvouplè (formal), souple, tanpri, fè plezi (v)
Pleasure – plezi (n)
Pleat – pli
Pliers – pens
Plot - fè konplo (v) teren, pasèl (n)
Plow – raboure (v)
Plug – plòg (n), bouche, ploge (v)
Plum – prin (n)
Plump – gra (adj)
Plunge - plonje (v)
Pneumonia – nemoni (n)
Pocket – pòch (n), anpoche (v)
Pod – gous
Point out – montre
Poison – pwazon (n), pwazonnen (v)
Police – lapolis
Police station – pòs polis
Polio – polyo
Polite – (adj) janti
Politics – politik
Ponder – reflechi (v)

Pool – pisin (n)
Poor – pòv (adv)
Poor soul/poor thing – podjab
Pope – pap
Porch – lakou, galeri
Pork – (n) vyann kochon
Porridge – labouyi
Position – plas, mete nan plas (v)
Possess – posede (v)
Possibility – posiblite (n)
Possible – posib (adj)
Possibly – petèt
Post office – lapòs (n)
Postpone – ranvwaye, kite pou demen, retade (v)
Pot – chodyè, chodiè, po (n)
Potato – ponmdetè (n)
Pound – liv (n), pile (v)
Pour – vide (v), vèse (v)
Poverty - mizè, malsite, povrete (n)
Powder – poud (n)
Power – pisans (n), alimante (v)
Practice – antrene (v), egzèse (v)
Praise – (v) konplimante, fè konpliman, lwanj (to God only), kopliman (n)
Pray – priye (v), lapriyè (n)
Prayer – priyè
Preach – preche
Precaution – prekosyon (n)
Precede – (v) presede, vin anvan
Precious – presye (adj)
Precise – egzak, presi (adj)
Prediction – prezaj, prediksyon (n)
Preface – prefas (n)
Prefer – prefere (v)
Preference – preferans (n)
Pregnancy – gwosès
Pregnant – ansent (adj)
Prejudice – prejije (n)
Preparation - preparasyon
Prepare – fè preparasyon, prepare/pare (v)
Presence – prezans (n)
Prescribe – preskri
Prescription – preskripson
Present – kado, prezan (n), prezante (v), la (adj)
Presently – (adv) alèkile, kounyeya
Preserve – konsève, prezève (v), konfiti (n)
President – prezidan
Press – peze (v), laprès (n)
Pretend – fè konmsi, fè tankou, pretann (v)
Pretentious – pretansye
Pretty – bèl (adj)
Prevail – domine (v)
Prevent – anpeche (v)
Price – pri (n)
Prick – pike (v)
Pride – ogèy, fyète (n)
Priest – prèt, pè (n)
Principal – direktè
Print – enprime (v)
Printer – enprimant
Prison – prizon (n)
Prisoner – prizonneye
Private – prive (adj)
Privately – an prive, a pa
Prize – pri

Probably – petèt
Problem – pwoblèm
Procession – pwosesyon
Proclaim – proklame (v)
Procreate – (v) fè pitit
Procure – (v) fè jwenn
Produce – bay, fè, donnen (v), pwodui/pwodwi (n)
Produce offspring – fè pitit
Profanity – betiz
Profession – metye
Professor – pwofesè (n)
Profit – pwofite (v)
Program – pwogram
Progress – pwogrè
Prominent – enpòtan (adj)
Promise - pwomèt (v), pwomès (n)
Promote – avanse (v)
Promotion – pwomosyon
Prompt – a lè
Promptly – tou swit
Pronounce – pwononse (v)
Pronouncement – anons (n)
Pronunciation – pwononsyasyon (n)
Proof – prèv (n)
Proper – korèk (adj)
Property – pwopriyete (n)
Propose – pwopoze (v)
Prosper – prospere (v
Protect – pwoteje (v)
Protest – pwoteste
Protestant – pwotestan
Proud – fyè (adj)
Prove – bay prèv, pwouve (v)
Proverb – pwovèb (n)
Provide – bay, founi (v)
Public – piblik
Publish – (v) pibliye, anonse
Puddle – ma dlo
Puff – souf (n), soufle (v)
Puke – vomi (v)
Pull – rale (v), trennen
Pulpit – chè
Pumello – chadèk
Pump – ponp (n), ponpe (v)
Pumpkin – joumou
Punch – ponch, bay kout pwen (v)
Punctual – a lè
Puncture – kreve
Punish – (v) korije, pini
Punishment – pinisyon (n)
Pupil – elèv (n)
Puppy - ti chen
Purify – pirifye (v)
Purple – mov, violet
Purpose – rezon, bi, objektif (n)
Purse – bous (n)
Pursue – dèyè, kouri dèyè, fè demach (v)
Push – pouse (v)
Put - mete

Q

Quality – kalite
Quantity – kantite (n)
Quarrel – kont, batay (n), goumen (v)
Queen – rèn (royal), dam (card deck)
Quench – etenn (v)
Question – kesyon (n), kesyone (v)

Quick - rapid, vit (adj)
Quickly – vit, byen vit
Quiet – trankil (adj)
Quilt – kouvèti (n), lenn
Quit – kite (v), sispann, lage
Quite – ase (adv)
Quiz – egzamen (n)

R

Rabbit – lapen (n)
Rabid – anraje
Race – kous (contest), ras (n)
Radio – radyo
Rag – ranyon (n)
Rain - lapli (n), fè lapli (v)
Rainbow – lakansyèl
Raindrop – gout lapli, grenn lapli
Rainy season – sezon lapli
Raise - (v) leve, ogmantasyon, elve
Raisin – rezen
Rake – rato (n), pase rato (v)
Rally – raliman (n), rasanble (v)
Rank – grad (n)
Rape – vyole, fè kadejak(v)
Rapid – rapid, vit (adj)
Rapidly – vit
Rash – chofi (n)
Rat – rat (n)
Rather – pito (adv)
Ration – rasyon (n)
Ravage – (v) ravaje
Ravine – ravin
Razor – razwa, jilèt (n)
Read – li (v)
Ready – (adj) pre, (v) prepare/ pare
Real – (adj) reyèl, toutbon
Really – toutbon, vrèman
Rear – dèyè (n)
Reason – rezon (n), rezonnen (v)
Rebellion – rebelyon (n)
Rebuke – reprimande (v)
Receipt – fich, resi
Receive – resevwa (v)
Recent – (adj) resan, fèk fèt
Reception – resepsyon (n)
Recess – rekreyasyon (n)
Recite – resite
Recognize – rekonnèt, rekonèt (v)
Recommend – rekòmande (v)
Recover – refè, repran (v)
Recovery - gerizon
Red – wouj (adj)
Redemption- redanpsyon
Redo – refè
Reduce – diminye, redwi (v)
Reed – wozo
Reek – santi move (v)
Reel – bobin (n)
Refer – refere (v
Reflect – reflechi, sonje
Refrigerator – frijidè (n)
Refund – remèt (v)
Refuse – refize (v), fatra (n)
Regard – konsidere (v), rega (n)
Region – zòn, rejyon (n)
Register – anrejistre (v), enskri (v)
Regret – regret, chagren (n), regrete (v)
Regretfully – malerezman
Regular - regilye

Regularly - konn (before verb and adjective), souvan
Rehearsal – repetisyon
Rehearse – fè repetisyon
Rein – brid
Reject – rejè (n), refize (v)
Rejoice – rejwi
Relate – rakonte (v)
Related – fanmi
Relative – fanmi, paran (n)
Relax – distrè, rilaks (v)
Release – liberasyon (n), (v) lage, libere
Relieve – kalme, soulaje
Religion – relijyon
Rely – depann sou (v), gen konfyans
Remain – rete (v), ret
Remains – restan (n)
Remainder – rès
Remark – remake (v), remak (n)
Remarry – remarye
Remedy – remèd (n), soulaje (v)
Remember – sonje (v)
Remind – sonje, fè sonje, raple (v)
Remit – remèt (v)
Remorse – remò (n)
Remote – (adj) adistans, lwen
Remove – retire/wetire (v)
Render – remèt (v)
Rent – lwaye (n), lwe (v)
Repair – repare, ranje (v), reparasyon (n)
Repay – remèt
Repeat – repete (v)
Repel – fè ale
Repent – repanti
Replace – ranplase
Reply – repons, reponn (v)
Report – rapò, fè rapo (v)
Report card – kanè (lekòl)
Represent – reprezante
Reprimand – repwoche
Reproach – repwòch
Republic – repiblik
Repudiate – demanti
Reputation – repitasyon
Request – mande (v), demann (n)
Require – ekzije, mande
Reschedule – voye
Rescue - sove
Resemble (look alike, look like) - sanble
Reservation – rezèvasyon
Reserve – rezève
Resign – bay demisyon
Resignation – demisyon
Resist – reziste (v)
Resolve – rezoud, regle
Respect – respè (n), respekte (v)
Respond – reponn (v)
Response (noun) – repons (n)
Responsible - responsab
Rest - poze, repoze (v), restan (n)
Restaurant – restoran
Restrict – (v) limite
Restroom – watè
Result – rezilta
Return – retounen, voye tounen, remèt (v)
Reveal – revele (v)
Revenge – revanj (n)
Reverse – fè bak

Review – kontwole, repase (v), revizyon (n)
Revise – korije (v)
Reward – rekonpans (n), rekonpanse (v)
Ribbon – riban (n)
Rice – diri (n)
Rich – rich (adj)
Rid – debarase (v)
Ride – lib (n), monte (vehicle) (v)
Right - dwat (directional), gen rezon (adj), adwat (adv)
Rigid – (adj) rèd, rijid
Rind – po (n)
Ring – bag (n), sonnen (v)
Rinse – rense (v)
Riot – debandad (n), pran lari (v)
Ripe – mi (adj)
Rise – leve kanpe (stand) (v)
Risk – chans, ris, riske (v)
River – larivyè, rivyè (n)
Roach – ravèt (n)
Road – wout, chemen (n)
Roar – gwonde (v)
Roast – boukannen (v)
Rob – vòlè, vole (v)
Robber – vòlè (n)
Robbery – vòlè
Rock – wòch (n)
Rocking chair – dodin
Rocky – chaje wòch
Role – wòl (n)
Roll – biskwit, ti pen (n), woule (v)
Roof – do kay, tèt kay (n)
Room – chanm, sal (n)
Rooster – kòk
Root – rasin (n)
Rope – kòd (n)
Rose – woz (n)
Rot – pouriti (n), pouri (v)
Rotten – pouri (adj)
Round – won (adj), awondi (v)
Round-trip - ale retou
Rouse – reveye (v)
Route – wout (n), achemine (v)
Rove – flannen (v)
Row – ranje (n)
Rowboat – kannòt
Royal – wayal
Rub – (v) fwote, masaj
Rubbish – (n) radòt, fatra
Rude – maleve (adj)
Rug – tapi
Ruin – rin, gate (v)
Rule – regleman, règ (n), dirije, gouvènen (v)
Ruler – règ, chef
Rum – wonm (n)
Rumor – bri (n)
Run – kouri (v)
Rural – an deyò
Rush – prese, kouri prese (v)
Rust – wouy (n), wouye (adj, v)

S

Sack – sak (n)
Sacrifice – sakrifis (n)
Sad – tris (adj)
Sadly –malerezman
Safe – kòfrefò (n), sove, sennesòf (adj)
Safety pin – zepeng kouchèt
Sail – vwal (n), navige (v)

Sailboat – vwalye
Sailor – matlo
Saint – sen
Salad – salad (n)
Salary – salè (n)
Sale – lavant (n)
Saliva – krache (n)
Salmon – somon (n)
Salt – sèl (n)
Salt marsh – salin
Same – menm (adj)
Sample – echantiyon (n)
Sand – sab (n), sable (v)
Sandal – sapat, sandal
Sanitary napkin – kotèks
Satan – satan
Satisfy – satisfè (v, adj)
Saturate – satire (v), boure
Saturday – samdi (n)
Sauce – sòs (n)
Saucepan – kastwòl
Saucer – soukoup (n)
Sausage – sosis (n)
Savage – sovaj (adj/n)
Save (safe keeping) – sere, sove (v)
Savior – sovè (n)
Saxophone - saksofòn
Say – di (v)
Saying – pwovèb
Scald – chode (v)
Scale – balans (n)
Scalp – kwi tèt
Scar – mak
Scare – (v), alame, fè pè, efawouche
Scarce – ra
Scare – fè pè
Scared – pè
Scarf – foula
Scatter – gaye, grennen, simaye, simen
Scene – sèn
Scent – sant (n), odè
Schedule – orè (n)
School – lekòl (n)
Science – syans (n)
Scissors – sizo (n)
Scold – blanmen, joure, repwoche, reprimande (v)
Scorpion – eskòpyon, skopyon
Scour – foubi
Scorn – meprize (v)
Scrape – graje, grate (v), rafle
Scratch – grate (v), grafouyen (v)
Scream – rele (v)
Screw – vis (n), vise (v)
Screwdriver – tounvis
Scrub – fwote (v)
Sea – lanmè (n)
Sea lice – lagratèl
Sea urchin – chadwon
Seahorse – chwal lanmè
Seam – kouti (n)
Search – (v) chache/chèche
Seashore – bò lanmè
Season – sezon
Seasoning - epis
Seat - plas (n), chèz (n)
Seatbelt- senti
Second – dezyèm (adj), segonn (n)
Secret – sekrè (n)
Secretary – sekrete
Secure – ansekirite (adj)

See – wè (v)
Seed – grenn (n)
Seek – chèche (v)
Seem – sanble (v)
Seine – sèn, sènen (v)
Seize – (v) pran
Seldom – raman
Select – chwazi (v)
Selfish – egoyis (adj)
Sell – vann (v)
Seminary – seminè
Senator - senatè
Send – voye (v)
Sense – sans (n), santi (v)
Sensible – sansib (adj)
Sensitive - sansib
Sentence – kondane (v), fraz (n)
Separate – separe (v), apa (adj)
September – septanm (n)
Serious – grav, serye (adj)
Sermon – prèch
Serpent – sèpan, koulèv (n)
Servant – (n) bòn
Serve – sèvi (v)
Service – sèvis (n)
Settle – etabli (v)
Settled – etabli
Seven – sèt (adj)
Seventeen – disèt
Seventh – setyèm
Seventy – swasanndis (adj)
Several – kèk, plizyè (adj)
Severe – sevè (adj)
Sew – koud (v)
Sewer – rego, fòs
Sewing – kouti (n)
Sewing machine – machin a koud
Sex – sèks (n)
Shade – lonbray, lonbraj (n)
Shadow – lonbray, lonbraj (n)
Shake – souke (v)
Shallot – echalòt
Shame – wont (n)
Shampoo – chanpou
Shape – fòm (n)
Share – pataje (v), pati (n)
Shark – reken
Sharp – file (adj), pwenti
Sharpen (knife, ax) – file
Sharpener – tay
Shaving cream - krèm pou bab (cream for beard), krèm bab
Shawl - manto
She – li (pron)
Sheet – (n) dra (bed), fèy (paper)
Shelf – etajè (n)
Shield – pwoteje (v)
Shine – klere (v)
Shiny – briyan
Ship – batiman, bato (n)
Shipment – chajman
Shipwreck - nofraj
Shirt – chemiz (n)
Shiver – tranble (v)
Shock – sezisman, chòk (n), choke (v)
Shoe – soulye (n)
Shoelace – lasèt
Shoot – (v) tire (v),
Shop – (n) magazen, boutik
Shop for groceries - fè makèt
Shore – bòdmè (n)
Short – kout (adj)
Short cut – chemen dekoupe
Shortage – manke, rate

Shortcoming – defo
Shortly – talè
Shorts – chòt (n)
Shot (via needle) – piki (injection), kout bal (firearm)
Should - te dwe
Should have - te dwe
Shoulder – zepòl (n), sipòte (v)
Shouldn't - pa ta dwe
Shout – rèl (n), rele (v)
Shove – pouse
Shovel - pèl
Show – montre (v), pwogram (n)
Shower – douch (n)
Shuffle – bat kat (v)
Shut – fèmen (v)
Shy – timid (adj)
Sick – malad (adj)
Sickness – maladi
Side – bòkote/kote, bò
Sign – siy (n), siyen (v)
Signal – siyal, siy
Signature – siyati (n)
Silence – silans (n)
Silly – komik
Silver – (n) ajante, ajan
Silverware – ajantri
Similar – sanble (adj)
Simple – senp (adj)
Sin – peche (n), fè peche (v)
Since – depi (adv), piske, kòm
Sincere – sense (adj)
Sing – chante
Singer – chantè
Single – yon sèl, selibatè (adj), grenn
Sink – lavabo (n), fonse, koule (v)
Siren – sirèn
Sister – sè (n)
Sister-in-law – bèlsè
Sit – chita (v)
Situation – sitiasyon
Six – sis (adj)
Sixteen – sèz
Sixth – sizyèm
Sixty – swasant
Size – (n) gwosè, grandè, tay, dimansyon
Skate – monte paten (v)
Skeleton – eskèlèt
Skill – talan (n)
Skin – po (n)
Skinny – mèg
Skip – sote
Skirt – jip (n)
Sky – syèl (n)
Slacks – pantalon (n)
Slang – jagon (n)
Slap – (n) kalòt, souflèt, souflete (v)
Slave – esklav
Sleep – dòmi (v)
Sleeve – manch (n)
Slice – tranch (n)
Slide – glise (v)
Slight – meprize (v)
Slim – mens (adj)
Slip – jipon (n), glise (v)
Slippers – pantouf
Slippery – glise
Slobber – bave
Slow – lan, lant, pa rapid, dousman (adj)
Slow down - ralanti
Slowly – Dousman

Sluggardly – parese (adj)
Small – piti/ti (adj)
Smart – entelijan, fò (adj)
Smash – kraze (v)
Smell - santi (v), sant (n)
Smile – souri (v)
Smoke – lafimen (n), fimen (v)
Snail – kalmason (n)
Snake – (n) koulèv, sèpan
Snatch – rape
Snazzy – bwòdè
Sneakers – soulye tenis (n)
Sneeze – estènen, etènye (v)
Snip – taye
Snore – wonfle (v)
Snot – larim
Snow - nèj (n), fè nèj (v)
So - sa fè (that's why), pou (for this reason), sitèlman, tèlman, si, konsa, alò (adv)
So much - tèlman
So much that - si tèlman ke
Soak – tranpe (v)
Soaked – tranp, mouye tranp
Soap – savon (n), savonnen (v)
Sob – kriye (v)
Sober up – desoule
Soccer – foutbòl
Society – sosyete (n)
Sock – chosèt (n)
Sofa – kanape
Soft – mou (adj)
Soften – vin mou
Soil – tè (n), sal (v)
Solder – soude
Soldier – solda (n)
Sole – pla pye
Solid – soild (adj)
Solution – solisyon (n)
Solve – rezoud (v)
Somber – sonm (adj)
Some - kèk (see Leson Kenz), de, enpe (adj)
Somebody/Someone - yon moun
Somehow – enpòt kijan (adv)
Something - yon bagay, bayay (n/pron)
Sometimes – pafwa, de fwa
Somewhat – yon ti jan
Son – ti gason + subject), pitit gason (n)
Son-in-law – bofis (n)
Song – chanson, chan, chante
Soon – talè (adv)
Sorrow – lapenn, chagren (n)
Sorry – regrèt (v)
Soul – nanm (n)
Sound – bri, son (n)
Soup – soup (n), lasoup
Sour – si (adj)
Soursop – kowosòl
South – sid (n)
Space (in a room) – plas, espas (n)
Spaghetti – espageti
Spanish – panyòl, espanyòl
Spank – kale, fwete
Spanking – swèl, kal
Sparkle – klere (v)
Speak – (v) pale/Pal
Special – spesyal
Spell – eple (v)
Spend – depanse (v)
Spice – epis (n)
Spider – arenyen (n)
Spider web – fil arenyen

Spill – vide, fè tonbe, jete (v)
Spinach – zepina
Spinster – vyèyfi (n)
Spirit – lespri (n)
Spit – krache (v)
Spit up – vomi
Split – fann, separe (v)
Spoil – gate (v)
Sponge – eponj
Spool - bobin
Spoon – kiyè (n)
Spot – tach (n)
Spray – flite (v)
Spread – repann, laji, gaye (v)
Spring - prentan (season), resò (n)
Square – kare (adj)
Squash – (n) kalbas, kraze (v)
Squat – akoupi
Squeak – kriye
Squeeze – prije, pire, peze, tòde (cloth)
Squid - chatwouy
Squished (tight fit in a vehicle) – kwense
Stain – tach, tache (v)
Stair – eskalye (n)
Stale – rasi
Stamp – tenm (n), mete sou (v)
Stand - kanpe (v), etanda (n)
Star – etwal (n)
Start – kòmanse (v)
Startle – fè sote
Starve – grangou anpil (adj), afame (v)
State – eta, leta (n), deklare (v)
Statement – deklarasyon (n)
Station – stasyon, (e)statsyon (v)
Station wagon – kamyonnèt
Stay – (v) rete/ret
Steal – vòlè (v)
Steel – (n) fè
Steel wool – paydefè
Steer – kondwi
Steering wheel – volan
Step – pa (n)
Stepdaughter – bèlfi
Stepfather – bòpe
Stepmother – bèlmè
Stepson – bofis
Stethoscope – sonn
Stew – bouyon (n)
Stick – baton (n), kole (v)
Stiff – rèd, di
Still - toujou (after verb and after adjective)
Stingy – chich (adj)
Stink – santi fò
Stir – brase
Stocking – ba (n)
Stomach – vant (n),
Stone – wòch (n)
Stop - sispann (referring to verb), rete/ret (referring to object)
Stop up – bouche (v, adj)
Stopper - bouchon
Store - magazen (indoor market), mache (outdoor market), boutik (n), sere (v)
Storeroom – depo
Storm – (n) tanpèt
Story – (n) istwa, etaj (building)
Stove - fou/recho

Straight – dwat (adj), drèt
Straight ahead – tou dwat
Straight pin – epeng ti tèt
Straighten – drese
Straighten up – mete lòd
Strain – koulè, pase nan paswa, fòse (v)
Strainer – paswa
Strange – etranj, dwòl (adj)
Strangle – trangle (v)
Straw – pay (n)
Strawberry – frèz
Stream – (n) rivyè
Street – lari, ri (n)
Strengthen – bay fòs
Strength – (n) fòs, kouraj
Stress – tansyon (n), strese (v)
Stretch – lonje, tire, detire, kò, tire kò, rale (v)
Strict – strik (adj)
String – fil
Stripe – liy
Striped – a rèl
Stripped – fware
Stroke – kout san, bras
Strong – (adj) fò, gen kouraj
Struggle – konba, (v), batay (n)
Stubborn – rèd, tèt di
Stucco – mason
Stuck - kole
Student – elèv
Study – etidye (v)
Stuff – bagay, boure (v)
Stuffing – etòf
Stumble – tribiche
Stump – chouk
Stunned – toudi
Stunt – siprime (v)
Stunted - rabi
Stupid – sòt, gaga, estipid (adj)
Sturdy – solid
Stutter – bege
Sty – klou
Style – mòd, kalite, fason
Subject – sijè (n)
Submit – soumèt (v)
Subtract – retire
Succeed – mache, gen siksè
Success – siksè (n)
Such – tèl, kalite (adj)
Suck – souse (v)
Sucker – piwili (candy)
Suffer – soufri (v)
Suffocate - toufe
Sugar – sik (n)
Sugar cane – kann
Suggest – konseye, sijere (v)
Suit – kostim (n), byen tonbe (v)
Suitcase – malèt, valiz
Summer – ete (n), lete
Summon – konvoke (v)
Sun – solèy (n), sole
Sunday – dimanch (n)
Sunflower – flè (n), solèy
Sunglasses – linèt solèy
Superior – siperyè (adj)
Supermarket – makèt
Supervisor – sipèvizè
Supper – soupe, manje aswè
Supplies – pwovizyon
Supply – founi (v)
Support – sipò, soutni (n), kenbe, sipòte (v)
Suppose – sipoze (v)
Sure – sèten, si (adj)

Surprise – (n) sipriz, sezisman, (v) sezi
Surprised – sezi
Surround – ansèkle (v)
Survey – fè apante (v)
Surveyor – apantè
Suspect – sispèk (adj), sispekte (v)
Suspicion – sispisyon (n)
Suspicious – dwòl
Swallow – gòje, iwondèl, vale (v)
Sway – balanse (v)
Swear – joure, di betiz (bad words), sèmante, fè sèman (oath) (v)
Sweat – swe (v)
Sweater - chanday
Sweep – bale (v)
Sweet – dous, sikre(adj)
Sweetie – cheri
Sweet potato – patat
Sweeten – mete sik
Sweetheart – choupèt, kòkòt
Swell – anfle (adj/v), gonfle (v)
Swelling – anflamasyon
Swift – rapid (adj)
Swim – naje (v)
Swimming pool – pisin
Swine – kochon (n)
Swing – balansin (n), balanse (v)
Swollen – anfle, gonfle
Sword – epe, nepe
Swordfish – jòfi
Syllable – silab (n)
Sympathy- senpati
Symptom – sentòm
Syringe – sereng (n)
Syrup – siwo
System - sistèm

T

T-shirt - mayo
Table – tab (n)
Tablecloth – nap
Tablet – grenn
Tackle – met men
Tadpole – teta
Tail – ke (n), file (v)
Tailor – tayè (n)
Take - (v) pran (an item), mennen (accompany someone, see Leson Twa)
Take off - retire (to remove), derape
Tale – istwa (n)
Talent - don
Talk – pale/pal (v), koze (n)
Talk nonsense – di radòt
Talker – kozè
Tall – (adj) wo, gran tay
Tamarind – tamaren
Tangle – mele (v)
Tangled – makonnen, mele
Tape measure – santimèt
Tapeworm – vè solitè
Tar – goudwon
Tarantula – arenyen krab, zarenyen krab
Task – travay (n)
Taste - goute (v, see Leson Kenz), gou (n)
Tasteless – san gou
Tasty – gou
Tattle – rapotè
Tax – taks, enpo (n)

Tax collector – pèsèptè
Taxi – taksi, laliy
Tea – te (n)
Teach – (v) aprann, montre, ansengne, bay entriksyon, anseye
Teacher – pwofesè (n), anseyan
Team – ekip (n)
Tear – chire (adj), dechire (v)
Tease – anmède, toumante (v)
Teaspoon – ti kiyè
Teat – tete
Tedious – fatigan (adj)
Tee shirt – mayo
Teenager – tinedjè (n)
Teethe – fè dan
Telephone – telefòn (n), sonnen (v)
Television – television, televizyon
Tell – di, rakonte (v)
Temper – kolè, move tanperamen, tanperaman (n)
Temperament - tanperaman
Temperature – tan
Temple – tanp (n)
Tempt – tante (v)
Ten – dis (adj)
Tenth – dizyèm
Tenant – lokatè (n)
Tender – sansib, mou, tann (adj), lajan (n)
Tennis – tenis, jwèt tenis (n)
Tennis shoe – tenis
Tense – rèd (adj)
Tent – tant (n)
Term – tèm (n)
Terms – kondisyon
Terrible – terib (adj)
Terror – laterè (n)
Test – egzamen, konpozisyon, tès (n), eseye (v)
Testament – testaman
Text – tèks
Thank – di mèsi, remèsye (v)
Thank you - mèsi
Thanks – (n) remèsiman
That - sa (subject and article- see Leson Kat)
Thatch – pay
Theater – teyat, sinema
Theft – vòl
Their/Them - yo
Themselves - yomenm
The - la (see Leson De)
Then – epi, alò
There - la
There are/there is – gen, genyen
These - sa yo
They – yo (pron)
Thick – epè (adj)
Thief – vòlè (n)
Thigh – kwis (n)
Thin – mens, fen (adj)
Thing, stuff – bagay (n)
Think – panse, kwè, reflechi (v)
Third – twazyèm
Thirst - swaf
Thirsty – swaf
Thirteen – trèz (adj)
Thirty – trant (adj)
This - sa, sa a (emphatic: "this right here"/this one)
This afternoon - aprèmidi a
This evening - aswè a
This month - mwa sa
This morning - maten an

This week - semèn sa
This year - ane sa
Thorn – pikan
Thorough – nèt, antye
Those - sa yo
Though - malgre
Thought - panse (v & n)
Thousand – mil (adj)
Thread – fil (n), file (v), fofile (v)
Threat – mennas (n)
Threaten – mennase (v), fè mennas
Three – twa (adj)
Throat – goj (n)
Through – nan, pa
Throw – voye (v)
Throw up – rechte, vomi
Thumb – pous (n)
Thunder – tonnè, loray (n)
Thursday – jedi (n)
Thus – konsa
Thyme – ken
Tick - karapat
Ticket – tikè (n)
Tickle – chatouyèt
Tidy – pwòp (adj)
Tie (verb) – mare (v), kòl, nil (score)
Tiger - tig
Tight (fit) – sere
Tighten – sere, mare sere (v)
Tilt – panche
Time - tan (temporal- "next time"), lè (hourly time), fwa (times)
Timid – timid (adj)
Tiny – toupiti (adj)
Tip – pwent (n)
Tire (car tire) – kawoutchou/ kawotchou (n), fatige (v)
Tired - fatige/bouke
Tissue – papye twalèt (n)
Title – tit (n)
Toad – krapo
Toast – griye (v), pen griye (n)
Today - jodi a, jodiya (n)
Toe – zòtèy (n)
Toenail - zong pye
Together – ansanm (adv)
Toil – travay di (v)
Toilet – twalèt
Toilet paper – papye ijenik
Tomato – tomat (n)
Tomb – tonm (n)
Tomorrow – demen (n)
Tomorrow morning - demen maten
Tomorrow night, tomorrow evening - demen swa
Tongue – lang (n)
Tonight - aswè a, aswè (n)
Too - twò ("too big"), tou (also, as well) (adv)
Too much/many – twòp, twò (before adjective)
Tool – zouti (n)
Tooth – dan (n)
Toothbrush - bwòs dan
Toothpaste – pat
Top – (n) anlè nèt
Torch – tòch (n)
Torment – toumante (v)
Torn – chire
Torture – malmennen (v)
Toss – voye
Total – total (n), tout

Touch – (v) touche, manyen (handle) (v)
Tough – (adj) di, rèd
Tourist – touris
Tow truck – remòkè
Towards – bò kote, vè
Towel – sèvyèt (n)
Town – lavil, vil (n)
Toy – jwèt (n)
Trace – tras (n), trase (v)
Track – mak, tras, ti chemen, swiv (v)
Tractor – traktè
Trade – komès, metye (work) (n)
Traffic – trafik (n)
Traffic jam – blokis
Trail – chemen, wout
Train – tren (n), egzèse, antene (v)
Traitor – trèt (n)
Tranquil – trankil
Transfer – transfere (v), tansfè (n)
Translate – tradwi, tradui (v)
Transmission – transmisyon
Transplant – (v) transplante
Transport – pote
Trap – pèlen (n)
Trash – fatra (n), tòchonnen (v)
Trash can – poubèl, panye fatra
Travel – vwayaj (n), vwayaje (v)
Traveler – vwayajè
Tray – kabare
Treasure – trezò (n)
Treasurer – trezorye
Treat – trete (v)
Treatment – tretman
Tree - pye bwa/pyebwa (n), pye
Tree trunk – twon
Tremble – souke (v)
Trembling – tranbleman
Trial – jijman, eprèv
Tribe – ras
Trickery – riz
Trigger – gachèt
Trim – bòdi (v)
Trip – vwayaj (n)
Trophy – koup
Trot – twote
Trouble – pwoblèm, traka (v), pwoblèm (n)
Troublemaker – bagarè
Trousers – pantalon (n)
Trowel - tiwèl
Truck - machin, pikòp (pickup), kamyon (semi)
True – vre (n), veritab
Trumpet – twonpèt
Trust – konfyans, lafwa (n), fè konfyans, mete konfyans nan (v)
Truth – (n) verite
Try – esèy (n), eseye (v), jije (court)
Try on – eseye, mezire
Tub – basen
Tuesday – madi (n)
Tug – redi
Tumble – tonbe (v)
Tummy ache - vant fè mal
Tummy – vant
Turkey – kodenn (n)
Turn - (v) vire, tounen (v)
Turn around - vire tounen
Turn off – etèn, fèmen, touye (light)
Turn on – ouvri/ouvè

Turnip – nave
Turtle – tòti
Tux – kostim
Tweezers – pens
Twelve – douz (adj)
Twenty – ven (adj)
Twice – defwa (adv)
Twin – marasa, jimo (male), jimèl (female) (n)
Twist – tòde (v)
Two – toude (n), de (adj)
Typhoid fever - tifoyid
Typically – konn (followed by verb and adjective)

U

Ugliness - grimas
Ugly – lèd (adj)
Umbilical cord – kòd lonbrit
Umbrella – (n) parapli, parasol
Unable – pa kapab (adj)
Unaccustomed – pa abitye
Unbearable – ensipòtab (adj)
Unbutton - deboutonnen
Uncle – (n) tonton, monnonk
Uncomfortable – malalèz
Uncover – dekouvri
Under – anba (prep)
Underarm – anbabra
Underneath – anba
Undershirt – chemizèt
Understand – konprann (v)
Underwear - kalson & slip (male), kilòt (female)
Undress – dezabiye
Unfortunately - malerezman (adv)
Ungrateful – engra
Uniform – inifòm
Unify – inifye (v)
United States – etazini
Unlaced – delase
Unless – sòf, sinon, amwenske
Unload – dechaje
Unplug – dekonnekte, deploge
Unrest – dezòd (n)
Unroll – dewoule
Unscrew – devise
Untangle - demele
Untie – demare, delage
Until – jiska/jiskaske, jis, jouk (prep)
Up – anlè (adv), an wo, soutèt
Upset – (adj) fache, boulvèse, deranje
Upside down – tèt anba
Upstairs - anlè a, anlè
Urgent – prese
Urine – pipi (v, n)
Us – nou
Use – (v) itilize, sèvi avèk/ak
Use to – konn
Used – dezyèm men (adj)
Used to - abitye
Useful – itil (adj)
Usual – òdinè (adj)
Usually - konn (before verb and adjective)
Uterus – matris
Utility – itilite (n)

V

Vacation – vakans (n)
Vaccinate – vaksinen
Vaccine – vaksen
Vagabond – vakabon (n)
Vagina – pati fanm, bòbòt (inappropriate), bouboun
Vague – vag (adj)
Valiant – vanyan (adj)
Valid – bon
Valley – savann (n)
Value – valè (n)
Valve – valv (n)
Vanilla – esans, vaniy (n)
Vanish – disparèt (v)
Vapor – vapè (n)
Variety – kalite
Various – divès (adj)
Varnish – vèni (adj/v)
Vary – varye (v)
Vase – po
Vegetables – legim (n)
Vegetable soup – bouyon
Vehicle – machin (n)
Veil – vwal
Vendor – machann
Venture – (n) antrepriz
Verb – vèb
Verdict – santans, jijman (n)
Verify – tcheke
Vertigo – vètij
Very – trè (before adj), anpil (after adj)
Vex – vekse (v)
Vicinity – nan zòn
Victim – viktim (n
Victory – viktwa (n)
View – vi (v)
Viewpoint – (n) pespektiv
Village – (n) bouk, vilaj
Vinegar – vinèg (n)
Violate – vyole (v)
Violent – vyolan, brital
Violet – vyolèt (adj)
Virgin – vyèj, ti fi (adj), tifi (n)
Virus – viris
Visa – viza
Vision – vizyon (n)
Visit – visit, vizite (v)
Visiting hours – lè visit
Vital – vital (adj), serye
Vitals – zantray
Vitamin – vitamin
Vocabulary – vokabilè (n)
Vogue – lamòd (n)
Voice – vwa (n), pwononse (v)
Volleyball – volebòl
Volume – volim (n)
Voluntarily – pou kont li
Volunteer – volontè (n)
Vomit – vomi (n), rechte (v)
Voodoo – vodou
Voodoo priest – ougan
Voodoo priestess – manba
Vote – vòt (n), vote (v)
Vow – ve
Voyage – vwayaj (n)

W

Wager – paryaj (n), parye (v)
Wages – pèman, salè
Waist – (n) ren, tay
Wait/Wait on/for – (v) tann, ret tann
Wake – vèy (n), reveye (v)

Wake up - reveye
Walk – mache (v)
Wall – mi (n)
Wallet – bous (n)
Wander – flannen (v)
Wane – dekadans (n), tonbe (v)
Want – vle (v)
War – lagè (n)
Wardrobe – amwa
Warehouse – depo
Warm – tyèd (adj)
Warn – avèti, prevni (v)
Wash – lave (v), lesiv (n)
Wasp – gèp (n)
Waste – fatra, gaspiyaj (n), gaspiye (v)
Waste basket – panye fatra
Watch – mont (n), siveye, veye, gade (v)
Water – dlo (n), wouze (v)
Watercress – kreson
Waterfront – bòdmè
Watermelon – melon dlo
Way (how to) – jan, chemen (n)
We – nou
Weak – fèb (adj)
Weaken – febli
Weakling – ti soufri
Weakness – fèblès, defo
Wealth – richès, fòtin (n)
Wealthy – rich (adj)
Weapon – zam (n)
Wear - mete (v)
Weather – tan (n)
Weave – trese, tise (v)
Web – fil arenye(n)
Wedding – nòs, maryaj (n)
Wednesday – mèkredi (n)
Weed – raje (n)
Week – semèn (n)
Weekend – wikenn (n)
Weekly – chak semen
Weep – kriye (v)
Weigh – peze (v)
Weight – pwa (n)
Weird – dwòl
Weld – soude
Welfare – byennèt (n)
Well – byen (adv), pi (n)
Well mannered (good ways) – bonjan
Well-reared – byennelve
Werewolf – lougawou
West – lwès (n), nan lwès
Western – kòbòy
Wet – mouye (adj)
Whale – balèn (n)
What - kisa/sa (subject) (pron), ki (when "WHAT" is not the subject)
What a - ala
What day - ki jou
Whatever – nenpòt sa, nenpòt (pron), kèlkeswa
What's his name – kisasa
What kind, What type - ki kalite
What time - ki lè
Wheat – ble (n)
When - lè, ki lè (used when beginning a question with "When" or "What time", and when WHEN can be translated to WHAT TIME) (adv)
Whence – kidonk (adv)
Whenever – nenpòt kilè (adv)
Where - ki kote, kote/kot(adv)

Whet – file (v)
Whether – swake, si
Whetstone - mèl
Which – kilès, kilès ki (which + action verb)
Whichever – nenpòt
Which of - kilès nan
While - pandan (during) (conj)
Whim – kapris (n)
Whinny – ranni
Whip – fwèt, rigwaz, bat (v)
Whipping – kal
Whirl – toubiyon (n)
Whirlwind – toubiyon
Whiskey – wiski (n)
Whisper – pale dousman, pale nan zòrèy, chwichwi (v)
Whistle – siflèt/souflèt (n), soufle (v)
White – blan blanch, blan (adj)
Who - ki (not subject), ki moun (subject) (pron), ki moun ki (subject + action verb), kilès
Who(m)ever – nenpòt moun ki
Whole – antye (adj)
Wholesale – an gwo
Whose – pou ki moun
Why – pouki sa/pou ki sa, poukisa (adv)
Wicked – mechan (adj)
Wide – laj (adj)
Widen – laji
Widow – vèv (n)
Widower – vèf (n)
Width - lajè
Wife – madanm (n)
Will – volonte (n), pral/va (future tense)
Win – genyen (v)
Winch – wench
Wind – van (n)
Window – fenèt, vit (n)
Windshield – vit devan
Windshield wiper – winchil
Wine – diven (n)
Wing – zèl
Winner – gayan (n)
Winter – Ivè, livè (n)
Wipe – siye (v)
Wire – fil fè (n)
Wisdom – lasajès (n)
Wise – swete, saj (adj)
Wish – swete (v)
With – avèk, ak (prep)
Wither – fennen (v)
Withhold – kenbe (v)
Within – anndan, andedan (adv)
Without – san (adv)
Withstand – (v) sipòte
Witness – temwen (n) ateste (v) wè
Woman – fanm (n)
Wonder – mèvèy (n)
Wood – bwa (n)
Wool – lenn (n)
Word – (n) mo, pawòl (spoken)
Work - travay (n, v)
Worker – travayè (n)
World – late (place), lemonn (people) (n)
Worm – vè (n)
Worry – tèt chaje, traka, pwoblem (n)
Worse - pi move, pi mal (adj)

Worship – adore
Worth – valè (n)
Would – ta
Wound – blesi (n), blese (v)
Wrap – vlope (v)
Wrestle – lite (v)
Wretch – mizè (n)
Wretched – mizerab (adj)
Wring – tòde (v)
Wrinkle – chifonnen (v), pli, rid (n)
Wrinkled – chifonnen
Wrist – ponyèt (n)
Wrist watch - mont
Write – ekri (v, adj)
Wrong – tò, mal, move (adj
Wrongly – mal
Wrought – fòje (adj)
Wrought iron – fè fòje

X

x-ray – radyografi (n)
xylophone – zilofòn (n)

Y

Yard – lakou (n)
Yarn – fil (n)
Yawn – baye (v)
Year – ane (n)
Yeast – leven (n)
Yell – rèl (n), rele (v)
Yellow – jòn (adj)
Yellow fever – lajònis
Yes – wi (adv)
Yesterday – yè (n)
Yesterday evening - yè swa
Yesterday morning - yè maten
Yet – sepandan, poutan, deja (adv)
Yield – (v) donne, bay
Yoke – jouk
Yolk – jònze (n)
You - nou (plural), ou (singular)
Young – jèn (adj), jenn
Your – ou (pron)
Young lady - demwazèl
Yourself – oumenm
Yo menm - yourselves
Youth – jèn, jenès, lajenès (n)
Yoyo - yoyo

Z

Zeal – anprèsman (n)
Zero – zewo (n)
Zigzag – zigzag (n), zigzage (v)
Zinc – zenk (n)
Zip – zipe (v), zip (n)
Zip code – kòd postal (n)
Zipper – zip
Zombie – zonbi
Zone – (n) zòn, rejyon
Zoo – zou (n)
Zoom – rale (imaj) (v)